关系网络对
企业国际化绩效的影响研究
——基于中国中小企业

Research on the Effect of Relationship Network on Enterprise International Performance-Based on Chinese SMEs

姜海燕◎著

北　京

图书在版编目（CIP）数据

关系网络对企业国际化绩效的影响研究：基于中国中小企业/姜海燕著.
北京：中国经济出版社，2015.10
ISBN 978-7-5136-2735-1

Ⅰ.①关… Ⅱ.①姜… Ⅲ.①社会关系—影响—中小企业—企业绩效—研究—中国
Ⅳ.①F279.243

中国版本图书馆 CIP 数据核字（2013）第 208002 号

责任编辑　张利影
责任审读　贺　静
责任印制　巢新强
封面设计　任燕飞工作室

出版发行　中国经济出版社
印 刷 者　北京艾普海德印刷有限公司
经 销 者　各地新华书店
开　　本　710mm×1000mm　1/16
印　　张　14
字　　数　220 千字
版　　次　2015 年 10 月第 1 版
印　　次　2015 年 10 月第 1 次
定　　价　38.00 元
广告经营许可证　京西工商广字第 8179 号

中国经济出版社 **网址** www.economyph.com **社址** 北京市西城区百万庄北街 3 号 **邮编** 100037

本版图书如存在印装质量问题，请与本社发行中心联系调换（联系电话：010-68330607）

前　言

中国中小企业目前正活跃在国际舞台上，扮演着越来越重要的角色，并促进了经济的增长和繁荣。然而，对于许多走向国际市场的中国中小企业来说，依然困难重重，如何克服自身与环境的劣势，抓住机遇，提高国际化程度，增加国际化效益是亟待研究的重要课题。以往的国际化研究往往聚焦于大型的跨国公司，但中小企业在资源、能力等方面不同于大型跨国企业，使得传统的国际化理论难以很好地解释中小企业的国际化现象，也很难为中小企业的国际化实践提供有针对性的建议。关系网络理论的兴起为分析中小企业国际化现象提供了一个全新的视角。企业国际化的过程可以被看作是不断卷入国际关系网络的过程，由此，网络国际化理论迅速发展起来，为合理解释中小企业的国际化现象敞开了一扇大门。而中小企业的国际化动因和进程各异、形式多样，难以单独从某一个理论得到完整的诠释，需要构建一个全新的理论框架，既能解释纷繁复杂的中小企业国际化现象，又能为中小企业在国际化经营进程中赢得竞争优势提供可操作性建议。本书从关系网络视角出发，结合资源管理和创业导向理论，深入分析了关系网络对企业国际化绩效的作用机理，拓展了对中小企业国际化的研究。

本书在系统回顾资源基础理论、社会网络理论和企业国际化理论的基础上，对关系网络、资源管理过程、创业导向、企业国际化绩效的相关研究以及它们之间的关系进行了系统的梳理和分析。认为企业关系网络是促进中小企业国际化成长的基础，创业导向是促进中小企业国际化成长的动力，而资源管理过程是中小企业实现国际化成长的现实路径。在基础和动力的共同影响下，通过资源管理过程实现中小企业国际化绩效的有效提升。这既解释了为什么同样处于一个关系网络中的企业效益不同的原因，也指出了企业关系网络的作用机制。基于以上分析，本书以开展国际化业务的中小企业为研究对象，构建了一个关系网络通过资源管理过程影响企业国际化绩效的理论模型。该模型由解释变量（关系网络嵌入的维度）、中介变量（资源管理过程）、调节变量（创业导向）和被解释变量（中小企业国际化绩效）及其相应的路径关系组成，并基于 240 份有效问卷的数据，采用结构方程模型和多层回归分析的方法对理论假设进行了实证检验。主要得出以下研究结论。

（1）中小企业关系网络不仅是企业资源获取的重要渠道，同时也对资源管理的整合和利用过程产生积极影响。关系网络最直接也是最重要的作用就是资源获取，这方面的研究已经取得了丰硕的成果，而关系网络对资源管理其他过程影响的探讨却很少受到关注。为弥补这一不足，本书从关系网络的视角出发，实证考察了关系网络各特征维度对资源管理过程各阶段的影响。结果显示，首先，关系网络规模与资源获取和资源整合之间存在显著的正相关关系，而其对资源利用具有积极影响；其次，关系网络位置与资源获取、资源整合和资源利用之间均存在显著的正相关关系；再次，关系强度对企业的资源获取和整合产生显著的积极影响，而对企业资源利用也具有正向影响，但影响效果不显著；最后，关系久度对企业资源获取和资源利用产生显著的积极影响，对资源整合的影响则不显著。

（2）中小企业关系网络是企业国际化成长的基础，其对中小企业国际化绩效具有显著的促进作用。本书主要借鉴 Burt（1982）和 Granovetter（1985）的研究，把关系网络划分为能够代表其结构性嵌入特征的网络规模、网络位置和能够代表其关系性嵌入特征的关系强度、关系久度四个维度，并利用结构方程模型对它们之间的关系进行验证。结果显示，企业关系网络的四个维度对中小企业国际化绩效均具有显著的正向影响，其中，影响程度最强的是关系强度，其次是关系久度，再次是关系位置，相比较而言，影响程度最弱的是网络规模。

（3）资源管理过程在中小企业关系网络作用于企业国际化绩效的过程中起到显著的中介作用。本书根据 Baron 和 Kenny（1986），Chen，Aryee 和 Lee（2005）提出的中介作用的四个判定条件，首先分别对中小企业关系网络、资源管理过程和企业国际化绩效三者之间的关系进行了检验，条件满足后，又对资源管理过程的中介效应进行检验，比较了完全中介模型与部分中介模型。结果显示，完全中介模型的各项拟合指标均优于部分中介模型，中小企业关系网络通过资源管理过程间接影响企业国际化绩效，资源管理过程在其中起到完全的中介作用。

（4）创业导向在资源管理过程作用于中小企业国际化绩效中起到部分调节作用。创业导向在企业国际化成长中扮演着重要的角色，是中小企业实现国际化成长的重要推动力量。鉴于此，本书通过构建交互项，采用多层回归的分析方法检验了创业导向对资源管理过程与中小企业国际化绩效间关系的影响。得到了一些有价值的结论：创业导向在资源获取作用于中小企业国际化绩效中起到了显著的调节作用；而其在资源整合、资源利用与中小企业国际化绩效间的调节作用不显著。

本书在继承现有研究成果的基础上具有一定的创新性，主要体现在以下三个方面。

（1）构建并验证了关系网络、资源管理过程与中小企业国际化绩效三者间关系的整体模型。

目前，有关企业关系网络的研究虽然覆盖范围已经很广，但更多地偏重于对网络优势与重要性的探讨和理论解释，以及网络具体类型的介绍与辨析，深层次的网络管理问题还很少涉及。再者，企业关系网络的嵌入性通过怎样的机制作用于企业绩效更是一团迷雾，尤其对嵌入国际关系网络中的中小企业，什么样的网络关系，通过什么途径影响国际化绩效，尚不明晰，这很不利于中小企业网络关系的管理。基于此，本书提出了中小企业国际化成长的驱动机制，构建了企业关系网络通过正向影响企业资源管理过程从而促进企业国际化绩效提升的理论模型，并采用结构方程建模的分析方法对理论假设进行了较为系统的定量分析，从资源管理的视角，进一步打开了中小企业关系网络作用于企业国际化绩效的“黑箱”。

（2）全面考察了关系网络各特征维度对资源管理过程各阶段的影响。

当前，关系网络与资源获取间关系的研究已经取得了丰硕的成果，而关系网络对资源管理其他过程的探讨则显得不足，关系网络的各特征维度对资源管理的其他过程影响方面的研究更是匮乏。针对这方面研究的不足，本书实证分析了关系网络各特征维度（网络规模、网络位置、关系强度、关系久度）分别对资源管理过程的获取、整合和利用阶段产生的影响，试图为中小企业的网络构建提供参考意见。

（3）提出并验证了创业导向对资源获取与中小企业国际化绩效间关系的调节作用。

首先，关系网络和创业导向都是中小企业实现国际化成长的重要驱动因素，尽管已有文献分别探讨了创业导向和企业关系网络在中小企业国际化中的重要性，但是很少有学者在国际化情境中整合这两个因素。其次，在资源基础理论的指引下，很多实证研究都聚焦于个别资源或配置资源与企业绩效的直接关系上，在解释企业绩效时，很少有研究关注企业组织和资源间的相互关系。最后，在创业领域，创业导向被看作代表企业组织的一个重要指标，但是大部分研究都忽略了企业资源在创业导向与企业绩效之间的重要作用。基于此，本书综合考虑了战略领域研究中企业组织方式欠缺的问题和创业领域研究中资源欠缺的问题。同时，还在国际化环境下协调考虑了关系网络与创业导向两个重要因素，验证了创业导向对资源获取与中小企业国际化绩效间关系的调节作用，是对这些领域研究的有益补充。

目 录

第1章 绪 论／1

1.1 选题背景与研究意义 …… 1

1.2 关键概念的界定 …… 6

1.3 研究方法和技术路线 …… 10

1.4 总体结构和研究内容 …… 11

1.5 创新点 …… 12

第2章 理论基础与文献综述／15

2.1 基础理论 …… 15

2.2 企业关系网络研究综述 …… 26

2.3 资源管理过程研究综述 …… 35

2.4 创业导向研究综述 …… 43

2.5 国际化绩效研究综述 …… 49

2.6 对以上相关研究的总体评述 …… 54

第3章 中小企业国际化成长的驱动机制／59

3.1 中小企业国际化成长的基础：企业关系网络嵌入 …… 59

3.2 中小企业国际化成长的动力：创业导向的引入 …… 68

3.3 中小企业国际化成长的实现路径：资源管理过程 …… 75

第4章 关系网络对中小企业国际化绩效影响的概念模型和理论假设／82

4.1 要素维度的划分 …… 82

4.2 概念模型的构建及其理论解释 …… 82

4.3 关系网络与资源管理过程的关系 …… 87

4.4 关系网络与中小企业国际化绩效 …… 95

4.5 资源管理过程与中小企业国际化绩效 …… 98
4.6 创业导向的相关假设 …… 104

第5章 关系网络对中小企业国际化绩效影响的实证研究设计与预测试 / 108

5.1 问卷设计 …… 108
5.2 变量测量 …… 109
5.3 数据分析方法 …… 123
5.4 小样本预测试 …… 126
5.5 问卷发放与数据收集 …… 137

第6章 关系网络对中小企业国际化绩效影响的实证研究 / 141

6.1 验证性因子分析 …… 141
6.2 基于结构方程模型的实证研究 …… 148
6.3 创业导向的调节作用 …… 161
6.4 实证检验结果分析与讨论 …… 165

第7章 结论与启示 / 174

7.1 研究结论 …… 174
7.2 对实践的启迪和借鉴 …… 178
7.3 研究局限与未来研究展望 …… 182

参考文献 / 184
附录一 调查问卷 / 206
附录二 攻读博士学位期间的主要科研成果 / 211
重要术语索引表 / 212
后 记 / 214

第1章 绪 论

1.1 选题背景与研究意义

1.1.1 选题背景

在经济日益全球化的今天，任何企业的经营活动或多或少地都嵌入国际竞争网络中。2001年11月，中国正式加入了世界贸易组织（WTO）。中国经济与全球经济的联系更加紧密，“国内市场国际化、国际竞争国内化”成了中国经济的一种常态（司岩，2006）。近年来，随着商品和服务贸易对外直接投资的不断扩大，国际分工的不断深化，信息交换日益频繁，推动了“无国界经营”时代的到来。

2000年，党中央、国务院根据中国现代化进程和当代国际经济大格局确立了“走出去”的战略。党的十七大报告中也提到，要坚持对外开放的基本国策，把“引进来”和“走出去”更好地结合起来，扩大开放领域，优化开放结构，提高开放质量，完善内外联动、互利共赢、安全高效的开放型经济体系，形成经济全球化条件下参与国际经济合作和竞争的新优势。创新对外投资和合作方式，支持企业在研发、生产、销售等方面开展国际化经营，加快培育中国的跨国公司和国际知名品牌。“走出去”战略的行为主体是企业，目标是使中国的产品、服务、资本、技术、劳动力、管理及中国企业本身走向国际市场，培育和提升企业的国际竞争力。

随着国内市场竞争愈加激烈和“无国界经营”的日益凸显，在国家提出的“走出去”战略的指引下，作为中国国民经济的重要组成部分——中小企业，把眼光转向了国外市场。同时，科学技术的快速发展改变了人类生活和社会运作的常规，也改变了企业经营运作的方式。通信和交通手段的日益发达，大幅度地降低了通信和运输的成本。在此背景下，一些资源较为有限的中小企业容易获得国际市场信息，可以充分发挥自身经营灵活的优势，进入国际市场，使国际化发展成为可能。

中国中小企业以其独特的产品优势和价格优势正逐步走向国际市场，开始国际创业，并取得了可喜的成绩，现已成为中国对外贸易的重要力量。截至 2011 年底，经工商部门注册登记的中国中小企业已有 4660 多万户，占全国企业总量的 99.8% 以上；所创造的最终产品和服务价值占中国 GDP 的 60% 左右，生产的商品占社会销售总额的 60%，上交的税收已经超过总额的一半，提供了全国 80% 左右的城镇就业岗位。根据国家发展和改革委员会 2006 年的统计，中国中小企业对外贸易额已占全国进出口贸易总额的 68.65%，中小企业对外合作区域已从原来的中国香港、澳门地区，扩大至美国、德国、意大利等发达国家和地区。在 3 万多户从事跨国投资和经营的企业中，中小企业占到八成以上。

实践证明，中国中小企业发挥了专业化、网络化、集团化、集群化、规模化的优势，其出口已经在国际市场上显示出强大的竞争力。中国打火机的全球市场占有率在 80% 左右，微波炉的全球市场占有率超过 40%。然而我们也要看到，与发达国家的中小企业相比，劳动密集型企业在中国中小企业的比重仍然较大，无论是资金实力、技术力量还是人力资源等方面都存在明显的不足。全球经济的一体化对羽翼尚不丰满的中小企业而言，既意味着广阔的市场机遇和发展空间，也意味着更加激烈的国际竞争压力和前所未有的挑战。在这种情况下，正确面对中国中小企业发展的现状，并根据自身情况合理利用有限的资源开展国际化经营，发挥关系网络、创业导向以及管理手段的支持作用，是中国中小企业实现国际化发展的必由之路。

1.1.2 问题的提出

20 世纪 90 年代以来，以通信网络为特征的信息技术革命使全球经济迈入了以一体化、网络化和创新性等为主要内容的知识经济时代，社会结构和经济环境发生了根本性的变化。企业都不同程度地嵌入其所构建的关系网络之中，任何企业以提升组织绩效为目的的活动和战略更新，都会受到来自外部环境以及所处网络的影响和制约。70 年前，熊彼特主义者强调，企业家是敢冒风险的开拓者；当今时代，学者们在对 830 家企业的调查研究中发现，企业家首先是一个社会网络的“掘金人”，并强调了企业从社会网络中脱生的重要作用（边燕杰，2006）。

随着中国加入世界贸易组织，市场开放程度逐步扩大，国内国外市场逐渐接轨，越来越多的企业走向国际化。一些企业原来在稳定环境下获得的竞争优势逐渐被侵蚀，超额利润也逐渐被消耗，竞争者之间更倾向于短期博弈。此时，企业发现、整合、积累资源的能力变得更加重要，尤其对中小企业来讲，面对资金不足、资源短缺的现实，在国际创业的背景下，如何利用其所处的国际关系网络和拥有的创业精神提高企业国际化绩效，是其必须思考和探索的问题。以 Barney（1991）为代表的资源基础理论强调有价值的、稀缺的、难以模仿的、难以替代的异质性资源是企业竞争优势的基础。而拥有上述资源是企业竞争优势或价值创造的必要但非充分条件，为了创造价值，企业必须对资源进行有效的管理（ZOTT，2003）。Penrose（1959）认为，对资源进行有效的整合和配置与拥有资源同样重要。因此，获取大量外部资源并对资源进行有效管理是中小企业生存和发展的关键。

近年来，相当多的研究表明，关系网络和企业创业导向是影响中小企业国际化绩效的关键因素（Li&Atuanene Gima，2001；Lylesetal.，2004）。许多中小企业在努力构建良好的关系网络和培养创业导向。那么，关系网络与创业导向是否影响以及如何影响中小企业的国际化绩效？国外相关研究结论是否适合中国？资源管理在其中又起到什么作用？它是如何作用于关系网络与中小企业国际化绩效之间关系的？创业导向又在其中起到什么作用？为回答以上问题，本书以关系网络、资源管理过程、创业导向和中小企业国际化绩效为基础变量，构建了四个变量之间关系的理论模型。

1.1.3 研究意义

1.1.3.1 理论意义

中小企业活跃于国际舞台，传统的国际化理论已无法对此给出合理的解释。以往的国际化研究往往聚焦于大型的跨国公司，但中小企业在资源、能力等方面迥异于大型跨国企业，使得以跨国公司为研究样本得到的国际化理论难以很好地解释中小企业的国际化现象，也很难为中小企业的国际化实践提供有针对性的建议。传统的理论认为规模是企业国际化的决定性因素，但是事实证明，中小企业同样可以国际化，网络正是其克服自身限制的有效工具。新兴的网络国际化理论逐渐受到人们的重视，但在现实中，很多中小企业既不是创建伊始就投入国际化的浪潮中，也不是遵循渐进的阶段性国际化模式，它们的国际化动因和进程各异、形式多样，难以单独从这两个理论得到完整的诠释。因此，我们需要构建一个全新的理论框架，既能解释纷繁复杂的中小企业国际化现象，又能为中小企业在国际化经营进程中赢得竞争优势提供可操作性建议。

创业导向是创业领域研究的热点之一，而中小企业进军国际化市场的行为本身就是一种国际化的创业。本书在关系网络的视角下探寻网络和创业导向的协同作用对国际化的重要影响，这两个视角的交叉融合拓展了创业学的研究和应用范围，同时，也大大推动了国际化理论的发展。而针对中小企业的国际化经营和创业的研究更是对其有益的补充和完善。

同时，基于资源基础理论关于资源管理过程对中小企业国际化的影响、作用进行深入探讨。以往的研究大多都围绕静态的资源或资源的不同特征来研究其对企业竞争优势创造的重要影响，很少有研究从过程的视角去探讨资源的内在价值，尤其是实证研究更为欠缺。本书从过程的视角考察资源管理的各个阶段对中小企业国际化的影响，这无疑是对资源基础理论的一个重要补充。

企业关系网络和创业导向是中小企业成功国际化的重要驱动因素。企业通过关系网络以成本优势获取独特的、有价值的、稀缺的资源，并以创新性、冒险性和先动性的创业精神，通过对这些资源的合理配置，加上有效的资源管理来帮助中小企业获得最大的价值。换句话说，是中小企业以关系网络为基础，以创业导向为动力，通过资源的合理配置和有效利用过程为企业创造更多的价值。从资源管理视角出发来分析关系网络和创业导向所带来的影响，一方面拓展了关系网络对企业国际化绩效的作用机理；另一方面将研究中小企业国际化的三个不同视角，即网络视角、资源视角和创业视角相结合，拓宽了未来对中小企业国际化的研究。因此，具有极高的理论价值。

1.1.3.2 现实意义

首先，企业国际化活动嵌入其构建的国际关系网络，在国际化战略管理方面，中国中小企业缺乏对组织关系网络重要性的认识，存在不少诚信方面的问题，并且与东道国发生了一些冲突。殊不知，良好的关系网络可以推动企业间的交往和联系，促进企业间信任的形成和维系，从而会增强企业间能合作意愿，减少监督成本。因此，关系网络特别是国际关系网络，对于实现可持续国际化经营、建构企业的国际信誉具有重要的意义。

其次，中国中小企业的跨国经营尚处在技术简单、投资规模偏小的阶段，主要集中在进入方便的劳动密集型行业，而且大部分产品附加值比较低、市场竞争力弱。企业敢于国际创业，其创业精神可嘉，但行动中创新性欠佳，不少企业技术创新能力低下，品牌意识薄弱。面对国际网络中蕴含的各种资源，中小企业的资源管理能力较弱，不能及时、有效利用各种资源并将其转化为企业价值。因此，以创业导向为发展动力，以资源管理为发展路径，揭示企业关系网络影响中小企业国际化的作用机理，能够为中小企业国际化战略的制订与实施提供借鉴，对中国中小企业塑造国际竞争力具有重要的指导意义。

最后，本书在国际化发展背景下，研究了关系网络对企业国际化绩效的影响，提出了相关的理论模型，并验证了它们之间的关系，为中小企业国际化成长指明了潜在的发展路径和方向。以创业导向为战略方向，以关系网络为行动基础，加强资源整合、利用和创新能力，对促进中小企业国际化成长具有重要的意义。

1.2 关键概念的界定

1.2.1 中小企业

中小企业是指与所处行业的大企业相比，人员规模、资产规模与经营规模都比较小的经济单位。根据2003年颁布的《中华人民共和国中小企业促进法》和《国务院关于进一步促进中小企业发展的若干意见》（国发〔2009〕36号）以及《中小企业划型标准规定》（工信部联企业〔2011〕300号），中小企业的划定标准主要是根据企业从业人数、营业收入、资产总额等指标，结合行业特点制定的。鉴于本书研究样本主要涉及制造业和部分信息技术软件、批零商贸服务业，我们主要关注以下几种类型的具体划分标准。

制造业属于工业领域，从业人员1000人以下或营业收入40000万元以下的为中小型微企业；软件和信息技术服务业，从业人员300人以下或营业收入10000万元以下的为中小型微企业；零售业，从业人员300人以下或营业收入20000万元以下的为中小微型企业；批发业，从业人员200人以下或营业收入40000万元以下的为中小型企业。

“中小企业”这个名词实际上是相对于“大企业”（包括大型跨国公司）而言的，与大企业相比有较大的差别，主要体现在以下几个方面。

（1）规模相对弱小。中小企业和大型企业的首要差别就体现在规模上，一般以从业人数和营业收入来衡量。上述划分标准正是基于这两个方面来划定的。规模小，难以取得规模经济优势，这也是与大企业相比一个最显著的不足。但也正是因为规模小，使得企业本身也具有一些优势，比如反应迅速、效率高等。这主要体现在中小企业员工人数较少，组织结构比较简单，通常是集权制管理，下级的执行力比较高，信息传达速度快；同时，员工在企业中的贡献很容易被识别，便于对员工进行激励，提高其工作效率。此外，中小企业往往利用国际分工协作，通过地理位置上的产业集聚来获得一定的规模经济效益。因此，规模已经不再是限制中小企业国际化发展的障碍。

（2）资源相对匮乏。这是中小企业的普遍现象，由于自身规模小，中小企业的资金、人力资源、技术、信息等资源都非常有限，而且获取能力也相对较弱，尤其体现在资金和人力资源的获取方面。据有关部门调查发现，融资困难是制约中国中小企业发展的第一大障碍，主要表现为：首先，融资方式比较单一，缺乏直接的市场融资渠道。据统计，中国50%的中小企业主要依靠商业贷款和民间融资的方式取得资源，但是因为本身资信水平较低，使其向银行贷款困难重重。其次，中小企业由于规模小、缺乏稳定性等特点，人才流失严重，或因机制不健全，不能选择到合适的人才，不重视人才发展，导致人才浪费，难以留住人才，这使得企业发展缺乏人才支撑。当然，还有其他一些资源，诸如信息、知识、技术等都难以与大企业抗衡。资源匮乏是中小企业发展的关键障碍。目前，中小企业已充分意识到这一现实问题，正积极从多方面寻找出路，培育、发展和维护关系网络已成为解决这一问题的首选方略。中小企业通过分工和专业化与大型企业建立稳定而密切的协作关系，积极融入国际市场供应链，成为大规模、集中化生产体系的组成部分，这已经成为中小企业在激烈竞争中获得生存和发展机会的最基本途径之一。

（3）执行能力较强。中小企业目前还以家族式管理居多，在经营管理上，经营决策权高度集中，这样，企业实现利润的目标与企业主个人的财富目标完全融为一体，积极性和主动性极高，加之企业所有权与经营管理权合一，既可以节约所有者的监督成本，又有利于企业对市场变化迅速做出反应，快速做出决策，执行效率高。

（4）创业精神突出，能力不足。中小企业在竞争激烈的国内、国际市场上，多方面寻求机会，得以立足并不断发展，这本身就体现了一种敢闯、敢拼的创业精神。尤其在规模、人、财、物等的限制下，中小企业专精于某一道生产工序、某一个零部件或某一个产品制造，做强做大，专注于某一细小产品的经营，不断改进产品质量，提高生产效率，以求在国际市场竞争中站稳脚跟，这一发展策略也体现了一种创新的思维。而且，越来越多的中小企业通过分工、协作、合作的方式开发新产品或技术参与国际竞争，这种协同创新的思想呈现了迅猛的发展势头。但是，毕竟中小企业受规模和资源的限制，创新资金和技术人才匮乏，很难独立开展产品或技术创新尝试，自身的抗风险能力也较弱，这一现状迫使中小企业积极寻找突破口，与大企业合作联合研制或进行管理创新和差异化的营销创新等，以不断积累经验，逐步培养核心能力。

1.2.2 企业关系网络

关系网络的分析源于社会学者的社会网络研究。传统社会网络研究的主体是个体人，分析的是人与人之间所形成的网络。而后，社会网络分析的思想应用于企业战略研究中，研究的主体换成了企业，采用网络理论来分析企业问题逐渐得到学术界的普遍重视，已经成为一个主流的方向。

在社会网络理论中，关系网络中的行动者被称为节点（Node），一般来讲，网络包括一组节点，还有一组线（Arc），节点代表的是个体，可以是一个人、一个组织甚至一个国家；线代表节点间的关系。社会网络了解的正是各个节点之间的关系。应用于企业网络研究中，关注的就是各个节点企业之间的关系。企业网络研究有两个不同的分析视角，一个是站在局外人的角度，企业间网络是由直接或间接关系联结在一起的若干个企业组成的。在这个网络中，会有一个焦点企业，它以在资源或其他方面具有独特优势而占据了中心位置，其他企业则围绕焦点企业分布在不同的位置上。另一个是站在单个企业的角度，以该企业为中心，考察该企业所处的特定的由直接和间接联系组成的网络，也称为自我中心的网络。从这一角度出发，不管企业处于网络中的什么位置，都以该企业为中心，考察本企业与其他网络成员的关系。前一个视角较宏观，主要考察网络的整体情况；后一个视角较微观，主要关注单个企业所嵌入的网络对企业的意义。

本书采用后一种视角，以自我中心的网络考察单个企业的网络与企业国际化绩效的关系以及对企业国际化成长的意义。Gulatl 等（2006）认为，企业处在一个与各种网络成员（包括供应商、顾客、竞争对手、中介机构、政府等）相互依存、相互作用、相互影响的网络关系中，通过这种网络关系，企业可以获得网络系统内蕴含的信息、知识、技术等各种资源，并通过交流和沟通促进这些资源的转移、消化和吸收，从而为企业创造价值。企业关系网络强调成员间的信任、互惠、理解和合作，不仅包括企业与网络成员间的契约性关系，也包括非正式的和非契约性的关系。

综合以上分析，本书把企业关系网络界定为以企业为中心的，通过正式或者非正式的契约与外部组织联系在一起，以相互信任和长期合作为基础的不断进化和优化的网络系统。

1.2.3 企业国际化

关于企业国际化的界定，学术界有不同的解释。20 世纪 70 年代中期，以 Johnson 和 Valhne 为代表的北欧学者提出了企业国际化阶段理论，认为企业国际化是从国内向国外市场逐渐渗透的过程，这一过程一般要经历四个不同的阶段，即不规则出口、通过代理商出口、建立海外销售子公司、从事海外生产，这四个阶段的发展过程被认为是企业国际化不断深入的过程。Welch 和 Luostarinen（1988）把国际化界定为“不断涉及国际经营的过程”。国际商务领域研究学者理查德·罗宾逊认为，企业国际化是企业有意识地踏入国际市场的行为体现。他在《企业国际化导论》（1989）一书中指出，国际化的过程就是企业对国际化市场做出的反应，具体反映在产品和生产要素的流动性上。斯蒂芬·杨等在《国际市场进入与发展》（1989）一书中提出，企业国际化是企业进行跨国经营的所有活动方式，包括产品出口、直接投资、技术许可、管理合同、交钥匙工程、国际分包及特许经营等。

中国学者对企业国际化的认识也有自己的观点。中国社会科学院世界经济与政治研究所鲁桐（1998）认为，企业国际化是由国内经营向全球经营不断发展的过程，这一过程是双向的，包括外向国际化和内向国际化两个方面。外向国际化的内容包括直接或间接出口、技术转让和对外直接投资等；内向国际化的内容包括进口、购买技术专利和引进外资等。刘松柏（2003）认为，企业国际化是企业发展跨国界经营活动的过程，内容包括商品、服务、技术、资本等一切经营要素跨越国界的交换和转移。赵优珍（2005）在《中小企业国际化——理论探讨与经营实践》一书中把企业国际化界定为：企业从事国际经营的外向型活动以及不断增加国际经营涉入程度的过程。

本书综合国内外学者的观点，从两个方面来界定企业国际化，一方面，从国际化的过程来看，企业国际化是企业从事国际经营的外向型活动并不断深入涉及国际经营的过程；另一方面，从国际化的方式来看，企业国际化的主要方式包括商品出口、许可贸易、设立海外销售分支机构、管理合同、分包、合同制造、跨国并购、子公司等。

1.3 研究方法和技术路线

1.3.1 研究方法

本书采用理论研究与实证研究相结合的方法。

（1）理论研究。主要包括两方面的内容：一是在确定研究问题的基础上，系统、深入地查阅和梳理大量国内外相关研究文献资料，发现以往研究中理论方法和视角的不足，找准本研究的切入口和拟解决的关键问题；二是结合本书的研究主题，在对相关文献进行综述的基础上，通过逻辑推理和理论演绎，构建相应的理论框架，并提出一系列待检验的研究假设。

（2）实证研究。主要包括问卷调查法和定量分析法。首先，本书根据国外权威研究学者调查问卷的测量指标对提出的理论模型和理论假设设计问卷，以保证调查问卷的效度。问卷调研旨在收集中小企业关系网络、资源管理、创业导向、国际化绩效的情况，以获得真实、有效的第一手资料。其次，利用大规模的调查数据对本书提出的理论模型与假设进行验证。采用的统计分析方法为结构方程模型（SEM）和层级回归分析，使用的统计分析软件分别是 AMOS 17.0 和 SPSS 19.0。

1.3.2 技术路线

技术路线反映了本书的总体研究规划和思路，提供了一种为达到研究目的，科学、合理地解决拟研究问题的可行路径和框架设计。本书的总体构思和分析过程所遵循的技术路线，如图 1－1 所示。

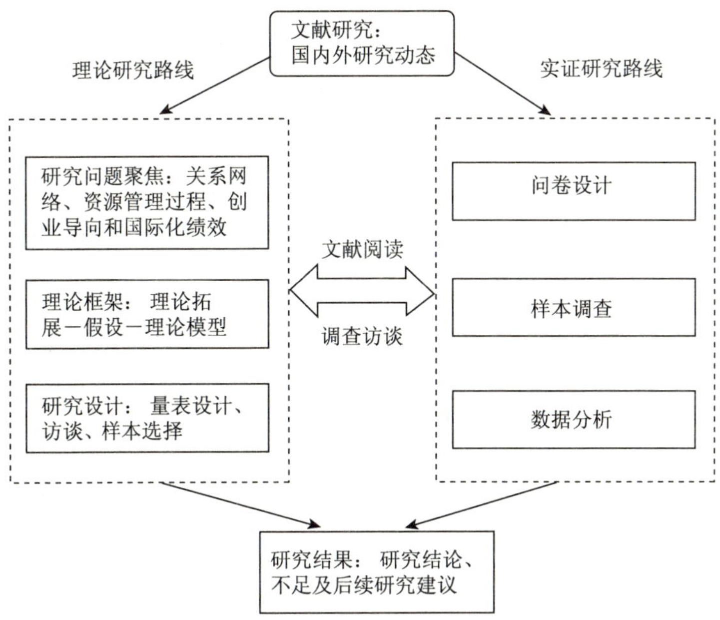

图 1－1 本书的技术路线

1.4 总体结构和研究内容

本书的总体结构共分为 7 章。各部分的主要内容表现在以下几个方面。

第 1 章：绪论。首先，对本书的研究背景和研究意义进行介绍，以明确选题的价值所在。其次，对本书采用的研究方法、技术路线和总体结构加以介绍，以使论述和研究条理清晰、重点突出。最后，对创新点进行归纳，表明本书的创新研究内容。

第 2 章：理论基础与文献综述。在系统回顾资源基础理论、社会网络理论和企业国际化理论的基础上，对关系网络、资源管理过程、创业导向、企业国际化绩效的相关研究以及它们之间的关系进行了系统的梳理和分析，总结和发现以往文献中研究的不足和缺陷，从而形成本书的初步思路。

第3章：中小企业国际化成长的驱动机制。从多个方面分析中小企业国际化成长的驱动机制，通过企业关系网络的嵌入，提出关系网络是中小企业国际化成长的基础；通过引入创业导向，提出创业导向是中小企业国际化成长的动力；通过资源管理过程的界定，提出资源管理过程是中小企业国际化成长的实现路径。从而总结出在基础和动力的共同影响下，通过资源管理过程影响中小企业国际化绩效的驱动机制。

第4章：关系网络对中小企业国际化绩效影响的概念模型和理论假设。根据文献探讨及相关的理论研究，构建关系网络和中小企业国际化绩效关系的理论模型，并提出关系网络与资源管理过程、关系网络与中小企业国际化绩效、资源管理过程与中小企业国际化绩效之间内在传导机制的一系列变量关系假设。

第5章：关系网络对中小企业国际化绩效影响的实证研究设计与预测试。借鉴权威学者的调查量表，结合小规模访谈调整并最终确定调查问卷，并通过对小样本的预测试，对量表的信度和效度进行初步检验，优化调整确定最终量表。详细说明数据收集过程及样本特征，并对大样本数据进行统计性描述及信度、效度检验。

第6章：关系网络对中小企业国际化绩效影响的实证研究。通过大样本数据，利用结构方程模型和层级回归分析对研究假设进行检验。

第7章：结论与启示。对检验结果进行概括和分析，并对整个研究进行归纳总结，分析本书存在的局限性和需改进之处，指出后续研究的方向。

1.5 创新点

本书基于相关理论，首先分析了中小企业国际化成长的驱动机制，提出企业关系网络是实现企业国际化成长的基础，创业导向是推动企业国际化成长的重要推动力，资源管理过程是实现企业国际化成长的现实路径。由此，构建了“关系网络—资源管理过程—企业国际化绩效”的理论分析框架，在此基础上形成了系统的理论假设，并通过相关性分析、结构方程建模、回归分析等统计分析方法，采用 SPSS 19.0 和 AMOS 17.0 软件对概念模型和理论假设进行了实证检验，而后对研究结论进行了分析和讨论。本书在继承现有研究成果的基础上，还具有一定的创新性，主要体现在以下三个方面。

（1）构建并验证了关系网络、资源管理过程与中小企业国际化绩效三者间关系的整体模型。

首先，目前有关企业关系网络的研究虽然覆盖范围已经很广，但更多地偏重于对网络优势与重要性的探讨和理论解释，以及网络具体类型的介绍与辨析，深层次的网络管理和进化问题还很少涉及，相关整体研究还处于一个比较松散的状态；其次，从关系网络对企业绩效的直接作用来看，根据关系网络的划分类型不同，其对企业绩效的影响也不尽相同，尤其是某些网络特征对企业绩效的作用效果还存在较大争议；最后，关于企业关系网络的嵌入性通过怎样的机制作用于企业绩效更是一团迷雾，尤其对嵌入国际关系网络中的中小企业，什么样的网络关系，通过什么途径影响国际化绩效尚不明晰，这很不利于中小企业网络关系的管理。因此，本书在系统梳理关系网络、资源管理过程、企业国际化等领域相关研究文献的基础上，提出了中小企业国际化成长的驱动机制，构建了企业关系网络通过正向影响企业资源管理过程从而促进企业国际化绩效提升的理论模型，并采用结构方程建模的分析方法对理论假设进行了较为系统的定量分析，从资源管理的视角，进一步打开了中小企业关系网络作用于企业国际化绩效的“黑箱”。

（2）全面考察了关系网络各特征维度对资源管理过程各阶段的影响。

当前，关系网络与资源获取间关系的研究已经取得了丰硕的成果，因为关系网络最直接也最重要的作用就是资源获取，包括信息的获取和知识的获取等，而关系网络对资源管理其他过程的探讨则显得非常不足。实际上，关系网络给企业带来的益处或优势不仅仅限于资源的获取，关系网络还有利于企业与其他网络成员进行资源配置与交换（Tsai & Ghoshal，1998；George et al.，2001），还能够促进资源和信息的共享、整合和利用（Mohnnan et al.，2003；I－Chieh，2011）。但是目前很少有研究关注关系网络产生的这些影响，而对于关系网络的各特征维度会对资源管理其他过程产生怎样影响的研究更是匮乏。针对这一研究不足，本书实证分析了关系网络各特征维度（网络规模、网络位置、关系强度、关系久度）分别对资源管理过程的获取、整合和利用阶段产生的影响，试图为中小企业的网络构建提供参考意见。

（3）提出并验证了创业导向对资源获取与中小企业国际化绩效间关系的调节作用。

首先，关系网络和创业导向都是中小企业实现国际化成长的重要驱动因素。尽管有文献分别探讨了创业导向和企业关系网络在中小企业国际化中的重要性，但是很少有学者在国际化情境中整合这两个因素，从关系网络的视角出发分析两者对国际化绩效的协同作用。其次，在资源基础理论的指引下，很多实证研究都聚焦于个别资源或配置资源与企业绩效的直接关系上。在解释企业绩效时，很少有研究关注企业组织和资源间的相互关系，以及如何对资源进行管理才能有效地利用资源。最后，在创业领域，创业导向被看作代表企业组织的一个重要指标。创业学者们已经实证探索了创业导向对企业绩效的独立影响（Zahraand Covin，1995）以及其与外部环境的可能关系（Covin and Slevin，1989）。但是大部分研究都忽略了企业资源在创业导向与企业绩效之间的重要作用，也就是说，创业学者们已经关注了如何组织企业去努力创业，而忽略了企业资源。本书正是基于这三方面的考虑，在研究资源管理过程与中小企业国际化绩效间关系时考虑了创业导向的调节作用。通过设置交互项，采用多层回归分析方法，验证了创业导向对二者关系的调节作用。结果显示，创业导向在中小企业资源获取作用于企业国际化绩效过程中起到了显著的调节作用，而其对资源整合、资源利用与中小企业国际化绩效间关系的影响则不显著。这一研究综合考虑了战略领域研究中企业组织方式欠缺的问题和创业领域研究中资源欠缺的问题，同时还在国际化环境下协调考虑了关系网络与创业导向两个重要因素，是对它们的有益补充。

第2章　理论基础与文献综述

本书以资源基础理论、社会网络理论和中小企业国际化理论为重要的理论基础，分别从企业关系网络、资源管理过程、创业导向、国际化绩效四个方面进行了必要的文献综述，旨在以基础理论为指导，全面阐述各研究要素以及要素之间已有的研究成果，分析不足和欠缺，从而找到研究的立足点和切入点。

2.1　基础理论

2.1.1　资源基础理论

2.1.1.1　资源基础理论的产生和发展

学术界普遍认为，资源基础理论（Resource - Based Theory，简称RBT）起源于Penrose在1959年出版的《企业成长论》一书，其基本观点是：企业是资源的集合，企业成长是内部资源和外部环境共同作用的结果，并着重强调生产性资源，认为企业内部生产资源的性质与可得性决定了企业在某个时点上扩张的方向与程度。除此之外，还受到企业外部机遇的影响。此观点可以视为资源基础理论的标志，首次明确提出企业利润源自一个企业所拥有的资源。尽管人们对企业资源重要性的认识较早，但直到20世纪80年代才日益引起学者们的重视。Wernerfelt（1984）在美国的《战略管理》杂志上发表了《企业资源基础论》一文，意味着资源基础理论正式诞生。他提出，与外部环境相比，内部环境对企业创造竞争优势更具有决定性作用，企业更应该重视内部环境；解释企业超额收益获取和竞争优势保持的关键是企业内部的组织能力、资源和知识的积累。之后，

Barney（1991，2001）等对资源基础理论进行了有益的补充，从而使资源基础理论受到了广泛关注。

20 世纪 90 年代，关于该理论出现了一系列具有划时代意义的学术论文，其中最有代表性的是 Barney（1991，2001）的研究，他在研究企业资源与持续竞争优势的关系时，把有关资源理论的研究划分为三个流派。

（1）新古典经济学流派。使用新古典经济学的概念与方法，重点关注企业的某些具体资源影响哪类竞争优势的产生以及如何测量。Henderson 和 Cockburn（1994）、Barney 和 Arikan（2001）都在这方面做出了突出的贡献。他们指出，有些企业的战略决策是建立在具有路径依赖性、因果关系模糊性、社会复杂性等特征的无形资产基础之上的，有些企业的战略是建立在大量的有形资产基础之上的，而前者的经营绩效普遍优于后者的经营业绩。

（2）产业组织理论流派。这一流派是基于产业组织理论的“结构—行为—绩效”（Structure – Conduct – Performance）这一竞争优势模型而提出来的。企业的差异主要来源于要素的不完全性、企业的异质性、专业化程度的差异性、企业资源的有限流动性等，这是产业组织理论流派的基本假设（方润生、李雄诒，2004）。Hansen 和 Wernerfelt（1989）、Peteraff（1993）、McGaHan 和 Porter（1997）的研究结论指出，比较行业特性对企业绩效的影响而言，企业各种资源的特性对其绩效的影响更大。

（3）发展经济学流派。借鉴发展经济学的研究思路，一些学者提出了动态的企业资源观的思想。他们重点关注企业能力的动态变化，为了获取持续竞争优势，企业需要具备从外部环境吸纳知识的特殊能力，这种能力整合了内部知识与吸收性知识，可以促进企业成长。这一流派的典型代表人物是 Teece、Pisana 和 Shuen。他们（1997）指出，动态能力源自资源基础论，企业为应对快速变化的外部环境，必须迅速响应外部需求，及时调整内部资源配置，而这种整合、构建和重新配置内外部资源的能力就是动态能力。

2.1.1.2 资源基础理论的基本思想

资源基础理论把企业看成是资源的集合体，重点关注资源的特性和战略要素市场，并由此来解释企业的可持续竞争优势以及相互间的差异。资源基础理论的内容可以概括为以下三个方面。

（1）特殊的异质性资源是企业获取竞争优势的源泉。资源基础论认为，资金、信息、知识、人力等各种资源都具有不同的用途，其中对于企业的发展而言，则以货币资金最为重要。企业的经营决策主要就是决定或指定各种资源的特殊用途，而且这种决策一旦实施就不能收回。因此，在任何一个时点上，企业所拥有的资源都是基于前期指定的资源配置所带来的资源储备，那么此时的资源储备就影响和限制了企业下一步的决策，也就是说，前期资源配置的结果增加了资源的专用性，从而降低了企业的灵活性。拥有优势资源的企业能够获取更多的经济租金，主要是因为企业在资源方面的差异，同样也是因为这种差异使企业的获利能力有所不同。可以带来竞争优势的资源应当具备以下五个条件：①有价值；②稀缺；③不能被完全模仿；④不可替代；⑤获取成本较低。

（2）资源的不可模仿性是企业维持竞争优势的基础。企业的竞争优势来源于企业的特殊异质性资源，这种资源可以帮助企业获得经济租金。在利益的驱使下，那些获得经济租金的优势企业肯定会被模仿，结果就导致企业彼此趋同，超额利润消失。这也就说明，能够率先取得经济租金或暂时具有竞争优势的企业之所以能够被追赶上，是因为同行业竞争对手完全模仿了它们的特殊资源。企业为了获得持久的竞争优势，必须保证自身的特殊资源不能被完全模仿。至少有三种因素为企业之间的互相模仿设立了屏障：第一，因果关系含糊性。企业处在复杂多变的经济环境中，利润的实现是企业所有活动的综合反映，很难总结出各项活动与企业利润之间的关系。而且劣势企业学习优势企业是要付出成本的，其对优势企业察看得越仔细、越具体、越全面，所花费的成本就越高。就算劣势企业总结出了一些经验，成功模仿了一部分，同时也赚到了少量的利润，但是这些利润很可能被之前学习花费的成本所抵销。第二，路径依赖性。在某种环境下，可能因为机遇或眼光，企业拥有了某种资源，而这种资源在当时是其他企业不知道的或不看好的，所以也没有去主动获得，后来因为环境变化了，形势日渐趋好，这种资源的价值凸显出来了，使该企业获得了超额收益。此时其他企业才纷纷认识到或重新看好这种资源，开始追逐，但为时已晚，其他企业再想以较低的成本获得这种资源已是不可能的。而以前抓住机会拥有这种资源的企业就可以获得稳定的收益。第三，模仿成本。劣势企业模仿优势企业是要付出成本的，这个成本主要包括时间成本和资金成本。企业的模仿行为不是一蹴而就的，它需要花费很长时间才能学习到并达到预期目标，而在这个学习过程中，因为外部环境和条件的变化，所学的优势资源可能会丧失原来的价值，比如技术资源就存在这种特性，等你学习掌握了，它可能又过时了。此时企业的模仿行为就失去了意义，鉴于这种优势资源的时限性，很多企业会选择放弃。这就是考虑了模仿的时间成本。再者，如果优势资源能够快速被模仿，短时间内不会失去价值，但是模仿行为需要耗费大量资金，而且不知道确切的花费金额，如果这部分成本很高，模仿成功后也不足以抵销，那么企业就会放弃模仿，这就是考虑了模仿的资金成本。

（3）特殊资源的获取与管理。资源基础理论告诉我们，应该把培育、获取能给企业带来竞争优势的特殊资源作为企业的长期发展目标。具体来说，企业发展独特的优势资源可从以下几方面入手。第一，组织学习。资源基础理论的相关研究几乎毫无例外地认为企业的知识和能力是企业主要的特殊资源，而获取知识和能力的主要方法就是学习。企业通过组织员工学习，不仅能够提高员工个人的知识和能力，而且还能够打造一个智慧的团队，聚拢知识和能力，产生更大的合力。第二，知识管理。在经营活动中，企业需要不断地从外界吸收知识，需要将特定的知识传送给特定工作岗位上的人，需要不断地对员工创造的知识进行汇总、整理和加工，而企业处置知识的速度和效率就会对企业竞争优势的创造产生很大影响。第三，建立外部网络。对于实力较弱的企业来说，单单依靠自己的力量来获取企业运营所需的全部知识和能力几乎是不可能的，可以通过与优势企业建立战略联盟、知识联盟的方式来获取知识和技能，一旦建立了这样的联盟，来自不同企业的员工可以一起工作、学习，这有利于激发员工的想象力和创造力，促进知识的创造和能力的培养。

根据资源基础理论，获取有价值的、特殊的、不可模仿的资源是企业实现价值创造的关键，而对资源的有效管理更是取得竞争优势的根本保障。本书运用资源基础理论的核心思想和基本假设分析资源管理过程对企业国际化成长的重要影响，并提出了资源管理过程是关系网络转化为企业国际化绩效的重要中间变量。

2.1.2 社会网络理论

社会网络的概念是由英国著名人类学家 R. 布朗首先提出来的。他所关注的是文化对有界群体（如部落、乡村等）内部成员行为的影响，他的研究比较简单。之后，Wellman 在 1988 年提出的社会网络的定义是“由某些个体间的社会关系构成的相对稳定的系统”，这标志着社会网络理论进入了比较成熟的发展阶段。他认为“网络”是联结行动者（Actor）的一系列社会联系（Social Ties）或社会关系（Social Relations），它们相对稳定的模式构成了社会结构（Social Structure）。随着应用领域的不断延伸，社会网络的概念早已超越了人际关系的范畴，网络的行动者既包括个人，也包括集合单位，如家庭、部门、组织等。企业网络是社会网络的一部分，它的主体是企业，主要指企业所拥有的各种社会关系，既包括企业家的个体网络也包括企业的组织关系网络。该网络与企业知识、信息等资源的获取紧密相关。可以看出，对企业网络的研究源自社会网络，企业网络的发展得益于社会网络理论。社会网络理论是企业网络研究的一个重要支撑理论。

社会网络理论的发展经历了一个比较长的过程，由众多研究不断对其补充完善，主要包括格兰诺维特（Granovetter）的“弱关系”优势理论和“社会嵌入”理论，魁克哈特（Krackhardt）的“强联系”优势理论以及博特（Burt）的“结构洞”理论等。

2.1.2.1 “弱关系”优势理论

著名的社会学家格兰诺维特（Granovetter）1973 年在《美国社会学》杂志上发表《弱关系的强度》（The Strength of Weak Ties）一文，标志着该理论的诞生。格兰诺维特认为，存在于个人或组织之间的关系不仅包括经济交换关系还包括社会交流关系，而且这种关系有时候表现得很强，有时候又表现得很弱，我们称之为关系的强度。这种关系的强弱可以通过关系主体间亲近的程度、沟通的频率和交流的深度来测量。同时，Granovetter对关系的强弱进行全面分析后得出了一个重要结论：社会网络关系主体间存在的弱联系胜于强联系，比强联系能够给企业带来的好处更多。根据“弱关系”优势理论的观点，个人或组织与关系疏远的人或组织（呈现弱联系）往往存在较大的差异性，正是这种较大的差异性导致了彼此提供的信息或交换的资源不会产生太多的重合或者冗余，从而能够有效发挥关系网络的桥梁作用。而弱联系则因为背景相似等原因，带来的信息和知识通常与个人或企业所拥有的相一致或共同性太多，从而产生重合或冗余，降低了关系网络的作用。这就是“弱关系”优势理论的核心思想。这一观点对后来的人类学和社会学研究产生了重要影响，同时也为经济学以及管理学相关领域的研究提供了重要的理论支撑。

“弱关系”理论为经济学和管理学的发展注入了新的活力。根据“弱关系”理论，在社会资源有限的情况下，企业可以通过建立广泛的弱联系来获取信息和资源，这种弱联系的一个最大好处就是维系成本低，所以弱联系具有明显的成本优势。当然，后来的研究也注意到弱联系虽然能够带来广泛的非冗余信息和资源，但同时也因为彼此的陌生和疏远，使得信息和资源出现不真实性或非稀缺性，从而影响了信息和资源的质量，对企业决策造成不利影响。所以，“弱关系”理论只是在一定程度上解释了网络规模的扩大有利于信息和资源的获取，为进一步研究关系网络的相关特性奠定了基础。

2.1.2.2 “社会嵌入”理论

“社会嵌入”理论是Granovetter对社会学的又一重要贡献。1985年，Granovetter在《美国社会学》杂志发表《经济行为和社会结构：嵌入性问题》一文，这标志着“社会嵌入”理论的诞生。该理论认为个体或企业的社会和经济活动都是镶嵌到一定的社会关系网络之中的，而不是孤立存在的。在这个关系网络中的成员顺利进行经济交换的基础是信任。同时指出，网络成员经济交换的成本取决于双方的信任程度，信任程度越高，交易成本越低。这就是“社会嵌入”理论的核心思想。该理论为社会网络分析指引了新的方向，并将社会关系网络分析方法引入经济学和管理学领域，给其后续发展带来深远影响。

2.1.2.3　“强联系”优势理论

到20世纪90年代，有关社会关系网络的讨论达到了高潮，学者魁克哈特（Krackhardt，1992）在前人研究的基础上，又提出了“强关系”优势理论，这是对Granovetter所提出的“弱关系”优势理论的回应。他认为关系网络中的强联系比弱联系具有更高的效率，因为强联系的建立是基于成员间的深入交往，维系这种情感联系的是成员间彼此的信任，当个体或者组织面临诸如资金短缺、技术落后等问题时，强联系将更有助于解决困难，比弱关系带来更大的效用，因为这种以信任为基础的关系更为牢固。此时，Krackhardt所提出的“强关系”优势理论与Granovetter的“弱关系”优势理论在某种程度上存在争论。从以往理论的发展路径可以看出，争论才能够引发学术界对于某些问题更深层次的讨论。至今，关于强弱关系哪个更有效的问题还在争论中。

2.1.2.4　“结构洞”理论

博特（1992）从网络结构角度阐述了著名的“结构洞”理论，研究了网络成员所在的社会网络的结构、位置对于网络行动者的影响。该理论认为社会网络结构内的成员并不是所有的都紧密地相互联系在一起的，如果把每个成员形容为节点，那么节点与节点之间都会存在空隙，必须由第三个节点，甚至更多节点才能将其联系起来，这种情况下，掌握两个节点信息的第三个节点企业就可以按照自己的需要与另外两个节点企业进行交流，从而获得收益。此时，我们就说该第三个节点占据了一个结构洞位置。例如，在图2－1（a）中，A企业与企业1、企业2、企业3中的任意两者之间的关系结构就是一个结构洞。因为企业1和企业2都与A企业有关系，但是二者之间却不存在关系，相当于有一个空洞（Hole）。A企业如果希望把信息传递给企业1和企业2，需要与它们分别交流；而在图2－1（b）中，B企业仅把信息传递给企业1即可，因为企业1可以把信息传递给企业2。也就是说，对于A企业来讲，企业1与A企业的关系和企业2与A企业的关系是非冗余的；而对于B企业来讲，企业1与B企业的关系和企业 2 与 B 企业的关系则是冗余的。A 企业就是结构洞的占据者。该理论认为在社会网络结构中蕴含着很多的结构洞，网络成员通过错综复杂的沟通和交流形成相互交织在一起的庞大的网络。这种网络的规模有大有小，其规模越大，网络中所蕴藏的结构洞就越丰富，企业所拥有的结构洞越多，企业就越处在网络的中心位置，掌握的信息及控制的资源就越多，那么企业的机会也就越多，绩效也会更好（Zaheer & Bell，2005）。

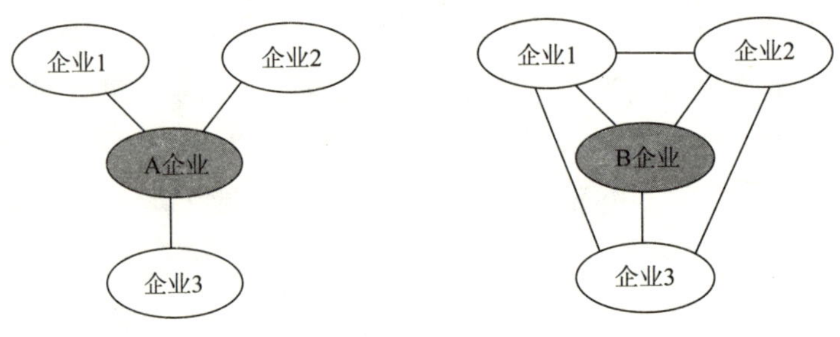

图 2－1（a） 信息流动网　　**图 2－1（b）信息流动网**

资料来源：笔者根据“结构洞”含义的描述绘制。

运用社会网络理论，可以解释中小企业包括新创企业的发展过程、生存及成功（Baum et al.，2000）。一般而言，中小企业规模较小，且缺乏信用资本，内部资源不足，相对于成熟、大型的企业，中小企业资源较匮乏，会更多地依赖与其他网络成员的联结及互动。因为中小企业面临的挑战通常是如何取得维持企业生存和发展所需的外部资源，就此来说，其所嵌入的社会关系网络是中小企业获取资源并创造竞争优势的重要渠道。本书以社会网络理论为基础，主要强调以企业为网络主体的企业网络的重要作用，从企业关系网络嵌入的视角，研究关系网络对企业国际化绩效的作用机制。

2.1.3 企业国际化理论

当前，国际上对企业国际化理论的研究主要始于 20 世纪 60 年代海默（Hymer）关于对外直接投资（FDI）的研究，经过 20 世纪七八十年代的蓬勃发展后，已经形成了很多派别。Coviello 和 McAuley（1999）指出，基于研究角度和理论基础的不同，企业国际化研究可以分为三个较独立的学派：第一，对外直接投资理论的经济学派；第二，阶段模型的行为学派；第三，基于网络视角的关系学派。Coviello 和 McAuley（1999）的研究还发现，有关中小企业国际化的研究中，所采用的理论框架大多为阶段模型和网络视角，或者两者兼而有之，而单独使用对外直接投资理论解释中小企业国际化问题的文献几乎没有。所以，关于中小企业国际化的理论框架主要有两个：国际化阶段模型和国际化网络理论。

2.1.3.1　国际化阶段模型

以 Johanson 和 Vahlne 为代表的学者主要从企业国际化发展的过程入手，研究企业国际化发展的路径和模式。这类理论关注的重点是，企业的国际化过程到底是"渐进的"还是"激进的"？为什么会呈现此种情况？Johanson 和 Wiedersheim - paul（1975）、Johanson 和 Vahlne（1977，1990）的 Uppsala 模型，Bilkey 和 Tesar（1977）的出口行为模型以及小林规威（1998）的"海外经营五阶段说"等都赞同"企业国际化是一个渐进的过程"的观点。

最有影响的 Uppsala 国际化模型是由 Johanson 和 Wiedersheim - paul 于 1975 年首次提出来的，Johanson 和 Vahlne 又在 1977 年发展了这一模型。Uppsala 国际化模型认为企业国际化是一个渐进的过程，大都经历了以下几个阶段：第一阶段，开始出口少量的产品，随着出口量继续增加，母公司获得了越来越多的海外市场信息并掌握了一些销售渠道，并采用外国代理商来稳定出口市场；第二阶段，随着海外市场需求和业务量的增加，母公司开始在海外设立产品销售子公司；第三阶段，当条件成熟时，母公司开始在海外直接投资组建生产基地。该模型还认为市场知识在企业国际化发展的每个阶段都发挥着非常重要的作用。市场知识是推动企业国际化发展的根本动力。市场知识包括两部分：一部分是人们能够从书本上学到的显性知识；另一部分则是人们只能通过亲身实践来获得的隐性知识，如经验等。企业管理者所掌握的市场知识会直接影响到企业对海外市场机会、风险的识别与认知，从而影响其国际化战略决策。当企业决策者缺乏市场知识时，从风险的角度考虑，他会尽可能减少海外市场投入，经过一段时间的运营以后，学习到了更多的市场知识后，决策者就会进一步推进企业的国际化发展。总之，市场知识影响着投资决策，投资决策决定了经营活动的开展，经营活动的结果又使企业在获得市场知识的同时，降低了可感知的风险，从而增加对海外市场的投入，这是一个不断循环的过程（见图2-2）。除此之外，还有一个影响企业国际化的重要因素是心理距离，企业在选择进入某个海外市场时，总是优先考虑心理距离比较相近的地区，进入后不断地熟悉当地市场，也开始摸索了解其他市场，逐渐缩短了与各个市场国的心理距离，对海外市场的承诺度也逐渐提高，于是，企业的国际化发展也就形成了良性互动，呈现出逐步演进的特点。

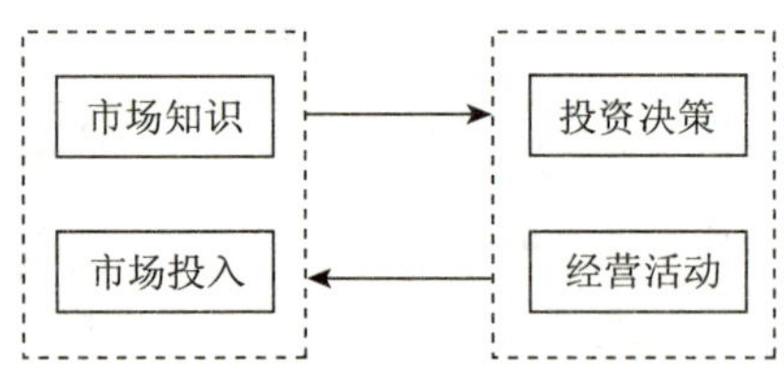

图2-2 Uppsala阶段模型

资料来源：Johanson and Vahlne，1977。

之后，许多学者沿用国际化阶段模型的这种“渐进论”思想来研究具体的企业国际化行为。如Bilkey和Tesar（1977）分析了企业出口行为的六个阶段：第一阶段，对出口不感兴趣，甚至不愿意接受出口订单；第二阶段，海外订单逐渐增加，可企业对此并不主动，不会努力探索出口的可能性；第三阶段，企业积极开拓海外市场；第四阶段，企业努力试探着向心理距离较近的国家大量出口商品；第五阶段，企业积累了大量的出口经验，不断扩张出口的地理区域，同时，根据汇率、关税、政策等最优化地调整出口策略；第六阶段，企业的出口市场扩大到全球，包括与母国心理距离较远的国家或地区。Cavusgil（1980）也将企业的国际化过程划分为五个阶段，即国内营销阶段、前出口阶段、以间接出口为主的初试阶段、直接出口的探索阶段和以国际市场为目标的国际战略阶段。小林规威

（1998）把企业的国际化过程划分为五个阶段：第一阶段，以母公司为中心的经营阶段；第二阶段，聚集当地市场的本地户经营；第三阶段，积极联系出口国家，并在海外投资建厂；第四阶段，全球化战略实施阶段；第五阶段，进一步深化国际经营全球化战略。这些理论在研究对象、研究方法与研究重点上虽然有所差异，但都可以归类为国际化阶段模型。他们都认为，出于对环境不确定性和国际化经验的考虑，企业国际化过程是逐步的、渐进式的，从出口到直接投资，从“心理距离”近的市场到“心理距离”远的市场，从一个国家或地区到多个国家或地区。

2.1.3.2　国际化网络理论

以前关于国际化的研究多集中于是否国际化、如何国际化的战略决策选择上，当前，应用国际化阶段理论就足以解释。但是近年来，国际新创企业的大量出现，颠覆了 Uppsala 国际化模型，需要新的理论来诠释。因此，学者们积极探索从其他角度解释这一现象，关系网络成为最受关注的视角。企业国际化的网络模型由一些瑞典学者提出，主要代表人物有 Hagg 和 Johanson（1982）、Johanson 和 Mattsson（1985，1987）等。这一学派主要基于社会网络理论和资源基础理论，主要关注企业和个人间的关系网络对企业行为的影响，认为企业的网络系统是由众多从事生产、销售、服务等活动的企业组成，称为企业间的关系网络。该网络理论认为，网络成员间存在信息、知识等资源的互补性，这种互补性使它们相互吸引，聚合到一起，共同建立、维持和发展这一网络关系。该网络模型的关键思想在于，企业的生存和发展依赖于其获取、整合、利用资源的能力，而企业需要通过其在关系网络中的地位来获取这些外部资源。企业的国际化经营就是企业在国际市场中建立、发展网络关系的过程。主要通过以下三个途径实现：第一，通过国际贸易、国际投资活动，扩大网络活动范围；第二，通过地区经济一体化，消除国际化经营壁垒；第三，最终实现国际经济一体化。而这个国际化过程更多地依赖于企业所参与的关系网络，这个关系网络包括了与客户、供应商、竞争者、政府、中介机构、科研机构等建立的各种联系。这为在创立之初就进入国际市场的国际新创企业行为提供了很好的理论解释。

当然，还有很多学者从不同的角度解释这个“天生国际化”现象。比如 Bloodgood（1996）、Westhead 等（2001）、Mcdougall 和 Oviatt（2003）等基于资源观的角度，认为中小企业之所以从创立之初就选择进入国际市场，这与企业所特有的资源有直接联系，企业所拥有的稀缺的、难以模仿的、不可替代的资源和能力使其得以在国际市场上立足（赵优珍，2005）。Autio 和 Sapienza 等（2000）基于学习观的视角，认为新创企业不会对新出现的事物抱有“偏见”或“惰性”，相反，其对任何新事物都充满“好奇”，它们一般具备非常强的学习能力，正是这种能力促使并支撑了它们迅速进入国际市场并进行扩张。Dimitratosa 等（2005）基于机会观的角度，强调机会对创业的重要作用，认为新创企业对海外市场机会的敏锐感知和快速、有效地采取行动是促使其产生并取得成功的关键。

可以看到，基于资源基础理论的国际化阶段理论对大企业和部分中小企业的渐进式发展过程作了较好的诠释，然而，把它作为企业跨国经营的一般性理论，其解释力是非常有限的。鲁桐（2001）认为，国际化阶段理论只适合分析制造业企业的出口过程，而对于服务行业如金融、保险、通信等无出口和生产制造活动的企业进行跨国经营就无法予以解释，而在解释制造业的跨国投资活动时该理论也略显简单化或有失偏颇（王国顺、郑准，2008）。随着经济全球化、经济一体化发展的不断深入，企业国际化进程不断加快，“天生全球化”“天生国际化”企业层出不穷，该理论对这一现象的解释已无能为力，而以社会网络理论为基础的国际化网络理论为其提供了强有力的依据。这一研究视角逐渐成为研究中小企业国际化问题的主流。

2.2 企业关系网络研究综述

2.2.1 关系网络的类型

关于企业关系网络的类型，学者们根据研究需要分别从不同角度进行了划分。首先，按照关系网络形式的不同，可以划分为正式网络和非正式网络。Birley（1985）认为正式网络是依赖组织关系而存在的，包括与供应商、竞争对手、行业协会、银行、税务局、中介机构等建立的各种关系。这些关系可以为企业提供相关信息以及必要的咨询服务和各种资源，如与专业咨询机构建立关系，中小企业就可以获得重要的市场信息和关键能力（Dawes，1996）。非正式网络是不依赖于组织而存在的个体关系，包括与亲戚、朋友、同事等建立的关系。非正式网络成员间通常以强关系的形式存在，这些关系对创立初期的企业非常重要，不仅能够提供初始的资金支持，还能够给创业者极大的情感支持（Bruderl & Preisendorfer，1998）。有研究表明，中小企业获得的网络资源来源于不同类型的关系网络，创业之初主要依靠家人和朋友这种非正式网络来获取资金、原材料、机器设备、雇员以及订单等；同时，创业者也从家人、朋友那里得到鼓励和支持（Ozcan，1995）。SHane 和 Cable（2002）的研究也显示，与银行或其他投资者相比，亲朋好友是为企业创业提供最初资金支持的主要渠道，因此，很多中小企业更倾向于通过非正式网络即从家庭成员或亲戚朋友那里获得初始的资金支持。

其次，按照网络主体要素的不同，将关系网络划分为个体网络和组织网络。Premaratne（2002）指出，个体网络是企业或创业者与个人（包括家庭、朋友和熟人等）建立起的一种网络关系；而组织网络是企业与银行、中介机构、合作伙伴等建立起的一种商业支持性网络，它具体包括两方面的网络关系，第一种是与相关机构如政府、中介机构、银行等建立的，第二种是与其他大型或小型企业建立的。Anderson（2007）认为企业或企业主的个体网络和组织网络可以视为同等的，因为伴随着企业成长，企业主的个人网络会逐渐嵌入组织网络，继而转化为组织网络。可以看到，实际上这种划分方法和前一种划分方法相类似，这里的个人网络实际上就是一种非正式网络，而组织网络就是一种正式网络，两种分类方法只是关注的角度不同、名称不同而已。

再次，按照关系网络特征或属性的不同，最为典型的是将其划分为结构嵌入性和关系嵌入性两种。企业关系网络的特征分析源于人际网络的特征，Tichy、Tushman 和 Fombrum（1979）在研究人际网络的特质时，采用结构特征、联系特性和交易内容这三个方面。这种衡量角度非常全面，虽然后来的学者们在具体衡量维度上各有不同，但大多数都遵循这种衡量方法来考察网络特征和属性。Burt 在 1982 年构建了一个典型的网络分析模型，该模型以关系和位置作为基本特征维度，其中，关系维度主要分析网络成员之间的关系密度，位置维度主要分析网络成员之间的关系模式，从而确定其在网络中的位置。

而最受推崇并被广泛沿用的关系网络特征的划分方法，当属 Granovetter（1985）从网络嵌入性视角提出来的划分方法，他将企业网络的嵌入性分为关系性嵌入和结构性嵌入两种，其中，结构性嵌入是指网络关系之间的分布情况，主要采用关系联结的位置、规模、密度等指标来测量；关系性嵌入则是指网络成员之间的联结情况。Granovetter（1973）在研究人际关系的强弱联系时曾采用互动频率、亲密程度、关系持续时间和相互交流的内容来判定关系特征，并从理论上进一步明确了可以把结构和关系作为网络特征分析的基本维度。Gulati（1999）指出关系嵌入性特征强调网络成员的直接结合关系，而结构嵌入性特征不仅仅看网络成员的直接关系，更强调网络成员所处位置带来的信息价值。

中国学者边燕杰（1997）将关系网络从特征角度划分为三个维度，即网络规模、网顶、网络位差。稽登科（2006）在研究企业内外部网络对技术创新绩效的影响时，把外部网络划分为强度、规模和位置三个维度。李志刚（2007）认为应该从网络密度、网络规模、联系强度、居间性、互惠性、稳定性等特征分析它们对企业绩效的影响。盛意（2010）将企业关系网络分成结构性嵌入和关系性嵌入两部分，结构性嵌入包括网络规模、网络异质性、网络位置三个维度，关系性嵌入包括关系强度、关系久度这两个维度。

最后，其他类型的划分方法。Lechner Dowling（2003）在研究外部关系网络与公司成长和竞争优势创造的关系时，把企业网络划分为社会网络、信任网络、市场信息网络、合作竞争网络和合作技术网络，认为使用不同的网络是为达到不同的目的，而且认为这些网络中的强联系和弱联系对企业的成长都是重要的，因为它们起着不同的作用。D. Tolstoy（2009）

研究了国外市场网络中知识整合和知识创造的关系，把网络划分为供应商网络和消费者网络两种类型，认为它们均对企业的知识整合产生正向影响，进而影响知识创造。钱锡江（2009）在基于珠三角私营企业的实证研究中，把企业家关系网络划分为代表企业间关系的外部横向关系网络、代表企业与政府关系的外部纵向关系网络以及代表企业家对企业运营管理的内部纵向关系网络三个维度，实证结果显示，三个维度对企业成长均有显著影响。

综上所述，出于不同的研究目的，学者们把关系网络划分为不同的类型或维度，其中最为流行的划分方法是按照关系网络的特征或属性来划分，这一方面是因为有关企业关系网络特征的测量方法已经比较成熟，研究的可操作性更强；另一方面是因为企业的关系网络特征能够最直接地表征企业的网络状态，以此为维度进行分析可以为企业提供更直观的构建关系网络的对策建议。虽然 Granovetter 已经从理论上明确了网络特征分析的基本维度是结构性和关系性，但是对于用哪些指标来测量相应的特征还不是很统一。目前应用最为广泛的指标是强度和规模，而对于其他指标（如网络密度、网络质量、网络异质性等）的使用则根据不同的研究需要选择取舍。

2.2.2　关系网络与企业绩效的关系

根据研究目的和研究内容的切入点不同，企业关系网络与绩效关系的研究基本可以分为两大类：一是企业关系网络对绩效直接影响的研究；二是企业关系网络与企业绩效连接机制的研究。

2.2.2.1　企业关系网络对绩效直接影响的研究

这一类研究回答的是“网络对绩效有何影响”的问题。企业的关系网络可以看作是企业的关系资产，它是企业的核心能力之一，因为这些资产通常是无形的资源，是难以理解和模仿的，其产生竞争优势的可能性比有形资产更大（Barney，1991）。企业国际关系网络的内容包括企业与供应商、企业与顾客、企业与竞争者、企业与企业内外部利益相关者的关系，它们对企业在国际化过程中的行为都产生了重要影响（Blankenburg and Johanson，1996）。Gulati 等（2000）探讨了企业战略网络对企业行为和经营绩效的影响，结果显示，企业所处的战略网络不同，导致了企业之间关系密切程度和信任程度的不同，也带来了企业网络资源或关系资源的不同，并最终影响到企业的经营绩效。Yli－Renko、Autio 和 Sapienza（2001）进一步认为，技术型公司与主要客户交互以及从主要客户网络那里得到的市场信息对于公司的新产品开发具有积极影响。Lavie（2007）发现软件企业的市场绩效与网络伙伴的营销资源、财务资源和市场声誉有着正向关系，揭示了网络资源在软件产业内的价值创造及占有的作用。Heather（2002）以 65 家新西兰的高科技企业为研究样本，实证分析了网络对于企业绩效的影响，并结合考虑了企业年龄的因素，得出高绩效的公司更多地使用外部网络资源；年轻的公司善于使用水平网络，年长的公司善于使用垂直网络；与没有使用网络的公司相比，使用水平网络的公司将取得较高的成长，而使用垂直网络的公司将取得更高的成长。

关于企业关系网络特征与企业绩效的直接关系的研究也受到了学者的高度关注。Granovetter（1973）认为弱联系是行动者与外界接触的关键路径，通过网络成员之间的这种弱联系，行动者能接触到与自身知识背景高度异质的其他网络成员，这能够为行动者提供高度异质性的信息，从而有利于行动者行为的改善和绩效水平的提高。若是强关系，一般双方掌握的信息会比较相似，同质性较高，能够匹配的信息较少，或者对有用的信息或优势大家都争相模仿，导致信息价值降低，因而影响其效用。对这一观点，一些学者则持反对意见，他们认为强联系的作用大于弱联系。如一些学者通过观察日本的汽车产业发现，制造商与供应商的强联系更能促进其合作与交流，能够促进黏滞性知识的共享和转移，紧密的关系也是竞争对手不能模仿的，从而有利于绩效的提高（Dyer 和 Singh，1998；Dyer 和 Nobeoka，2000）。Krackhardt（1992）也认为，企业的行动更容易受到网络中强联系的影响，能够改善和帮助企业的相关行动。此外，Uzzi（1997）也认为，强联系是企业获得有价值知识的重要渠道，强联系通过信息共享、信任和共同解决问题等措施，促进了非独立性知识与隐性知识的转化与传递，但 Uzzi 同时也强调过分嵌入的关系有时也会限制行动者的视野和行为，从而给绩效带来不利影响。后来一些学者的研究试图调和这两种观点，探讨在某些情景因素作用下网络强联系和弱联系的不同作用。如Rowley、Behrens和Krackhardt（2000）把产业环境作为情景变量引入，研究结果表明，在产业环境相对稳定的情况下，强联系或紧密的关系网络能够促进企业绩效的提高，而在产业环境动态变化的情况下，弱联系或松散的关系网络能够促进企业绩效的提高。关于网络强弱关系对企业绩效的影响一直在争论着，在不同的环境下可能会得到不同的结果，这也是值得进一步深入研究的问题。

此外，有些研究还发现，企业在外部网络的"网络位势"决定了企业国际化的速度与绩效（Lee，1993；Blankenburg，1995）。关系规模（企业/企业主与其他网络成员之间直接联系的数量）对企业/企业主能够取得的资源数量和组织能力产生重要影响。Goerzen和Beamish（2005）还通过实证研究发现，网络异质性的高低与企业绩效呈相关关系，与网络异质性较高的企业相比，网络异质性较低的企业更容易取得较高的绩效。Burt（1990）认为，较低的关系网络冗余度能够为企业提供更多高质量的信息，这有助于企业获取有价值的资源并最终获得较高绩效。而Jenssen和Greve（2002）则持不同的看法，他们认为企业网络中的冗余关系越多，越容易获取信息，也更有利于提高绩效。

可以看到，对关系网络与企业绩效直接关系的考察，有从网络整体出发考虑的，也有从关系网络具体特征角度衡量的，尽管角度不同，但却得出比较一致的结论，那就是关系网络对企业绩效会产生影响，只是具体维度影响的程度和方向还存在较大的争执，这也为在不同环境下进一步深入研究关系网络与企业绩效关系提供了一定的空间。

2.2.2.2　企业关系网络与企业绩效连接机制的研究

这类研究主要探讨"网络如何发挥作用"的问题。研究显示，企业关系网络会对企业绩效产生重要影响，但这一影响不是直接作用于企业绩效的，而是要通过一定的作用机制传导给企业绩效。学者们从不同的角度出发，试图找到网络发挥作用影响绩效的内在机理。现有研究主要考察了资源获取、社会资本、组织学习等中介变量，以及环境层面和组织层面的调节变量的间接作用效果。

以资源获取为中介变量，研究者普遍认为关系网络对于企业的一个重要作用就是提供了丰富的资源，这些资源包括信息、知识、技术、人力等。S. P. Premaratne（2001）在研究网络、资源与小企业成长的关系时，首先把网络划分为社会网络、支持性网络和公司内部网络三个维度，重点研究了这三个网络维度通过资金、信息和非物质资源作用于企业财务和销售绩效的过程，认为资源是企业网络影响小企业成长的内在机制。我国学者王国顺等（2008）分析认为企业关系网络在获取与控制外部资源方面具有重要作用，关系网络中蕴含的丰富资源是其影响企业国际化发展的关键机制。也有学者从具体资源的角度分析某一种资源的中介作用。如 Martina Musteen（2006）提出并验证了海外市场知识在关系网络与国际化程度之间的中介作用机制，说明良好的关系网络有助于国外市场知识的获取，从而促进了企业绩效的不断提高。类似地，我国学者郑准（2009）研究认为资源获取是企业关系网络影响国际化成长的核心机制。他以广州地区 146 个开展国际化业务的企业为研究样本，把关系网络按照社会资本的划分维度分为结构维度、关系维度和认知维度，把资源获取细化为信息、知识和声誉三种，分别实证检验了三种资源获取的中介作用，研究显示，资源获取在关系网络与企业国际化成长中起到部分中介作用。周劲波、黄胜等（2010）从理论上探讨了企业国际化成长的机制，构建了以知识或创业导向为中介作用的国际关系网络作用于企业国际化成长的概念框架，认为企业嵌入到纷繁交织的国际关系网络环境中，有利于知识资源的取得与创业精神的培养，继而取得较高的国际化绩效。

以社会资本为中介变量，关于社会资本，Gabbay 和 Leenders（1999）认为有助于实现企业目标的关系网络和网络资源就是社会资本，而约束和限制企业目标实现的网络和资源则是社会负债。周小虎（2006）认为蕴含在关系网络中的现有的和潜在的资源集合就是社会资本，这些社会资本是企业所控制的，并对企业实现目标有积极的促进作用。可以看到，实际上，社会资本就是关系网络中所蕴含的有价值的资源的集合。从一定意义上讲，它也可以理解为一种资源。Uzzi（1997）对时装工业的调查分析指出，网络中的社会资本可以有效地提高信息传递的效率，使网络行动者能够对环境的变化做出快速反应，从而加快网络中技术、知识等资源的散播，有助于提高绩效。关系网络中的社会资本是合法性、资源与知识的重要来源，而这些是企业成功进行国际化经营所必需的。周小虎（2005）认为企业社会资本作为一种关键的战略资源，能够有效处理网络行动者之间的交换关系，并依靠其解决合作的相关问题，可以说，企业社会资本在其中充当了治理机制的角色。而企业社会资本又是以关系网络为基础的，通过建立良好的社会关系网络，企业就可以获得更多的社会资本，通过信息、相互信任、共享知识与技术等具体形式最终获得收益。我国学者盛意（2009）基于对关系网络和社会资本的辨析，构建了以社会资本为中介变量的概念模型，并通过收集537家企业的调查问卷进行数据分析，验证了概念模型成立，社会资本在关系网络与企业绩效之间起到部分中介作用，而网络能力在其中起到正向的调节作用。可以看出，社会资本被认为是关系网络作用于企业绩效的一种传导机制，但是大部分的学者都是从理论上分析并得出结论，应用实证研究方法来验证社会资本中介作用的研究则较少。

以组织学习为中介变量，Kapasuwans（2004）研究认为企业关系网络通过组织间彼此的互动产生多样的异质性信息，提高组织学习能力，从而有助于企业绩效的提升。谢振东（2007）把关系网络划分为关系强度、网络异质性、网络中心性三个维度，通过实证分析验证了智力资本在关系网络与创业绩效间的传导效应。这里的智力资本实际上就是企业间知识的分享与学习，企业与供应商、顾客、中介机构等建立的关系网络是重要的信息、知识和技能的传播渠道，所以，从一定意义上讲，智力资本和组织学习具有非常大的相关性。彭新敏（2009）在研究社会网络与企业创新绩效的关系时，把组织学习作为中介变量，并把它区分为利用性学习和探索性学习，经实证检验，企业网络通过利用性学习和探索性学习的中介作用机制进而影响企业的技术创新绩效，其中企业网络的网络中心度、联结强度和网络规模分别通过不同类型的组织学习路径影响企业的技术创新绩效。

除此之外，企业关系网络与企业绩效的关系还受到若干调节变量的影响。根据资源基础理论和社会网络理论，关系网络与企业绩效之间的关系会受到外部环境和组织内部环境及能力的影响，因此，目前，被引入关系网络与企业绩效关系中的调节变量主要是环境层面和组织层面的。

Gulati 和 Higgins（2003）研究了新创企业不同类型的网络关系对企业首次公开募股成功的影响，他首先把关系网络划分为与风险资本的联结、与证券商的联结和战略联盟三个种类，并把股权市场动态性视作调节变量，通过实证分析表明，当股权市场兴旺时，与证券商的联结对首次公开募股成功具有正向作用；当股权市场低迷时，与风险资本的联结对首次公开募股成功具有积极作用。Ang（2008）以新加坡 1004 家制造企业为研究样本，同时考虑了不同技术等级环境和不同强度竞争环境两个变量对企业间合作与企业成长关系的影响，实证研究表明，在低技术密集型的产业内，竞争强度对企业间合作与企业成长间关系具有正向调节作用；在高技术密集型产业内，竞争强度对企业间合作与企业成长间关系具有负向调节作用。

在组织层面上，Acquaah（2007）研究了在战略导向的调节作用下社会资本与企业绩效之间的关系，得出如下结论，第一，关系网络有助于企业绩效的提高；第二，战略导向对二者之间关系具有显著的正向调节作用。Tsai（2001）在研究关系网络的一个特征——网络位置中心度对企业绩效的影响时，考虑了吸收能力这一调节变量，结果显示，吸收能力较强的企业，其网络中心度对企业绩效的影响效应更大，也就是说吸收能力正向调节了二者的关系。Koka 和 Prescott（2008）对美国钢铁行业中的企业联盟进行了调研，重点考察了不同网络位置对企业绩效的影响，并把环境变革和企业战略同时作为调节变量，实证结果显示，环境变革与企业战略两个因素在网络位置作用于企业绩效的过程中起到了显著的调节作用。

从以上分析我们可以看出，对于关系网络与企业绩效关系的研究主要集中于它们之间的直接作用效果与间接作用机制的问题上。关于直接作用效果，从关系网络的不同特征对企业绩效的影响作用来看，关系强度、关系异质性等特征对企业绩效的作用效果还存在较大争议。不同企业特征和不同环境下的影响效果可能存在较大差异，这一不足还有待在今后的研究中进一步考证。关于间接作用效果，要解决的问题是关系网络是如何作用于企业绩效的，为弄清这一问题，学者们从探寻作用路径、考察调节因素入手，重点关注了资源获取、社会资本、组织学习等的中介作用和组织内外部环境的调节影响，但我们发现，研究者都是从关系网络的最基本作用出发，比如资源获取、知识获取、智力资本等，来探寻关系网络与企业绩效的作用机制，包括对环境因素的考虑，这都是从静态的资源基础理论的视角出发的。但同时，我们必须意识到，有价值的、稀缺的资源获取固然是关系网络赋予企业的最大益处，但实际上，根据社会网络理论，关系网络不仅能够给企业带来机会、信息和各种资源，同时它也有助于企业对资源的整合和利用，但是目前的研究较少地涉及这一方面。正像蔡莉（2011）所提倡的，今后应该重点关注关系网络对资源管理过程的影响，也就是除了资源获取以外，关系网络对资源整合和利用阶段的影响。同时，基于过程的资源基础理论也认为，仅仅获取资源是不够的，还必须对其加以有效利用开发这些资源的价值，才能最终为企业创造效益。但是目前更多的研究倾向于各种资源对企业成长的影响，而对于资源整合和资源利用是否会影响以及在多大程度上影响企业成长还大多停留在理论的阐述上，从实证角度予以检验的研究则较少。

2.3 资源管理过程研究综述

2.3.1 基于过程的资源管理阶段划分

资源是形成企业竞争优势的来源，但并不是所有的资源都能形成竞争优势，企业的资源必须具备四种特性，即价值性、稀缺性、难以模仿性和不可替代性，它们是企业获取竞争优势的源泉（Barney，1991）。然而研究表明，仅仅拥有这些资源并不能为企业带来长期的竞争优势。因为资源的这些特性是相对于竞争对手而言的，外部环境会发生变化，竞争对手也不断发展进步，这些资源的原本优势或特征可能不复存在。尤其当企业处于高风险的、竞争激烈的、难于预测的国际市场环境中，资源原本的这些特性可能很快消失殆尽，如果不进行资源的更新和积累，这些资源将不再具有优势，而且即使是暂时具有优势的资源也不能直接转化为企业价值，必须要对这些资源进行有效的管理，这是基本的前提条件，也是实现资源内在价值的关键（Sirmon，2003；2007）。而资源管理的最终目的是形成企业自身优势能力，为顾客创造价值，为股东创造财富。

学者们对资源管理过程的关注是很晚才开始的，其中最有影响的学者是 Sirmon 和 Hitt，他们在 2003 年时针对家族企业进行研究，提出与非家族企业相比，家族企业拥有较独特的资源，这些资源是稀缺的、不可模仿的，但是这些独特的资源并不能自动转化为企业的竞争力，为实现顾客和股东价值，就必须对这些资源加以管理，经过挑选、协调、匹配、吸收、利用等一系列过程才能充分挖掘出这些资源的内在的或潜在的价值。这一研究揭示了从资源到价值转化的“黑箱”，对资源基础理论是一个很好的补充。此后，又有学者相继关注了资源管理的过程，Finney 等（2005）把资源管理过程划分为四个阶段。Sirmon 等（2007）又对资源管理过程进行了系统分析，在 2003 年研究的基础上更细化地提出了四个阶段过程。而我国学者在这一领域的研究起步更晚，如饶扬德（2007）、柳青和蔡莉（2010）等。

除了一般性资源的管理，还有学者专门关注具体资源，尤其对知识资源的管理过程进行了深入研究。传统资源管理理论中的资源大多也是围绕知识等隐性资源展开的，从优势资源的四个特性来看，知识资源是最容易满足这四个条件的。知识本身就代表着力量，不管是大企业还是小企业，不管是资源密集型企业还是知识密集型企业，不管是传统行业还是高科技行业，知识是变革创新的动力，是企业发展和长久生存的依靠，对于它们来讲意义都非常重大。知识又包括两种形式，一种是显性知识，它是可以通过学习转化和传播的；另一种是隐性知识，它是较难转化和散播的。知识也像其他的资源一样，也不能直接转化为企业价值，必须经过一系列的交换整合和创造过程（Sirmon et al.，2007）。Tolstoy（2009）将知识创造过程分为知识获取、整合和创造三个阶段。

以上文献大多是从静态的角度分析资源管理过程，也有学者注意到企业的资源管理过程在不同的生命周期阶段是不同的，从动态的角度进行分析。Churchill 和 Lewis（1983）、Grenier（1972）都认为在企业发展的不同阶段应该采取与之相协调的资源管理决策。Brush、Greene 和 Hart（2001）比较分析了新创企业的关键资源及其配置过程，说明其与成熟企业的过程是不同的。Sirmon 等（2007）则引入了外部环境和企业战略两个权变因素，说明资源管理过程必须根据外部环境变化不断调整。以下总结了不同学者对资源管理过程的阶段划分情况，如表 2－1 所示。

表 2－1　基于过程的资源管理阶段划分总结

资源管理过程的阶段划分	学者
识别资源 吸引资源 整合资源 转化资源	Brush、Greene 和 Hart（2001）
资源存储 资源绑定 资源杠杆作用	Sirmon、Hitt 和 Ireland（2003）
资源获取 资源整合 市场定位 资源维护	Finney 等（2005）
资源构建 资源整合 资源利用	Sirmon、Hitt 和 Ireland（2007）
知识获取 知识整合 知识创造	Tolstoy Daniel（2009）

资料来源：本研究整理。

本研究融合以上观点，把资源管理过程划分为资源获取、资源整合和资源利用三个阶段。而本研究所指的资源是企业在国际化经营过程中先后投入和利用的来自企业内部和外部的各种有形和无形资源的总和，包括物质资源、资金资源、人力资源、知识资源、技术资源、市场资源和组织资源等，它们是中小企业国际化创业和成长的基础。

2.3.2 关系网络与资源管理过程的关系

经过大量的文献阅读和梳理后发现，对于二者的关系，很少有研究直接关注关系网络对资源管理整个阶段过程的具体影响，不过我们可以从资源管理的不同阶段入手，试图梳理关系网络与资源管理每个阶段间关系的相关研究，从而为进一步深入探寻二者关系提供思路。

关于资源获取这一过程，学者们关注是最多的，不管是在理论上还是实证上都得到了较一致的结论，企业关系网络有助于资源的获取，而且正像资源基础理论所强调的，大部分的研究也集中在对知识和信息获取的影响上。Mintzberg（1973）就曾说过我们应该关注管理者的社会网络，因为总能处在一个有利的位置来搜集和管理知识，并促使企业在其关系网络中积极行动。企业家个人广泛的外部网络为提高公司知识管理的过程提供了有价值的机会，增强了企业执行复杂、灵活策略的能力（Nadkarni 和 Narayanan，2007）。企业网络的组织和管理方式能够引起或限制知识的交换，关系网络的结构和企业整合能力发展的程度是密切相关的，而这个资源整合的能力能够促使企业综合并应用当前的和新的外部知识（Eisenhardt 和 Martin，2000；Kogut and Zander，1992）。Coleman（1988）研究指出，在企业或企业主识别机会和制定决策时，信息无比重要，可是获取信息是需要付出成本的，而企业却能够从关系网络中以较低的成本得到企业所需的各种信息。对于资源匮乏的中小企业来说，利用好企业所嵌入的关系网络，充分获取资源就变得十分关键（Tolstoy Daniel，2010）。关系网络的结构决定着知识获取的数量和质量，刺激了用来评估和整合知识的知识管理机制的发展。Hansen（1995）认为企业通过网络活动使得成员间的交换关系变得更加频繁，增强彼此相互了解的程度，因而获得各种信息以及资源交换的可能性变得更大。Dyer 和 Nobeoka（2000）认为广泛的关系网络能够加强知识转移的速度，促进新知识的搜索并增加知识获取的数量。Vainio（2005）指出企业与其他组织形成的合作关系是有价值的资源，能够为企业补充资源，提升能力。周劲波和黄胜（2010）基于关系网络的视角，探讨了企业的国际化成长机制，分析认为企业良好的关系网络有利于知识资源的取得和创业精神的培养，从而有助于企业国际化成长，但是并没有进行实证检验。

至于关系网络对资源管理的整合和利用过程的影响分析，则有较少的文献涉及。这些文献或是从整合能力的角度或是从知识整合的角度出发来探讨的。比如 Virginia Fernández - Pérez 等（2012）研究了企业家社会网络对企业绩效的影响，并着重考察了整合能力、知识和战略柔性在其关系中的作用，他们把企业家的关系网络按照特征划分为网络规模和网络强度两个维度，以 200 家制造业和服务业企业为研究样本进行了实证检验，结果显示，企业家关系网络的规模和强度都对企业的资源整合能力产生积极显著影响，并通过整合能力、吸收能力和战略柔性间接影响企业绩效。Pfeffer 和 Salancik（1978）分析认为，通过保持紧密的网络联系和提供知识共享与流动的空间，可以促进知识的转移。D. Tolstoy（2009）研究了海外市场网络对企业知识整合和知识创造的影响，结果表明，海外市场的供应商网络和消费者网络均能够对知识整合产生正向影响，并通过知识整合进而影响到知识创造。

Tsai 和 Ghoshal（1998）研究认为，公司内部各部门之间的交流和合作对企业产品、技术和市场创新十分有益。向彩虹（2008）从经济学的角度，运用社会资本约束合作模型分析了关系网络中的社会资本通过约束机会主义行为，降低了网络成员彼此间的交易成本，认为关系网络是资源流动的渠道，通过社会资本能够起到资源配置的作用。魏江、勾丽（2009）研究了关系网络对企业资源整合能力的影响，重点考察了关系网络的关系范围和关系密度这两个特征，又把企业资源整合能力划分为资源协调、资源选择和资源组合三个维度，以 304 家制造型企业为样本进行了实证研究，结果表明，关系范围与资源选择、关系范围和资源组合、关系紧密度和资源协调、关系紧密度和资源组合之间呈现出显著的正相关关系，而关系范围与资源协调、关系紧密度与资源选择之间呈现显著的负相关关系。Coviello 和 Cox（2006）基于案例分析了关系网络对国际创业企业资源开发利用过程的积极影响。

当然，关于企业关系网络与资源整合之间的正向影响关系也有不同的声音。例如，Parise 和 Casher（2003）重点研究了关系网络的范围对资源协调的影响，通过对五百多家企业的问卷调查分析得出，在企业所构建的各种网络关系中，能够发挥企业间协同效应的伙伴关系只占 30%，不能充分发挥企业间协同效应的伙伴关系占 25%，而剩下 45% 的伙伴关系对资源协调没有影响。

可以看出，关系网络与资源管理过程间关系的研究主要侧重于关系网络最直接作用的讨论，那就是资源获取，包括信息的获取和知识的获取等，而对于关系网络对资源整合和资源利用的影响还不是很明确，相关研究也较匮乏，深入度不高。

2.3.3 资源管理过程与企业绩效的关系

资源管理过程与企业绩效间关系的研究大多遵从了静态资源基础理论的思想，把具有四个特性的资源看作是企业成功进行价值创造的法宝，而把对这些资源的充分利用看作是默认的条件，很少从资源管理过程的角度来考虑其对组织绩效的影响。所以，这部分文献多集中于资源（尤其是知识资源）与企业绩效间关系的研究，很少关注资源整合和资源利用这两个阶段过程对企业绩效的具体影响。

根据资源基础理论，有价值的、稀缺的、不可模仿的和不可替代的资源是企业取得竞争优势的源泉，围绕这一理论学者们从理论上和实践上开展了大量的研究，得出较一致的结论，资源是企业生存和发展的基础，而具备这四个特性的资源更是企业实现价值、维持竞争优势的法宝。Peteraf（1993）认为具有各种有益知识的企业能够更好地满足顾客需求并带来更好的经济效益。CHandler 和 Hanks（1994，1998）研究认为企业所需资金的数量充裕程度与企业国际化绩效呈正相关关系。知识资本的积累促进了企业创新绩效的实现，即使创新绩效不能等同于国际化绩效，但也为全球化绩效的取得提供了支持（Wu et al.，2008）。根据资源基础理论，Moreno 和 Casillas（2007）认为企业内未分配的资源可以解释企业的高成长，这些大量的非金融类的不可分割的资源，我们称之为松弛资源，是实现企业增长的主要源泉和动机，事实上，有些时候企业被迫去使用这些资源，进而提高了它们的效率。Ferreira 和 João J.（2011）在研究资源基础理论和创业导向对小企业成长的影响时，把创业导向也看作企业的一种资源，应用线性回归方法进行了实证检验，结果显示，一系列资源和能力（包括创业资源、公司资源、网络和创业导向）促进了小企业的成长。Anita Talaja（2012）则根据资源基础观的 VRIN 框架（Value，Rare，Inimitable and Non-substitutable），针对不同特征的资源实证检验了它们对企业竞争优势和绩效的贡献，结果表明，具有更多有价值和稀缺性资源的企业能够取得较高水平的竞争优势和绩效，因为这两个资源的特征是相互依赖的，它们对企业竞争优势既有直接影响也有间接影响。Fang 等（2013）研究了跨国公司知识资源对其子公司绩效的影响，结果显示，跨国公司的知识资源（包括技术资源和市场资源）对母公司绩效会产生积极影响，同时技术和市场资源通过母公司向子公司的转移也对子公司绩效产生积极影响，并且发现高技术资源和高市场资源是共同存在的。Veeri Chettiar Arumugam（2011）研究了人力资源管理过程对企业财务绩效的影响，并把工作满意度作为一个中介变量，构建了"人力资源管理过程—工作满意度—企业财务绩效"间关系的模型，并经过实证检验得出结论，人力资源管理过程的各个方面与企业财务绩效是正相关的，并且工作满意度在其中起到部分中介作用。曹红军、卢长宝等（2011）结合资源管理能力分析了资源异质性对企业绩效的影响作用，实证研究结果显示，资源异质性对企业绩效具有正向影响，而资源获取、整合和释放三个能力维度对这一影响具有调节作用，这一研究揭示了资源异质性正向影响企业绩效关系成立的影响因素。

对于资源整合和利用这两个阶段过程，也有少部分学者进行了探讨，特别是近几年，学者们开始把目光聚焦于个别某项资源管理过程的研究，为这一领域注入了新的活力。Kirzner（1998）曾指出对分散知识的整合有利于企业暂时性竞争优势的构建，企业为了满足国际市场的需求通过整合并创造知识的过程和能力能够促进企业国际化绩效的提高。Tin - Chang（2011）把知识的管理过程分为知识选择、知识使用、知识储存和知识分享，同时考虑了企业的基础能力和公司战略这两个因素。研究认为，企业的基础能力和公司战略影响了知识管理过程，进而对企业绩效产生积极影响。Varintorn（2011）研究了中小企业知识管理过程与组织绩效间的关系，他把知识管理过程划分为知识获得和创造、知识组织和保留、知识散播以及知识利用四个维度，并使用 81 家企业的调研数据进行多元回归分析发现，知识组织和保留以及知识利用提高了个人绩效、产品绩效和总体绩效，仅仅知识组织和保留增加了过程绩效，而知识散播则影响了顾客的满意度、企业信誉和成本。赵剑波和曹红军等（2009）针对资源管理与企业绩效进行了实证研究，他们选取 110 份有效样本，按照资源管理的内容把其划分为五个维度，即组织资源获取管理、信息搜集与分析管理、企业产品与资源释放管理、企业内部组织管理以及企业外部关系协调管理，并开发了测量量表，结果显示，资源管理内容这五个维度与企业绩效呈正相关关系。李志远（2012）研究了科技资源整合对企业创新绩效的影响，他把科技资源整合的过程划分为科技资源识别与获取和科技资源配置与利用两个维度，并通过科技资源整合能力和扩散效应的部分中介作用，传导给企业创新绩效，对企业创新绩效具有显著的促进作用。该研究进一步深入探讨了科技资源整合与企业创新绩效之间的具体影响路径，突出了扩散效应的中介传导机制。

由此可见，在资源基础理论的指导下，很多理论和实证研究都聚焦于个别资源或配置资源与企业绩效间的直接关系上，而对资源管理的阶段过程对企业绩效产生怎样的影响则很少有人关注，虽然近几年开始起步，但是研究的广度和深度还远远不够。另外，我们也看到，在解释企业绩效时，很少有研究关注企业组织和资源间的相互关系，以及如何对资源进行管理才能有效地利用资源（Helfat，2000）。当然，也有有限的研究存在，比如 Cockburn、Henderson 和 Stern（2000）就曾注意到企业组织和资源间的相互关系是重要的，企业管理过程能通过采取行动对新的机会和外部环境的改变做出反应，而这些行动会影响到企业的资源基础和如何利用这些资源。Eisenhardt 和 Martin（2000）则根据动态能力的概念，认为除了资源本身，企业的组织和战略过程也会对企业的价值创造产生影响，因为它们提出了帮助企业操纵资源转化为价值创造的具体策略。基于这两方面的不足，也为本书提供了进一步研究的空间。

2.4　创业导向研究综述

2.4.1　公司创业与创业导向

过去的几十年里，创业一直是学术界和实践领域的关注焦点之一。公司创业活动被认为是已建组织通过内部创新、合资或并购等形式促进业务增长的主要动力，也是战略更新的主要动力（Guth 和 Ginsberg，1990），同时又是产品、流程、管理创新（Covin 和 Miles，1999）和多元化（Burgelman，1983）的驱动力，因此，公司创业日益引起理论界和实务界的高度重视。在创业中最受关注的要素是创造和创新，创业的实质就是企业进行创新行为的过程，是创业者或其员工通过创新的手段，将资源高效地利用，为顾客和股东创造出新的价值的过程。创业所关注的在于“是否创造新的价值”，而不只在于是否创立创新公司。虽然创业通常是以建立新公司的方式出现，但创业不一定只在于创立新企业，在某些成熟的组织，开发一个新项目、一个新产品甚至包括开拓一个新市场，只要有旺盛的创新活动产生，都可以称之为创业。

结合时下经济背景和现有研究文献，公司创业受到重视主要缘于以下两方面。一方面，外部环境的千变万化对企业创新速度和方式提出了更高的要求。激烈的市场竞争和经济全球化趋势已经让企业的生存环境发生了剧烈的变化，在复杂和动态的环境中，不管是大公司还是小企业，发扬创业精神，实施创业战略已经成为取得竞争优势和保持可持续增长的重要保证。另一方面，大公司日渐庞大的组织机构所带来的市场响应迟钝、组织运作低效和经营队伍不思进取等诸多弊病抑制了公司创新的脚步，成为阻碍公司发展壮大的瓶颈。面对增长困难和绩效低下的问题，大公司如何在公司创业战略中注入创业精神，增强企业的活力和柔性，提升企业的创新能力，成为这些大公司维持可持续发展的关键。学者们认为公司创业是影响企业和经济发展的一个非常重要的因素。George 和 Bock（2011）认为除非拥有创业能力，否则，今日的企业将无法在这一复杂多变的环境中继续生存。公司创业对企业复兴和绩效提高均具有重要的作用（Zahra，1995）。公司创业不仅对大公司重要，对中小企业也同样重要（Covin 和 Slevin，1989）。公司创业不但对特定的商业组织有利，对整个经济发展也有利，因为公司创业能够通过提高生产率、提高作业实践、创建新产业、提高国际竞争力等方式影响整个经济的发展（Wennekers 和 Thurik，1999）。美国《战略管理月刊》（SMJ）杂志 1990 年发表了一期公司创业的特刊，这标志着公司创业正式成为战略管理研究中一个新兴的领域。Schendel（1990）在该刊中着重强调了创业的主题，提出“创业是当下战略管理的核心议题”。

虽然公司创业已经在理论界和实务界受到了广泛的认可与高度重视，但对于公司创业的内涵还没有一致的意见（Sharma 和 Chrisman，1999）。本研究整理了关于公司创业的一些重要定义，如表 2－2 所示。

表 2－2　公司创业的定义

定义	作者
公司创业指企业在外部环境允许的范围内，充分发挥自身能力，通过对资源的多样化组合，达到扩展企业活动范围目的的过程	Burgelman（1983）
公司创业是指新建一个独立的组织实体（如利润中心、战略事业部、子公司等）来创造新产品或服务、创造新市场或利用新技术	Spann、Adams 和 Wortman（1988）
公司创业是指企业发展新产品或开拓新市场的程度	Jennings 和 Lumpkin（1989）
公司创业主要是指企业新业务的产生和停滞的、缺乏活力的业务的变革	Schendel（1990）
公司创业指企业通过进行新的资源组合来提升企业能力、增加发展机会	Covin 和 Slevin（1991）
公司创业是企业更新的过程，包括两个维度：新业务开拓和战略更新	Zahra（1993）
公司创业是个人或团队通过组织的行动，创造新组织、强化组织更新、开展创新活动的过程	Sharllla 和 Christman（1999）
公司创业是指通过发现、创造、评估并利用商业机会为企业创造价值的过程	SHane 等（2000）

续表

定义	作者
公司创业是指在已建组织内的创业过程，包括新市场开拓及其他创新活动，诸如开发新产品、服务、技术、管理经验、战略与竞争态势等	Antoncic 和 Hisrieh（2001）
公司创业就是与现有企业紧密联系的创业决策、过程和结果	张映红（2005）

资料来源：在 Sharma 和 Chrisman（1999）① 基础上整理修改。

从表2－2中我们可以总结出公司创业的三方面的特征：①公司创业既包括创建一个新组织，也包括在既有组织内开展创新活动；②公司创业是针对既有规范而言的，旨在打破企业已有的运行规范；③通过多种形式表现出来，如新业务投资、产品服务创新、公司流程更新、组织创建等。

而关于创业导向，它的形成则源自企业类型的划分。Miller 和 Friesen（1982）分析归纳了创业型组织的三个关键特性，分别是创新性、风险承担性和超前行动性，这是创业导向的雏形，也是后来创业导向概念的重要组成部分，但是他们并没有明确提出创业导向的概念。而后，Covin 和 Slevin（1989）在研究企业不同环境下的战略差异时，提出了创业战略姿态这个概念，并指出 Miller（1983）提出的创新性、风险承担性和超前行动性可以构成一个三维的战略导向构念。这个创业战略导向就等同于我们今天所说的创业导向概念。到了1996年，Lumpkin 和 Dess 才明确提出了创业导向这个概念，他们指出创业最基本的活动就是建立新企业、创造新产品或服务、开拓新市场等“新进入”活动，而创业导向则是指导这些活动开展的方式方法和决策模式。这一概念得到了学者们的普遍认可和接受，但是在实际考察创业导向时，更普遍的还是用 Miller（1983）提出的三个维度来衡量测定。

比较公司创业和创业导向，首先，在概念起源上，公司创业是源于对企业层面创业这一现象的研究，根据现象的具体内容提出了一些表现形

① Sharma, P., Chrisman, J.. Toward a Reconciliation of the Definitional Issues in the Field of Corporate Entrepreneurship［J］. Entrepreneurship Theory & Practice. 1999, 23（3）: 11－27.

式；而创业导向则源于企业类型的划分，并突出显示了创业型企业的三个特征维度。其次，在内涵和维度上，公司创业是指在已建企业内部创建新企业、实施战略革新和创新的过程，它具体包括创新、风险投资和战略更新三种活动（Yiu 和 Lau，2008）；而创业导向实质上是一种战略导向，是企业从事创新、承担风险、实施超前行动时所表现出来的一种倾向，包括创新性、风险性和先动性三个维度。最后，在战略层次上，我们一般认为企业战略分为公司层、业务层和职能层三个层次（Hofer 和 Schendel，1978；Grant 和 King，1982）。创业导向从本质上说是一种战略导向（Covin，1991），而且它具体应该归类于业务层的战略，也就是战略导向的概念应该指向业务层，而不是公司层（Venkatraman，1989）。因此，创业导向作为一种战略导向，代表了企业的一种业务层战略。而公司创业的一个重要维度——战略更新，它是属于公司层战略的，那么包含战略更新概念的公司创业同样也应该归属到公司层。从以上几个方面的比较，我们认为，公司创业是企业在公司层面上的一种创新组织过程，更多地表现为新业务投资、产品或服务创新、公司流程更新等活动；而创业导向则是企业在业务层面上的一种战略导向，更多地反映为创新性、冒险性和先动性的意愿或态度。

2.4.2 创业导向与企业绩效的关系

自从 Miller（1983）第一次提出创业导向这一概念以来，创业导向问题就成了创业领域研究的热点，不管是理论研究还是实证研究都已经累积了相当丰富的成果。以下总结了一些比较重要的创业导向与绩效关系的实证研究，见表 2－3。

表 2－3 创业导向与绩效关系的实证研究（部分）

文献	样本	分析技术	结论
Miller 和 Friesen（1982）	52 家加拿大企业	相关性分析和多元回归分析	创业型企业比保守型企业产品创新能力更高
Miller（1983）	52 家企业	方差分析	组织类型显著影响创业导向与企业绩效的关系

续表

文献	样本	分析技术	结论
Covin 和 Slevin（1988）	80 家美国企业	层级回归分析	EO 和组织结构的交互作用影响组织绩效
Covin 和 Slevin（1989）	161 家美国制造业企业	层级回归分析	EO 和组织结构以及环境的匹配影响组织绩效
Zahra（1993）	102 家美国制药企业	Anova 分析和回归分析	EO 和绩效的关系受环境的影响
Zahra 和 Covin（1995）	108 家各行业的美国企业	回归分析	EO 和绩效的正向关系随时间推移而增强
Wiklund（1999）	132 家瑞典小企业	多元回归分析	EO 和绩效的正向关系随时间增强，且资金可获得性的权变效应显著
Zahra 和 Garvis（2000）	98 家美国跨国制造企业	相关分析 回归分析	环境敌对性对国际创业和绩效的关系具有正向权变影响
Lumpkin 和 Dess（2001）	94 家企业	层级回归分析	产业环境与生命周期对 EO 和企业绩效的关系具有权变影响
Wiklund 和 Shepherd（2003）	384 家瑞典中小企业	层级回归分析	基于知识的资源对 EO 和企业绩效的关系具有正向权变影响
Walter 等（2006）	149 家大学衍生企业	层级回归分析	网络能力对 EO 和企业绩效的关系具有正向权变影响
薛红志等（2005）	81 家制造类企业	层级回归分析	创业导向对采用成本领先战略和差异化战略的企业都产生显著的正面影响
焦豪、周江华、谢振东（2008）	108 家企业	结构方程	创业导向战略对组织绩效具有积极影响，环境动荡性在两者之间具有显著的调节效应
李卫宁（2010）	281 家“天生国际化”企业	结构方程	产品策略是创业导向与国际化绩效的中介变量
陈伟（2010）	697 家高科技企业	层级回归分析	积极的创业导向更能提高企业的绩效，且高的资源禀赋能够强化这种关系

资料来源：在温伟祥（2008）① 基础上整理。

通过文献的阅读和梳理，我们发现，关于创业导向与企业绩效关系的

① 温伟祥．网络视角下集群企业创业导向及其与绩效的关系研究［D］．浙江大学，2008.

研究学者们主要关注两个方面：第一，二者的直接影响关系；第二，考虑环境变量、组织内部因素等的调节作用和中介作用的间接影响关系。

对于直接影响关系，学者们持两种不同的观点。绝大部分赞成企业的创业导向对公司绩效产生正向影响。Dana（1987）认为公司创业是企业提升财务绩效、赢得竞争优势的重要因素。Zahra 和 Covin（1995）也认为，公司创业行为对企业财务绩效有重要影响。其后，Zahra 和 Neuhaum（2000）进一步把创业导向划分为产品、风险承担和先行行动三个维度，并通过实证研究表明，这三个维度对企业的改革、新业务和市场的拓展，乃至企业绩效的提升都是非常重要的。而且，Zahra 和 Covin（1995）、Wiklund（1999）的研究都认为，公司的创业活动可以看作是企业的一种战略安排，这种战略导向对于提升企业的长期绩效更有帮助，而在短期内却显示不出。Wiklund 和 Shepherd（2003）针对小企业研究指出创业导向对小企业绩效具有明显的提升作用，尤其当企业资源有限的情况下，创业导向对企业绩效的影响作用更为显著。Chow（2006）更是明确地指出，若不考虑其他影响因素，创业导向对企业绩效的正向促进作用是毫无疑问的。还有一些研究认为，公司创业导向对企业绩效没有直接的促进作用，在某些情况下甚至会起到相反的作用。如 Lee 等（2001）实证研究发现，创业导向对新创企业的绩效是有正向影响，但是这种影响相当微弱；而 Slater 和 Narver（2000）的研究则指出，创业导向与企业绩效间根本不存在正向的相关关系；Hart（1992）和 Smart 等（1994）的研究也发现，在某些特定的环境和组织背景下，创业导向与企业绩效的正向影响关系并不存在，甚至会出现反向作用。

对于间接影响，张玉利和李乾文（2006）指出鉴于创业导向与企业绩效的关系仍存在争议，所以我们应当从权变的视角考虑二者的关系，比如加入环境因素、组织自身因素等，考察这些因素对它们的中介或缓冲作用（Lumpkin 和 Dess，1996；Chow，2006）。如 Wiklund（1999）指出，企业创业导向对绩效的积极影响，主要是作用于企业生产和工艺运作与团队学习而间接达到的。张玉利和李乾文（2006）对我国企业的调查实证也显示，组织能力是创业导向作用于企业绩效的重要路径和内在机制。Zahra

和 Garvis（2000）研究了行业内竞争情况和环境敌对性对二者关系的影响，结果发现，行业内竞争激烈程度和环境敌对性对二者关系具有正向权变影响。Wilkunds 和 Shepherd（2003）研究也指出知识资源正向加强了二者关系。Walter 等（2006）把网络能力划分为合作、关系技能、市场知识和内部沟通四个维度，并发现这四个维度均对大学衍生企业创业导向和绩效间的关系起到正向调节作用。Chow（2006）则强调了人力资本、组织结构、组织方式、外部环境等因素的权变影响，结论显示，人力资本增强了二者间的关系；在非国有企业中二者间的关系更显著；环境越多变，二者间关系越明显。

由此可见，企业创业导向与绩效间的关系已经得到学者们的高度关注，并在理论研究的基础上开展了越来越丰富的实证研究，探索了创业导向对企业绩效的独立影响（Zahra 和 Covin，1995）以及其与组织内部因素（产品策略、企业战略等）、外部环境的可能关系（Covin 和 Slevin，1989），但是大部分的研究却忽略了企业资源或资源管理的过程在创业导向与企业绩效之间的重要作用，这也正是 Lumpkin 和 Dess（1996）所呼吁的研究问题。也就是说，创业学者们已经关注了如何组织企业去努力创业，而却忽略了企业资源，这也为本书提供了进一步研究的空间。

2.5　国际化绩效研究综述

2.5.1　国际化绩效的含义

2.5.1.1　绩效的含义

绩效是我们衡量一个企业效益优差的重要标准。它是一个多维度复杂的概念，理论界一般从结果和过程两个角度来考察企业绩效的含义，由此产生了三种观点，即绩效是结果、绩效是行为、绩效既是行为也是结果。下面总结了这三种观点的代表性含义，如表 2－4 所示。

表 2-4 企业绩效的含义

形式	代表人物	观点
绩效是结果	Bernadin	绩效是工作结果达成组织战略目标的程度、顾客满意度以及投资回报等
	Dess 和 Robinson	企业绩效实际上也就是某种形式的组织效能
绩效是行为	Murphy	绩效是与其组织或组织单元的目标有关的一组行为
	Campell	绩效是由其熟练程度（贡献水平）来评定等级（测量）的
绩效既是行为也是结果	Brumbrach	绩效本身是结果，也是达成结果的工具（行为）

资料来源：在李高吉（2010）① 基础上整理。

本书研究的内容是企业关系网络对企业国际化绩效的影响，企业外部的关系网络可以看作是影响因素，企业绩效是被影响后产生的结果。所以，本书所研究的企业绩效是结果，是企业达成某种目标的程度。

2.5.1.2 国际化绩效的含义

随着企业国际化进程的不断发展和深入，国内外学者们逐步加强了对企业国际化绩效的研究。但对于国际化的含义，不同的学者有不同的理解。有些学者认为，企业国际化的程度和阶段是影响国际化绩效界定的最直接因素，如在出口阶段，国际化绩效反映的应该是企业的出口绩效。从20世纪90年代中期开始，随着企业对外直接投资的逐步开展，企业国际化绩效的内涵也发生了变化，学者们开始从直接对外投资的角度来界定国际化绩效。而且，关于国际化绩效大多在关注它的衡量指标，而忽略了其本身的意义。

Radulovich（2008）较详尽地界定了企业的国际化绩效，认为国际化绩效是企业在国际化运营过程中所带来的产出，具体包括三方面：一是体现企业国际化能力的国际化生产力和生产效能；二是体现财务结果的国际化产出表现，也通常指财务绩效，如海外销售增长率、经营利润等；三是

① 李高吉．社会网络对集群企业绩效的影响研究［D］．南华大学，2010.

体现非财务结果的国际化效能，通常指非财务指标，如海外客户的满意度、认可度和企业员工满意度等。Madhav Aram 和 Hunt（2008）认为，国际化绩效是企业国际化经营过程中各种资源投入的最终结果，也是资源进行跨国配置的结果。Manolova 等（2008）则基于创业理论，从制度环境视角对国际化绩效进行了界定，认为国际化绩效就是企业为适应外部环境变化和满足国外消费者需求而不断创造新产品/服务或创建新企业的最终产出。

综上所述，笔者认为，国际化绩效是指企业在国际化经营过程中，通过资源投入所带来的产出，其基本表现在企业的财务绩效和非财务绩效上。

2.5.2　国际化绩效的测量

2.5.2.1　企业绩效的测量

对于企业绩效，研究者最关注的是用什么方法测量，以及采用什么指标来衡量（CHandler 和 Hanks，1993）。

对于绩效测量的研究大多来自组织理论，组织理论一般采用四种基本方法来测量组织绩效（Murphy，1996）。一是目标法，用企业目标实现的程度来衡量绩效。但这种方法的不足之处在于，企业往往有多种不同的目标，有时甚至目标之间是存在背反关系的，这就很难衡量。二是系统法，同时从多个视角考虑绩效达成状况来弥补目标法的不足，但是它也没有顾及所有企业股东的权益。三是行为法。Murphy（1996）认为绩效就是一套与组织或个体所工作的组织单位的目标相关的行为；Campell 等（1993）也认为绩效包括与组织目标有关的，并且可以按照个体的能力（即贡献程度）进行测量的行为或行动。四是综合法（Multiple Constitueney Approach），既考虑到绩效的多个方面，同时也把不同利益相关者的满意程度纳入了考察范围（Connolly，Conlon 和 Deutsch，1980）。

关于企业绩效的测量方法还有一种分类是主观测量方法与客观测量方法（CHandler 和 Hanks，1993）。客观方法是采用企业内部统计或外部公布的财务数据衡量绩效；主观方法是采用企业管理者对绩效满意程度的评判。Murphy 等（1996）对已发表的 51 篇文献进行梳理后发现，采用主观数据进行研究的占 75%，采用客观数据进行研究的占 29%，既采用主观数据又采用客观数据的研究占 6%。Wall（2004）结合主观和客观的数据来测量企业绩效，研究结果表明，主观与客观的评价方法对企业绩效的最后判断几乎是一致的。这在一定程度上说明了，主观方法和客观方法都得到了认同，因为可操作性和可获取性等原因，更多的研究采用了主观数据。有时，因为客观数据大多涉及公司机密，企业很不情愿提供，或者提供一些不真实的财务数据，这使得客观指标获取较为不易，而且也有可能存在虚假成分，所以，在评判企业绩效包括国际化绩效时，采用主观方法也是合适的（Zou 和 Stan，1998）。国际化绩效的主观测量能够很准确地反映客观测量结果（Lumpkin 和 Dess，2001）。所以，本书借鉴前人的研究，也采用主观测量方法获取国际化绩效评价指标。

对于企业绩效测量指标的研究，主要集中在财务指标和非财务指标的选取与细化上。财务指标通常表示企业效益目标的完成情况，如增长率、利润率等。除此之外，企业绩效指标还应包括反映企业价值增值的经营成果方面的非财务指标，如市场占有率、顾客满意度等。大多数实证研究也报告了多个层面的多个绩效指标，主要聚焦在财务绩效指标与非财务绩效指标上，如表 2 - 5 所示。

表 2 - 5　一些代表性研究的组织绩效指标

研究学者	组织绩效指标		
	成长性	获利性	非财务指标
Miler（1983）	销售增长	利润	
Coin 等（1989）	销售增长	总利润、净利润、投资收益	
Zahra 等（1995）	收入增长	资产收益率、销售收益率	
Dess 等（1997）	销售增长	利润、投资收益率	
Wiklund（1999）	销售增长、员工增长	毛利率	
Lumpkinet 等（2001）	销售增长	净利润、总利润	

续表

研究学者	组织绩效指标		
	成长性	获利性	非财务指标
Wiklund等（2005）	销售增长、员工增长	总利润、利润、现金流	
Walter等（2006）	销售增长、长期生存	利润、人均销售额	感知的顾客关系质量
Keh等（2007）	销售增长	利润、总利润	市场份额
Wang（2008）	销售增长	投资收益、人均收益	
张玉利等（2009）	销售增长率	税前利润	市场占有率

资料来源：在林枫（2011）① 基础上整理。

组织绩效是一个多维度的概念。Lumpkin 和 Dess（1996）指出，必须意识到绩效的多维性。Murphy 等（1996）总结了这些指标，并将其划分为八个类别，即效益（如投资回报率等）、成长（如企业规模的改变等）、利润（如销售利润率）、流动性（如现金流指标）、成败（企业的存续或终结）、市场份额、平衡（如资产负债率等）、利益相关者（如员工离职率等）。他们发现，大部分研究者会使用 2～4 个指标来衡量绩效，而其中最常用的是效率、成长性和获利性这三个指标。实际上，不同的指标反映了企业不同方面的情况，采用多个维度进行测量可以让我们对企业实际绩效有一个更系统、更全面的认识和了解。因此，从企业绩效指标多维性的角度考虑，不仅可以把企业绩效分为财务绩效和非财务绩效，还有一些其他的分类方法，比如，Chrisman 等（1998）采用生存与成长两个维度来衡量组织绩效。

2.5.2.2　国际化绩效的测量

国际化绩效的测量也随着企业国际化的不断深入而不断演化，20 世纪 70 年代以来，主要侧重于对企业出口绩效的测量；而从 20 世纪 90 年代中期开始，主要侧重于从对外直接投资的角度来测量国际化的绩效。

Aaby 和 Slater（1989）总结了自 1978 年以来关于出口绩效的相关研

① 林枫．基于企业家社会资本视角的企业创业导向及其作用机制研究［D］．浙江大学，2011.

究，发现衡量国际化出口绩效最常用的指标是出口销售增长率和出口销售额比率。Zou 和 Stan（1998）针对 1987—1997 年间有关国际化绩效的 50 篇非常有影响的文献进行了梳理，总结分析出这些国际化绩效的指标大致可以归为三类，即财务性的指标，包括销售额、利润率和增长率等；非财务性的指标，如满意度、感知成功度和目标达成度等；还有一类称之为综合性的指标。Zahra 和 Garvis（2000）在衡量企业国际创业的绩效时采用了海外业务利润率和增长率两个指标。Sousa（2004）研究认为无论是主观指标还是客观指标都很重要，从操作性的角度，主观性指标近些年更受青睐，研究还进一步把国际化绩效指标细化为三类，即销售类、利润类和市场类，每一类再用具体的主观或客观指标进行测量，Sousa 还指出，企业所处的国际化阶段不同，其国际化的绩效评估指标也应该不同，如处于出口形成阶段的企业应该关注出口销售额和出口利润指标，而经验较丰富的国际化企业则更应侧重与市场份额相关联的指标。

综上所述，关于企业国际化绩效内涵的界定，不同的学者从不同的研究需要出发，可以有不同的理解。而对于国际化绩效的测量，学者们普遍认为主观的测量方法和客观的测量方法得到的结果没有显著性差别，而且从可获得性和可操作性的角度看，更多的学者倾向于选择主观的测量方法来测量具体指标。此外，国际化绩效是一个多维度的概念，学者们一般为全面考察企业绩效至少会从两个维度去考虑，其中应用最广泛的就是划分为财务绩效和非财务绩效。而对于具体指标的选取则无明确定论，学者们一般根据研究需要和关注重点选择取舍。

2.6 对以上相关研究的总体评述

以上对关系网络、资源管理过程、创业导向与企业国际化绩效相关研究进行了系统的梳理，可以发现在这些领域已经取得了大量的研究进展，为本研究提供了一个较高的理论起点；同时，也可以总结出现有研究的不足和未来的研究方向。

（1）网络视角成为分析中小企业国际化成长问题的主流思想。传统的中小企业国际化研究多以大型跨国公司及其国际化业务活动为研究对象，主要强调企业的国际化经营在业务活动和资源分配方面的渐进性过程。但是，当前的市场环境已经发生变化，许多新成立的公司活跃于国际市场，特别是“天生国际化企业”“天生全球化企业”等现象的日益涌现，对传统的阶段模型提出了强烈的挑战。为更好地解释这一现象，许多新理论纷纷出现。其中最引人注目的是基于网络视角的中小企业国际化理论，因为学者们普遍认为，中小企业国际化最大的障碍是资源匮乏，包括资金、国际化经验、知识、管理方法和管理技能等资源，而获取这些资源的一个关键渠道就是企业所嵌入的关系网络。以此为视角可能更加符合目前国际环境下中小企业国际化的实际，能很好地解释中小企业的国际化成长，包括渐进式国际化和天生国际化。

（2）企业关系网络的研究有待深入，其对企业绩效的直接影响还没有达成共识。总体来说，企业关系网络的研究在各个领域已经全面展开，但是仍是处于比较零散的状态，没有形成完整的体系，而且目前的研究更多地关注关系网络所带来的利益、对企业发展的重要性、关系类型等基本问题，而更高阶段的管理问题还很少涉及。构建什么样的网络，从哪些方面入手，不同特征或维度的网络会给企业带来什么样的影响等问题还需要不断地深入和探讨，这也是关系网络研究不断成熟和完善的阶段性过程。从关系网络对企业绩效的直接作用来看，根据关系网络的划分类型不同，其对企业绩效的影响也不尽相同，比如个体网络和组织网络在企业发展的不同阶段对绩效的影响不同；再从关系网络特征的角度，关系强度、关系异质性等特征对企业绩效的作用效果还存在较大争议，不同企业特征和不同环境下的影响效果可能存在较大差异。这些争议还有待在今后的研究中结合不同的现实情况进一步考证。

（3）企业关系网络对资源管理过程的影响，大多数研究只停留在资源获取方面的作用，对于资源管理其他过程的研究较少。根据社会关系网络理论，企业关系网络的出现给企业带来的最大、最直接的好处就是为其提供了一个获取信息和资源的重要渠道。所以企业关系网络与资源管理过程间关系的研究也主要侧重于关系网络最直接作用的讨论，那就是资源获取，包括信息的获取和知识的获取等，而对资源管理其他过程的探讨则显得非常不足。实际上，关系网络给企业带来的益处或优势不仅仅限于资源的获取，关系网络还有利于企业与其他网络成员进行资源配置与交换（Tsai 和 Ghoshal，1998；George et al.，2001），还能够促进资源和信息的共享、整合和利用（Mohnnan et al.，2003；I – Chieh，2011）。但是目前很少有研究关注关系网络产生的这些影响，而对于关系网络的各特征维度会对资源管理其他过程产生怎样影响的研究更是匮乏，还有待我们积极探索。

（4）中小企业如何利用关系网络来增强自身的生存与发展能力，进而影响企业绩效的作用机制是一个值得深入探究的问题。企业关系网络已成为管理领域研究的热点之一，不同背景的学者从不同的视角对网络这一现象进行研究，社会学特别是嵌入性视角是研究企业网络的一个非常独特而且十分重要的视角，相关学者从结构和关系等维度去考察企业不断进行中的嵌入性关系（Granovetter，1985；Burt，1992；Uzzi，1997），取得了非常丰硕的研究成果，网络嵌入性也成为研究企业网络的一个重要工具。但是从关系网络的特征看，网络嵌入的结构维度和关系维度的具体属性（比如强度）对企业绩效影响的效果仍然存在不同的观点，而且嵌入性是如何又通过怎样的机制作用于绩效更是一个谜团，尤其对嵌入到国际关系网络中的中小企业，如何利用关系网络，关系网络会通过怎样的机制促进中小企业成功进行国际化的研究还很缺乏，很少有研究从网络嵌入性影响企业资源管理过程的角度去思考，更缺乏实证支持，这为本书提供了深入研究的方向。

（5）在资源管理过程与企业绩效关系的研究方面，以往的文献研究主要关注于资源和资源的特性对企业绩效的影响，而忽视了管理者如何应用这些资源对组织产生影响。大多数研究基本上都是围绕静态的资源基础理论来进行的。都在说明某种特性的资源能够给企业带来绩效，而其中绝大多数又是围绕知识等隐性资源来分析的。资源基础观认为企业可以通过开发有价值的资源和能力获得持续的竞争优势，现在支持资源管理理论观点的实证研究越来越多，它们大部分都是验证企业的某种特殊资源能够给企业绩效带来影响，而其中绝大多数又是围绕知识等隐性资源来分析的。这些研究与资源基础理论的假设都是一致的，它们都把企业的资源作为给定条件，然后实证分析这些固有的企业资源或资源的特性与绩效水平之间的关系。有价值的和稀缺的资源对于企业竞争优势的取得是必要的，但并不是充分条件，只有在资源能够被有效地整合和利用的情况下，才能够实现企业的竞争优势。现有研究主要关注了资源获取部分，而却忽略了整合与利用阶段，忽略了企业如何应用这些资源对组织绩效产生影响，资源的整合和利用等行为对组织绩效产生怎样的影响，影响有多大，这样的问题却很少有人关注。尽管一些学者逐渐认识到资源管理的过程与其重要性，但依然显得相对不足，实证研究更是匮乏。

（6）创业导向在中小企业国际化发展中的重要作用逐渐凸显出来，但是基于资源基础理论的研究中很少考虑企业组织与资源间的关系，同时创业领域研究中也经常忽略企业资源的重要作用，关系网络与创业导向对企业国际成长的协同作用也缺乏相关研究支持。Barney 在 1991 年提出了著名的 Vrio 模型，所谓 Vrio 模型，就是价值（Value）、稀缺性（Rarity）、难以模仿性（Inimitability）和组织（Organization）模型。该模型的核心思想是：企业的可持续竞争优势依赖于独特的资源和能力，为了获得和发现这些资源与能力，管理人员必须寻求有价值的、稀缺的、模仿成本高的资源，然后经由他们所在的组织开发利用这些资源，才能够使企业产生持续的竞争优势。在此理论的指引下，很多实证研究都聚焦于个别资源或配置资源与企业绩效间的直接关系上，很少有研究关注在解释企业绩效时，企业组织和资源间的相互关系，以及如何对资源进行管理才能有效地利用资源（Helfat，2000）。同时，创业领域的学者正在试图通过创业导向来解释企业绩效，作为企业组织的一个重要衡量指标，它通过聚焦资源利用去发现和开拓机会，加强了受益于企业资源的绩效（Johan Wiklund，2003）。创业学者已经实证探索了创业导向对企业绩效的独立影响（例如，Zahra 和 Covin，1995）以及其与外部环境的可能关系（例如，Covin and Slevin，1989），但是大部分的研究都忽略了企业资源在创业导向与企业绩效之间的重要作用，这也正是 Lumpkin 和 Dess's（1996）所呼吁的研究问题。也就是说，创业学者们已经关注了如何组织企业去努力创业，而忽略了企业资源。关于这两方面的不足，Wiklund 等（2009）提出了一个综合模型，试图去包含资源和创业导向两个研究视角，也就是说，从资源和创业两个研究视角出发来解释企业成长的问题还没有实证研究加以验证。此外，尽管有文献分别探讨了创业导向和企业关系网络在中小企业国际化中的重要性，但是很少有学者在国际化情境中整合这两个因素从关系网络的视角分析两者对国际化绩效的协同作用。这些不足和有待探讨的问题都为本书提供了进一步研究的空间。

第3章 中小企业国际化成长的驱动机制

3.1 中小企业国际化成长的基础：企业关系网络嵌入

3.1.1 企业关系网络嵌入与中小企业国际化

20世纪80年代中期以后，从关系网络利用和构建的角度研究企业国际化的行为逐渐成为主流，受到学者们越来越多的重视。Han（2006）认为关系网络是企业成功国际化的合法性、资源和知识的来源，有利于迅速获得国外市场经验。无论这些企业是“天生国际化”，还是渐进国际化，通过嵌入到这种关系网络中，可以帮助中小企业获得竞争优势，走向国际市场。

如前所述，“嵌入”是新经济社会学中的一个核心概念。最早是由Polanyi（1944）在《大变革》一书中提出的，当时Polanyi使用嵌入的概念来描述现代市场结构。而正式提出“嵌入”概念的是Granovetter，他在1985年发表的经典论文《经济行动和社会结构：嵌入性问题》中认为嵌入是指经济活动融入在不断发展的社会关系模式中，企业成长并发展在外部环境之中，企业的一切活动都深深地融入于社会网络，这种融入性或嵌入性对于企业经济行为会产生深刻影响，尤其在企业间网络这一情境中的嵌入，并强调嵌入的网络机制是信任。Granovetter（1992）还将嵌入的方式分为“结构性嵌入”（Structural Embeddedness）和“关系性嵌入”（Relational Embeddedness）。结构性嵌入强调网络成员在网络中占据的结构性位置可以带来更多有价值的信息、知识。关系性嵌入则强调网络成员的直接黏着关系有利于更多信息、知识的共享。

而后，Zukin 和 Dimaggio（1990）在此基础上，又对嵌入的概念进行了细化，分为结构嵌入、认知嵌入、文化嵌入和政治嵌入四种类型。其中，结构嵌入关注网络成员之间的联系及其构成对成员行为及其结果的影响；认知嵌入则关注网络成员对外部环境的理解；文化嵌入关注共同的价值体系对于组织活动、结构和过程的影响；政治嵌入关注政治权力，包括法律系统、税收或其他的国家体系对经济交换的影响。这一理论补充有助于我们更深层次和更细化地理解企业关系网络嵌入的内涵。

为了进一步解释关系网络嵌入对经济结果的影响，Uzzi（1996）针对纽约 23 家服装行业开展调查研究发现，相较于嵌入一般市场关系中的企业，构建了良好网络关系的企业，其成功可能性更大，但嵌入也因为可能长期锁定在一个网络中，也会起到负向作用，这就是著名的“嵌入悖论”思想。“嵌入悖论”深化了对关系网络的认知，为我们对关系网络的理解进一步开阔了眼界，关系网络的作用不都是正向的，就像 Gabbay 和 Leenders（1999）① 的研究，企业的社会关系网络既可以为企业带来资本，也可以产生企业的社会负债。而后 Hagedoom（2006）又提出应该把嵌入关系分层次研究，他认为可以划为三个层次，即二元层次、组织间层次和环境层次（国家和产业）。这样的研究有利于区分各层次关系的差异，帮助企业进一步明确每一层次关系构建和维护的重点和难点。

综上所述，Polanyi（1944）提出了“嵌入”概念；Granovetter（1985）明确提出“社会结构影响经济行为与绩效”这一命题，标志着“嵌入性”理论正式诞生；Zukin 和 Dimaggio（1990）则进一步细化了嵌入概念，增加了嵌入的类型；Uzzi（1996）“嵌入悖论”思想的提出，让我们认识了嵌入关系的局限性，深化了对关系网络嵌入的认知；Hagedoom（2006）进一步把嵌入分为三个层次，更有助于我们对嵌入关系的区别性理解。上述学者的研究和观点串起了嵌入理论发展的脉络，同时也为进一步解释中小企业国际化的行为提供了强有力的理论支撑。

① Gabbay S. M. , & Leenders R. Th. A. J. . 1999. CSC：The Structure of Advantage and Disadvantage. In R. Th. A. J. Leenders and S. M. Gabbay（Eds.），Corporate Social Capital and Liability：1 ~ 14. Boston：Kluwer.

Granovetter 嵌入性思想的出现，开启了运用经济社会学思想研究企业管理问题的先河。沿着 Granovetter 的嵌入性逻辑，企业关系网络理论逐渐得到了主流管理研究者的重视，越来越多的关于企业关系网络的文献发表在顶级管理期刊上。Johanson 和 Mattsson（1985）率先将嵌入性思想运用到企业国际化的理论研究当中。他们认为整个行业市场可以看成是企业间相互联系的关系网络，应该从网络的角度去研究企业国际化，企业国际化可以被看作是企业为了实现其目标，不断建立、发展、维系并终结关系的过程；并认为，企业网络是企业与供应商、销售商、中介机构等外部组织所组成的关系链。而在企业国际化发展的不同阶段，这个关系链也是发展变化的。他们根据网络化程度和国际化发展程度把企业经营过程划分为四个阶段：早期进入者、晚期进入者、单独行动者和共同行动者。

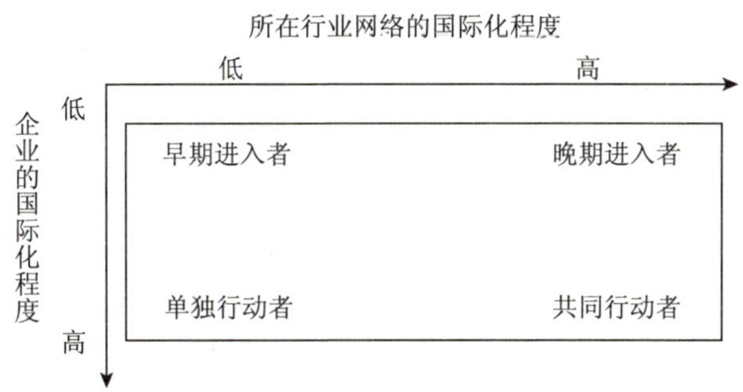

图 3－1　国际化网络模型

资料来源：Johanson 和 Mattsson，1987.

对于图 3－1 中的“早期进入者”而言，其国际化程度和所在行业网络的国际化程度都很低，这种情况下意味着企业很难从其所处的行业网络中获得国际化信息和知识，其自身的国际化水平低也说明企业海外经验和知识积累较少，应该想办法嵌入到国外的关系网络中，增加与国外企业的互动，提升国际化水平。对于“单独行动者”而言，其自身的国际化水平很高，已经积累了较丰富的经验和知识，与国外企业也建立了很好的联系，但是其所在的行业网络国际化水平低，它会成为其他网络成员学习和获取的对象，在其中可以起到带头作用，也可以充当“桥梁”作用，使其在行业网络中占据较好的位置。对于“晚期进入者”而言，其自身的国际化经验不足，但是因为它嵌入到了一个比较发达的行业关系网络中，这个网络的国际化程度很高，其网络成员可能来自全球的不同地区，它们会对企业发展国际化经营起到引导和驱动作用，但是从网络位置上看，是处于从属和边缘位置的，只有通过国际化经验和知识的不断积累才能调整位置，获取竞争优势。对于“共同行动者”而言，其无论是在国际化程度上还是在网络国际化运作中都很有优势，拥有了较多的国际化经验和知识，实现国际化扩张最好的选择就是利用现有的国际化网络，获取更多资源，继续保持国际市场上的竞争优势。Westhead（2001）通过实证研究表明，这一类型的企业，其国际化发展潜力最大，出口增幅也最高。

可见，中小企业的国际化经营不仅受到其国际化程度的影响，同时也受到其参与的国际网络的影响，这其中，网络中其他参与者的国际化程度也会对企业的国际化发展造成影响。所以，对于卷入到国际化浪潮的中小企业而言，如果能转化成“共同行动者”类型的企业，当然是最好的。然而这不仅需要企业自身的国际化程度不断加深，还需要企业嵌入到一个国际化程度较高的关系网络中。Zhou 等（2007）研究认为网络是中小企业国际化发展不可缺少的，因为网络可以帮助识别全球的商业机会，与海外中间商的联系和基于信任的个人联系能够提供有价值的关键资本，使其提高对国际市场的反应速度。Elango 和 Pattnaik（2007）研究了印度企业的国际化问题，指出新兴市场中的企业在国际市场上通常不具有垄断优势，因而需要从母国和外国的关系网络中获取这种优势。因此，嵌入国际关系网络是实现中小企业国际化成长的重要基础。

3.1.2 关系网络的特征分析

Burt（1982）提出了一种以关系和位置作为基本特征维度的典型的网络分析模型，其中，关系维度主要分析网络成员之间的关系密度，位置维度主要分析网络成员之间的关系模式，从而来界定其在行为体系中的位置。之后，Granovetter（1985）从嵌入性这个网络的核心概念出发，将嵌入分为关系性嵌入和结构性嵌入两种，从理论上进一步明确了关系和结构作为网络特征分析基本维度的思想。因此，本书借鉴Burt（1982）和Granovetter（1985）的研究，把企业关系网络划分为关系性和结构性两大特征维度。

3.1.2.1　结构性维度

企业关系网络的结构性维度主要是指企业嵌入到的外部关系网络的结构性特征，考量这一维度最基本最常用的指标是关系网络的规模或范围，关系网络的规模越大，越有利于获得大量的新的信息和知识（Burt，1992）。此外，对处于网络中不同位置的各个行动者而言，它们获取、整合和利用资源的数量、质量和模式也大不相同，会对企业行为和绩效结果产生很大影响，尤其对处于国际关系网络中的中小企业而言，应该多大程度参与全球供应链中，在供应链中占据什么样的位置才能更好地实现国际化发展，是中小企业必须清楚考虑的一个问题。因此，本书主要采用最基本的关系网络规模和中小企业国际化更为关注的网络位置两个子维度来测量关系网络的结构维度。

（1）网络规模。关系网络规模是衡量企业关系网络特征的一个重要指标，也是最常用的指标之一。它是指网络中与主体建立联系的个体或组织的数量（Burt，2004），它是反映企业关系网络范围的最直观属性。也可以说，是在企业的国际化活动中，与主体企业建立互动联系的成员企业的范围和数量，或者是因为主体企业的声望和关系资源的多寡所积聚的关系网络的广度。关系网络规模的作用可以表现在以下几个方面：第一，直观地反映出关系网络中成员的数量；第二，初步度量企业在其关系网络中可以利用的潜在资金、信息、知识等资源的范围和多寡（Aldrich & Reese，1989；Baum，2000）；第三，提高企业经营的成功机会，因为聚集众多网络成员的关系网络能够提供更多的市场、产品、技术等信息，可以从中寻找到更多的商机，取得较好的市场业绩。网络规模越大，意味着其蕴含的资源越丰富，进而越有利于企业获取竞争优势实现企业价值。

（2）网络位置。关系网络位置指的是企业占据关系网络中心的程度，而这个中心性是指关系网络中联系相对密集的区域，比如说信息交换的中心节点，或者是占有更多结构洞的“洞位置”。企业在关系网络中的位置直接影响了其对资源的获取和利用效果，如果企业处于较中心的位置，其与网络成员间交换和组合的频率和成功率就会增大，而且这一效果会随着中心位置的接近而不断增强（Walker，1997）。

3.1.2.2 关系性维度

关系性维度又被称作关系凝聚力，它主要关注网络中成员间彼此相互联系的内容，如信任、协作等。这种成员间的相互联系和黏着关系可以为其带来各种利益（Uzzi，1997）。Granovetter（1992）认为关系嵌入性也是指网络成员对彼此目的和需要的关注程度以及信息、知识的共享程度，通常表现为信任、信赖和互惠的程度。因此，在关系维度的分析方面，研究企业间的信任和互惠最常用的指标是关系强度，因为它是最能直接体现网络成员间相互信任程度的关系属性。除此之外，考虑到中小企业目前的现实问题，许多中小企业把追逐利润作为至高无上的准则，尤其在企业建立初期，面临资金和技术短缺，其最大的目标就是赚得丰厚利润，有时会不顾合作伙伴的利益做出一些目光短浅的行为，短期利益最大化导向十分突出，而根本不重视长期战略导向思想的培养，致使很多中小企业难以长久生存。针对这一现状，本书特选取关系久度这一指标，考察网络伙伴间长期、持久、稳定的关系是否会对中小企业的国际化成长产生作用，又会在多大程度上影响到企业资源管理的阶段性过程，试图用实证数据说明培养稳定持久的长期战略导向的重要意义，为中小企业的长久发展提供决策参考。因此，本书采用关系强度和关系久度两个子维度来测量关系网络的关系嵌入性维度。

（1）关系强度。关系强度是指网络成员间彼此联系的紧密性，它也是成员间联结力量的体现（Johns 和 Demarehe，1951）。关系强度通常用强和弱来表现，Granovetter（1973）首先提出“强联系”的概念，并指出网络成员间联系的强弱可以查看四个方面，即互动的频率、情感的强度、亲密的程度和互惠的行动。有学者认为强联系更具有优势，因为网络成员间彼此交往的频率如果增加，就会觉得很亲密，双方更会相互信任、相互支持和理解，从而有利于合作的展开，获取更大收益（Gulati，1995）。也有学者（Granovetter，1973）认为弱联系更具有优势，因为如果网络成员间联系的紧密性增大，虽然可以获得信任和保持行动的一致性，但也使得双方掌握的信息等资源趋同，冗余资源并不利于彼此的发展；相反，弱联系表示双方比较陌生、差异性很大，但此时双方拥有的资源相对来讲也是非冗余的，这种非冗余的、互补的资源才是最有价值的，可能为彼此带来更大的收益。

（2）关系久度。关系久度是指网络中成员间互动关系持续的程度，也就是网络成员间关系的稳定性和持久性（Dhanaraj & Parkhe，2006）。通常认为，网络成员间稳定持久的联系，使得彼此间更容易产生信任并遵守共同的规范，可以有效防止机会主义行为的产生，降低合作风险，提高信息交换的质量，从而有利于企业绩效的提升。与合作伙伴建立长期导向型的关系，重视关系的长久维系，也有利于企业形象和信用的树立，会吸引更多的网络成员与之合作，增强网络关系的凝聚力，更好地发挥优势作用。Dhanaraj 等（2006）的研究也指出，持久的网络强化了网络成员间的联系，进而促进企业知识的获得和绩效的提升。所以，对于嵌入到关系网络中的企业来讲，增强关系网络的稳定性是一项非常重要的任务（Kenis & Knoke，2002）。

3.1.3 关系网络对中小企业国际化成长的重要作用

3.1.3.1 关系网络有利于中小企业发现和利用海外市场机会

中小企业开展国际化业务的第一步就是发现海外市场商机，而机会的发现往往需要信息的交流和沟通，关系网络是中小企业信息获取的重要来源，包括非公开信息和稀缺性信息。Aldrich 和 Reese（1989）指出企业家通过其个人关系网络接触到了新的思想和思维方式，从而为其企业的管理和发展提供了参考。Singhctal（1999）通过实地调查发现，2/5 的创业者是从家庭、朋友或工作伙伴那里获取的创业机会信息，1/2 的创业者经常和潜在的顾客交流创业想法，还有一部分创业者与其家人或者朋友探讨创业想法。

此外，相较于跨国公司，中小国际化企业更需要通过关系网络获得有价值的东道国信息，比如从当地的合作伙伴或当地市场的其他公司那里获得信息。从合作伙伴那里捕捉到的东道国信息是指与环境相关的，比如当地的政治、经济、社会、文化或技术等。对于国际化的中小企业而言，不仅国际关系网络是重要的，当地的和本国的关系网络也是重要的，因为它们也能够提供重要的国际发展信息。相比之下，大型的跨国公司则可以依靠其自身在国际市场和本地市场积累的专业技术知识来获得这些信息。企业管理者与关系网络中节点企业之间的充分信息沟通是其正确评价商业机会、降低环境不确定性的重要途径。由此可见，与关系网络成员间的良性互动，有利于中小企业获得相关的商业信息，发现商业机会，并进行评估和利用。

3.1.3.2 关系网络帮助中小企业克服资源约束问题

资源基础理论认为企业是资源的集合体，其内部有形、无形的资源与组织方式的结合决定了企业的成长与资本规模的扩张，企业在某个时刻能够把握机会的能力也取决于该时刻其拥有资源的数量、质量和类型等。对于中小企业而言，资源同样是其成长的基础。开展国际化业务的中小企业缺乏国际化经营的人才、技术、资金等资源支持，同时外部环境又具有极强的不确定性和风险性，能否在激烈的国际市场竞争中，更多、更好、更有效地从外部获取所需的资源，是中小企业实现国际化成长的最大考验。大量的研究已经证明关系网络可以克服中小企业的资源约束问题。通过与其他组织建立联系，国际化中小企业能够获得企业发展所需的物质资源和信息资源（Larson & Starr，1993；Coviello & Munro，1997）。例如，Coviello 和 Munro（1997）研究指出企业最初选择的国外市场和进入时机都是由网络联系创造的机会决定的，这表明了网络传递信息的能力。Hansen（1999）认为关系网络中显性知识和隐性知识的转移促进了中小企业的国际化发展。在一个关系网络内，企业可以更容易地识别新的相关知识并且能够以更低的交易成本获取这些知识（Gulati & Singh，1998）。王宇露（2009）针对国际新创企业的研究也表明，企业所嵌入的国际关系网络是一个复杂的庞大的系统，它能够为企业提供低成本的、多样化的、可信赖的资源和服务。

随着互联网的快速发展，科学技术的日新月异，信息、知识和资源的扩散、消化、吸收和创新更为方便快捷，特别是以计算机、网络通信技术为基础的全球生产服务性网络的形成，促使资源可以实现在国际范围内的优化配置，企业无一例外（包括开展国际业务的中小企业）均会受到国际关系网络中其他成员的影响。为了顺利开展国际化经营，在国际市场上构建竞争优势，我国中小企业必须与其外部相关组织，如渠道商、供货商及中介机构等多方面构建并保持良好的关系，从中获取各种信息和资源，并通过吸收、消化、整合与创新，来弥补国际中小企业在知识、经验和资源等方面的不足，为企业发展提供源源不断的资源支持。

3.1.3.3 关系网络有利于中小企业规避风险和降低成本

关系网络为从事国际化经营的中小企业提供了某种合法性（Legitimacy），这种合法性源于以信任、互惠为基础的网络关系（Eisenhardt & Sehoonhoven，1996）。可以说，信任和互惠是企业关系网络的重要特征。网络成员彼此间的信任不仅体现在合同契约上，非契约关系的承诺更需要建立在信任基础之上。我国学者边燕杰（2006）研究指出，企业与合作伙伴间的初次合作，也就是首个订单的签订和顺利履行，为彼此间的关系打下了信任的基础，通过不断的交往或多次满意的合作，这种信任关系越加牢固，从而使企业可以不需要复杂的契约签订过程，而是仅仅通过口头的承诺就可以达成交易，从而节约了大笔的交易成本。

同时，网络成员间的互惠性规范是保持长期关系的基础。网络成员的交往和联系是为了彼此间获得互补性资源和互补性能力，从而获得更高的利润。互惠性才能够保持这种关系的长期维系，从而给企业带来源源不断的订单交易，这样有助于企业经营成本的降低。此外，这种信任和互惠的网络关系还能够规范双方的行动方向，避免成员间机会主义行为的发生，有效降低交易风险。

由此可见，在国际环境高度复杂和不确定性极高的情况下，很多企业都会望“风”（风险）而逃。而从网络的视角看，以信任、互惠为主要特征的关系网络可以较有效地帮助企业规避一些风险并有效降低交易成本，为其撑起一张保护伞，以促进其国际化发展。

3.1.3.4 关系网络有利于开拓海外销售渠道

在国际市场环境异常激烈的环境下，不管其活动在国内还是国际，中小企业都不可避免地迎接着各种“洗礼”，面对国内市场需求不足、制度不健全等问题，越来越多的中小企业把触角伸向了国外市场，试图寻找更多的商机。但其在开拓国际市场时，首要的也是最棘手的问题便是产品/服务销路。由于资金有限，中小企业不可能自建销售网络，同时，也由于与东道国的文化和心理差异，加之对当地市场的不甚了解，自主选择分销渠道也是困难重重。而此时，网络视角的国际化理论为其指明了方向，Oviatt 和 Medougall（1995）研究指出，关系网络是中小企业尤其是新创企业成功开展国际化经营的重要影响因素之一。Coviello 和 Munro（1995，1997）也认为，中小企业选择进入国际市场很大一部分就是因为企业的国际网络关系为其创造了机会。他们指出，商业网络在企业发展的不同阶段会起到不同的作用。比如，在企业创立初始阶段，往往会在其比较熟悉的国内市场活动，但也在努力地寻求国际化发展的机会；在初步进入国际市场阶段，企业会千方百计地借助合作伙伴的力量，不断拓宽销售渠道；在成长阶段，会不断增强与合作伙伴的合作力度，逐渐建立起稳定的国际销售渠道；在成熟阶段，企业的关系网络也向纵深发展，试图在全球范围内建立研发、生产和销售网络。关系网络可以为企业提供合法性和市场力量，对于中小企业建立和拓展销售渠道十分重要（Eisenhardt & Sehoonhoven，1996）。

3.2 中小企业国际化成长的动力：创业导向的引入

3.2.1 创业导向与中小企业国际化

创业导向是中小企业国际化的重要驱动因素。Clercq 等（2005）认为，创业导向会影响中小企业国际化扩张的计划，创业导向较强的企业往往具有较高的跨国经营的倾向，从而使其扩大了国外市场的范围，加强了国外市场的活动。Zahra 等（2005）认为作为创业导向主体的企业家，他或她的自尊心、偏好和倾向等个体特质会对中小企业国际化过程的战略选择产生重大影响。Stevenson 等（1998）梳理了有关创业导向的研究文献，认为创业导向的内涵主要包括风险承担能力、对市场机会的洞察力和创新精神等，它们是企业发展和经济增长的动力之源。

强烈的创新意识使得企业能够积极探索国际市场的各种商业机会，及时引进创新的、独特的产品和生产服务技术，以及善于针对生产和销售中遇到的问题积极寻找新颖的解决办法和方式（Miller & Friesen，1983），从而使中小企业在产品质量和品种上领先于竞争对手，获取成本上的稍许优势，提高国际市场销售份额。

中小企业依靠有限的资源进入国际化市场，即将面对的可能是无限的市场机会，也有可能是潜在的风险甚至是陷阱。一个具有冒险精神的企业不但可以看到国际化环境中危险的一面，还更多地注意到潜在的巨大机会。当然，机会是具有偶然性的，但它也是客观存在的一种有价值的资源，机会稍纵即逝。所以，一旦错过或丧失，就可能成为竞争对手制服于你的最强有力的工具。企业敢于承担风险和积极进取的精神促使其能够快速地抓住国际市场机会，适时开展国际化经营。

企业家和他们的企业敢于承担风险，他们像在赌场中投机的行家，但他们不是疯狂的冒险者，更不是超级喜欢“蹦极”的赌徒（Zimmerer & Scarborough，1988）。国际市场在政治、法律、文化、市场等因素的扰动下充满了各种各样的风险，有时候大型企业或跨国公司也不得不承受风险的洗礼，但仍然会有许许多多的中小型企业在国际市场上大显身手并获得超额利润，成功地在国际市场上占有一席之地。研究发现很多中小企业开展国际创业时所选择进入的国家或地区多数与企业管理者工作、学习和生活的背景有关。很多时候，企业抓住机会并进行正确决策的行为都源于其先有的知识和经验背景（Scarborough & Zimmerer，1988）。在背景和经验的指导下，国际市场上的风险和不确定性即使存在或增加，也可能被企业家或企业所预先感知，因为其具有敏锐的洞察力并能够快速找到解决办法，及时与熟悉情况的当地企业或个人进行信息互动，而克服或避免风险，这样就大大提高了企业成功进行国际化的可能性。

创业导向是促使中小企业成功进行国际化的重要驱动力量，但是它必须和企业资源联系起来（Wilkunds & Shepherd，2003），才能发挥作用。创业导向促使中小企业在国际市场上积极寻找、发现和把握各种机会，但机会的把握需要一定的资源作为基础和后盾，要克服规模上的劣势和外来者的弱势，实现国际化成长，中小企业必须拥有必要的资源。可是因为实力的弱小和经验积累的不足，资源往往是中小企业国际化发展的最大屏障，而关系网络的研究恰恰为苦恼中的中小企业打开了一扇大门，网络视角的国际化理论为其提供了更恰当的理论支撑，企业能够从关系网络中获得必要的资源支持，并通过创新、冒险、先动的精神促进了企业对获取的网络资源的有效管理，不断推动企业的国际化进程。

3.2.2 创业导向的维度

早在 1982 年，Miller 和 Friesen（1982）就对创业导向维度进行了划分，他们认为，创业型的企业应该具有高度的创新性、冒险性和先动性。因此，Miller 把创业导向的维度确定为创新性、冒险性和先动性。在此后的二十多年里，众多的创业研究者运用 Miller 和 Friesen（1982）提出的公司创业导向的维度进行了大量的理论和实证探索，并在此基础上进行了补充完善。比如，Lumpkin 和 Dess（1996）在 Miller 的基础上增加了两个维度，即自主性和竞争侵略性；Knight（1997）之后又对这些维度进行了合并，只保留了创新性和先动性两个维度；Guth 和 Ginsberg（1990）则从创业行为的角度把创业导向的维度划分为创新或新业务开拓和战略更新；Covin 和 Miles（1999）提出创业行为的一般类型即四个维度——持续的重构、组织的变革、战略更新和领域的重新界定。这些划分维度中，正像 Hayton（2002）所指出的，Miller 的创业导向维度划分方法是最为广泛使用的（Covin & Slevin，1989；Covin，1991；Slevin & Schultz，1994；Zahra & Covin，1995；朱秀梅，2008）。

Aloulou 和 Fayolle（2005）曾指出，中小企业的创业导向维度也应该包括创新性、风险承担性和超前行动（Miller，1983；Miller & Friesen，1984），因为这三个重要维度能够反映中小企业为实现战略目标而采取的创业行为倾向（Covin & Slevin，1989）。因此，本书也借鉴 Miller 和 Friesen（1982）的研究，采取创新性、风险承担性、先动性三个维度衡量创业导向。

（1）创新性。创新性是创业导向的核心（Schumpeter，1934；Dnicker，1985），也是创业的最主要特征，学者们对创新导向的界定如表3－1所示。

表3－1 创新性的界定

观点	作者
创新是指新产品或者新工艺的创造与开发，是创业型企业的最基本任务	Schumpeter（1934）
创新性和差异性呈正相关关系，开展创新的企业乐于开发可以满足不同市场需求的新产品或新服务	Miller（1982）
创新性通常促使企业支持并产生新想法和新事物，积极开展试验和创造性的活动，从而带来新产品、新服务或新工艺的产生	Lumpkin 和 Dess（1996）
创新性是指企业为应对外界环境的挑战，不断追求创造性或新奇性事物的活动，包括开发新产品、提升新服务以及采用新的管理方法、技能和技术等	Knight（1997）
创新性是企业积极支持和开展创造性活动的意愿或态度，这些创造性活动包括开发或引入新产品或服务、新事物以及开发新工艺、新技术等	Lumpkin 和 Dess（2001）
创新性是指企业支持创造性活动与试验的意愿和行动	张映红（2005）
创新性是指企业开发新产品或服务，创新生产技术或工艺	张健和姜彦福（2005）

资料来源：根据相关文献整理。

结合以上观点，本书认为创新性是指支持和从事新思想、新事物、新试验及创造性过程的态度或意愿，这种态度或意愿可能促使企业引入新产品、新服务、新工艺或新技术。

（2）风险承担性。风险承担性也是反映企业创业导向的一个重要特征。具有风险承担性的企业在面对外部环境较大风险时，它会以冒险的态度拟定行动方案和投资意向，比如为了开发新产品敢于投入大量的时间、精力和资金进行多次尝试，或将大量的资金投放于高风险高报酬的项目上等。当然，企业承担风险也是有代价的，一旦失败，不仅仅是丧失这次获利机会，而且也必须承担其他机会错失所带来的机会成本。关于风险承担性的具体界定如表3－2所示。

表 3-2 风险承担性的界定

观点	作者
风险承担性是指企业愿意承担风险投入大量资源的程度，也就是企业为了抓住市场机会而愿意冒风险的程度	Miller 和 Friesen（1978）
风险承担性是指企业投身于风险性事业的意愿或态度	Brockhaus（1980）
风险承担性是企业乐于将大量资源投入不确定事业的意愿	Miller 和 Friesen（1983）
风险承担性是指企业选择进入不确定或未知领域，承担的风险	Covin 和 Slevin（1991）
风险承担性是指企业愿意承担不确定性的资源投入，或带来较大利润或产生较大损失，主要指企业的风险性投资	Lumpkin 和 Dess（2001）
风险承担性是指企业愿意承受较大的、冒险性的资源承诺	张映红（2005）
风险承担性是指企业对失败可能性较大的决策，愿意做出的资源投入承诺或大胆行动	姜彦福和张健等（2005）

资料来源：根据相关文献整理。

结合以上学者的观点，本书认为风险承担性是企业敢于在不确定或未知环境下冒险投入大量资源的意愿或态度，这种意愿或态度可能促使企业选择高风险、高回报的投资项目或不断尝试新产品、新服务、新技术、新工艺的行为。

（3）先动性。先动性是超前行动性的简称，它是反映创业导向的又一特征。具有先动性的企业往往在寻找到有价值的机会后，先于竞争对手主动出击，以新的产品/服务或技术率先占领市场，创造先发优势，以获得超额利润。先动性的界定如表 3-3 所示。

表 3-3 先动性的界定

观点	作者
企业通常积极尝试，努力成为行业领先者而不是跟随者	Miller 和 Friesen（1982）
在某些领域，企业愿意成为领导者而不是跟随者的程度，比如在引入新产品/服务、工艺流程与管理方法等关键业务领域	Covin 和 Slevin（1986）
先动性是指企业预测市场需求并采取快速行动的过程，通过寻找各种潜在机会，先于竞争对手引进新产品/服务或创立新品牌	Venkatraman（1989）
为了预先占有机会，领先于竞争对手进入新兴市场、引进新产品或服务等	Lumpkin 和 Dess（1996）

续表

观点	作者
先动性的目的主要有两个，一是针对竞争对手的侵略性竞争行为；二是企业追求有价值的商业机会	Aloulou 和 Fayolle（2005）
成为行业领导者的意愿促使其超前行动，并通过行动影响或改变环境	张映红（2005）
积极主动并迅速地捕捉商业机会，使企业处于领先地位	张健和姜彦福（2005）

资料来源：根据相关文献整理。

结合以上学者的观点，本书认为先动性是指先于竞争对手把握市场机会，并采取行动的态度或意愿，这种领先的态度或意愿可能促使企业通过先动行为对外部环境产生积极影响，从而引导市场变化，创造市场需求。

3.2.3 创业导向对中小企业国际化的驱动作用

在“优胜劣汰”“大鱼吃小鱼，小鱼吃慢鱼”的全球化市场竞争中，企业无时无刻都面临着被淘汰的威胁。动荡的环境、激烈的竞争迫使许多企业纷纷开展革新活动，制定比较冒险的决策，占领新的市场，开拓新的业务，这就是创业导向在企业实践中的现实表现。对于自身能力有限、资源不足的中小企业而言，选择开展国际化业务，在寻求更多商业机会的同时，也对自身的发展壮大提出了更严酷的挑战。此时，中小企业必须首先树立一个积极进取、勇于创新和冒险的精神与态度，社会心理学理论告诉我们，态度决定行动，态度影响行为。我国学者李新春等（2008）对李锦记家族企业创业实践的研究表明，创业精神是企业与时俱进，不断变革和创新的主要动力。其对中小企业国际化成长的积极促进作用主要体现在：

（1）通过创新性的思维及创新性活动的开展提升企业国际竞争力。

当捕捉到国际市场上有价值的产品或服务及市场信息时，具有创新精神的企业，往往能够更灵活、更迅速地转变思维观念，实施一系列创新活动，积极挖掘资源的内在价值，提升产品或服务层次，更好地满足顾客日益增长的消费需求，提升企业的国际竞争能力。Zahra 和 Bogner（2000）通过对美国 116 家软件公司的调查分析，得出结论，创新作为一项重要的资产能够让企业获得更广泛的战略选择，不断增加的创新思维和创新活动促使企业逐渐形成自身的独特优势。在加速变革的知识经济时代，不管是中小企业还是大型企业，不管是新创企业还是成熟企业，都需要不断地创新，注入创新的思维，开展创新的行动，迎难而上主动变革，才不会被市场淘汰。Chakravarthy（1986）指出，企业成功实践多元化发展的主要因素之一就是创新，而创新正是创业导向的核心要素。创业导向的实施有利于企业产品的丰富完善和更新扩展，更有利于企业开拓新的市场和发展新的事业，维持并扩大竞争优势，获取更多的超额利润。

（2）敢于冒险的精神帮助企业抓住更多的商业机会，实现价值创造。

具有冒险精神的企业，总是努力探寻更多的不确定的机会，并善于以敢于承担的精神去付诸实施，从而增加了获取独特的竞争优势的可能性。瞬息万变的市场环境，机会稍纵即逝，企业如果没有这种敢于冒险、敢于承担的精神，就无法实现突破和转型蜕变，难以进步发展。当然，这种冒险精神不是任意的盲打莽撞，其必须建立在科学论证的基础上，为了满足市场的需求，敢于尝试创新产品和技术，是一种冒险，这也是我们所提倡的。敢于冒险是为了抓住有价值的可行的商业机会，而不是凭空设想的冒险。再者，企业的风险承担特质与战略决策的速度通常是相关的，快速地反应才能抓住机会，从而提升企业绩效。Lumpkin 和 Dess（1996）研究指出，具有冒险精神的企业能够抓住可利用的机会，获得高额回报。

（3）超前行动的思想意识有利于企业先发制人，构建优势。

具有超前行动意识的企业在通过各种渠道充分挖掘出各种商业机会后，通过预测新的市场需求或率先开发出新产品或服务以取代竞争对手，先发制人，构建自身优势。率先行动的最大好处就是可以抢占先机，在竞争对手不熟悉或没有涉入的情况下，获得行业超额利润，并引导客户认知商品，树立品牌形象。可以看出，具有超前行动意识的企业，在掌握新机会上表现出极强的前瞻性眼光，虽然可能不是第一个把握机会的，但是肯定是较早利用机会的。Miller 在一项调研中发现，第二个发现并利用机会的企业，它的先动性意识并不弱于领先者，并会在后期的快速行动中赶上或超过领先者，同样获得超额利润。Lumpkin 和 Dess（2001）对 94 家美国企业的124位企业家/高层管理者进行调研发现，企业的超前行动性与其绩效显著正相关。

综上所述，对中小企业来说，资源的获取和有效控制是赢得竞争优势的关键，而创业导向在其中也扮演着重要的角色。通过反映创新性、冒险性、先动性的实践行动对中小企业的国际化成长产生了积极影响。Covin和Slevin（1989，1990）研究指出，高创业导向的企业更倾向于不断更新它们供给市场的产品或服务，实验新的管理或者制造的方法，且总是采取领先竞争者把握市场或者行业动向，而所有这一切都是促使企业成功的重要因素。我国学者赵优珍（2005）对中国部分省市的“天生国际化”企业调查后发现，国际创业导向是“天生国际化”企业成长的重要因素之一。王一（2011）研究指出，创业导向在国际创业中能够帮助企业保持竞争优势，获得持续成长。Patricia R. Todd（2006）在对创业导向、国际化与中小企业绩效间关系的研究中也指出，创新性、侵略性是比较国际新创企业与一般中小企业的一个鲜明特征。因此，笔者认为，创业导向是实现中小企业国际化成长的重要推动力。

3.3　中小企业国际化成长的实现路径：资源管理过程

中小企业要获得创业成功和企业国际化成长，必须从外部关系网络中获取所需的资源，这些来自网络中的财务资源、人力资源、信息资源和知识资源等不仅可以弥补中小企业资源禀赋匮乏的先天缺陷，同时也有利于企业更好地利用自有资源，进一步进行资源整合和利用，弥补本身商业经验的不足，提高企业行事效率，促进企业国际化成长。因此，缺乏广泛的关系网络，资源管理能力将会受到极大的影响，从而影响到其国际化绩效。然而企业关系网络并不是直接作用于企业国际化绩效的，需要通过相应的路径来发挥作用。此时，企业或其管理者如何把这些网络资源转变为企业价值就成为问题的关键，对此，资源基础理论也没有给出答案。Sirmon和Hitt在2003年提出一个资源管理过程模型，认为资源管理过程包括资源存储（评估、增加和剥离）、资源绑定和资源利用，这三个部分共同作用为企业创造竞争优势。这很好地解释了企业如何使用资源与能力去创造竞争优势和实现企业价值的问题，也为企业关系网络如何转变为企业（国际化）绩效提供了一个解决思路。

资源管理是一个复杂的过程，获取资源形成资源库，绑定资源形成能力，并且利用这些能力为顾客创造价值，为股东带来财富。构建资源库包括获取、评估、剥离资源的过程，以获取有价值的、稀缺的资源。绑定资源是指稳定调整、丰富细化和开拓创造的过程，以达到整合资源形成能力的目的。利用资源包括动员、协调和实施的一系列过程，以开发能力来利用特殊的市场机会。因此，可以看出，利用资源的目的就是使用能力为当前的和新的顾客解决问题（Kazanjian，Drazin 和 Glynn，2002）。另外，资源管理的过程会受到企业外部环境的影响（Lichtenstein 和 Brush，2001）。因为在高度不确定和变幻莫测的环境中，长久地维持竞争优势是不可能的，取而代之的是，企业要不断地寻求一系列短暂的竞争优势（Morrow，Sirmon，Hitt 和 Holcomb，2009）。通过这一系列短暂的竞争优势的积累，企业可以创造价值。因此，在一个竞争激烈的环境中，有效的和高效的管理资源最终决定了企业创造的价值量（Ireland and Webb，2006）。

本书主要借鉴 Sirmon、Hitt 和 Ireland（2003，2003），以及朱秀梅和蔡莉等（2008）的观点，把资源管理过程划分为资源获取、资源整合和资源利用三个阶段。

3.3.1 资源获取

中小企业关系网络是其获取资源的重要渠道，因为本书主要研究资源管理过程在关系网络与中小企业国际化绩效中的重要作用，因此，这里的资源获取主要是指企业从其外部关系网络中的资源获取过程。

资源获取是资源管理最基础的工作，它也是后续管理过程开展的前提和保证。中小企业自身资源能力有限，必须通过外部不断补充资源需求，关系网络是其最好的也是最有效的获取渠道，从关系网络中获取各种资源后，把这些资源储存起来形成企业的资源库，经过评估和挑选，相互匹配或与企业原有的资源进行匹配，形成独特的能力和优势，所以说资源获取是资源整合的基础。中小企业为了持续不断地长久发展，必须不断地获取资源来维持或提升现有的优势，因为资源是需要不断更新和补充的，否则将会枯竭，不能支撑企业长久发展。Miller（1992）研究认为，企业利用关系网络可以获得更多互补性、稀缺性资源，通过整合和利用把其转化为企业独特的优势，为企业带来更多的财富。

从企业关系网络角度来看，在获取外部资源时，主要考虑以下渠道或途径：①从供应商那里获得原材料、零部件等有形资源；②从消费者或客户那里获取需求信息、市场信息、设计灵感等隐性资源，这些资源往往对企业识别市场机会十分重要；③从合作伙伴那里获得有关本行业竞争状况、东道国市场状况以及海外销售渠道等重要信息和资源；④从人才市场等中介机构中获得至关重要的人力资源，这种资源能为企业的组织管理和发展做出重大贡献，比如获得了技术人才，就等于获得了企业赖以创新和成长的技术；⑤从行业协会或政府机构获取政策支持和行业发展相关信息；⑥从银行等金融机构获取资金支持；等等。此外，企业还可以利用自己的信誉、能力以及其他社会网络关系来吸引更多资源进入企业资源库。

实际操作中，企业获取网络资源的具体方式主要有资源合作、资源转移、资源交换等，这些方式一定程度上存在共通性，但也有一些细微的差别。首先，资源合作。这种形式往往发生在企业间合作中，如战略联盟、合资企业等。相对于部分资源的商业性交易，这种资源获取方式是相互的。由于企业各自的资源基础不同，例如有些企业科研或技术资源较丰富，有些企业生产管理资源较丰富，这时两个企业可以相互取长补短，通过合作，获得双方的互补性资源，共同实现发展壮大。其次，资源转移。这种方式比较接近于资源共享，但更强调方向性，这种形式也常发生在企业间合作中，尤其是同一股权下的合作中，比如，企业集团和跨国公司中更常存在。这种形式不需要通过商业的方式，也不需要回馈资源提供者，资源获取是一个简单的接口管理，接近资源内化、学习与知识追随这两类。对于不易转移的知识资源，资源的接受者与提供者应该去调整他们的文化、工作程序与技术，甚至是一些知识机制以达到顺利转移的目的（Nonaka & Konno，1998；Hargadon，1998）。最后，资源交换。资源交换是经济系统中任何潜在价值被实现的机制（Moran，1996）。交换证明了被交换资源的价值，可以使资源分配到其更有价值的地方去。资源交换可以发生在任何组织间的互动中，实际上，组织间互动的实质内容大多涉及资源交换。它也是一种互惠性行为，组织为了从外界获取必要的资源，必须也要回馈给对方一定的资源。

总而言之，不管通过何种关系渠道，采取何种方式，都是为了获得更多、更有价值的资源，这一过程是为企业发展积聚能量的过程，有了坚实的资源基础，才能够通过有效的整合和合理的利用，实现企业价值最大化。

3.3.2 资源整合

这里的资源整合过程是指中小企业在从关系网络中获取到所需的资源后，为了达到特定的组织目标，将获取的资源进行组合捆绑，使其产生“1 +1 >2”的整体效果。资源整合对于规模和实力都很弱小的中小企业来说尤为重要，自身资源的局限，决定了其必须通过外部的获取和资源的整合来弥补，而其中资源整合不失为最快捷、最有效的方式，因为外部资源的获取吸收是需要一定过程的，尤其是知识资源。比如说，企业想拥有某项专利技术那不是一朝一夕的事情，但是可以通过合作等方式利用这一技术，而不需要重新研发或高价购买，通过整合既定资源就可以达到既定目标。Sirmon、Hitt 和 Ireland（2007）认为资源整合具体包括三个过程，即稳定调整（Stabilizing）、丰富细化（Enriching）和开拓创造（Pioneering）。

稳定调整过程是在现有资源或能力的基础上进行微小的增加或提高的过程。比如，企业员工每年要进行定期的培训，以保持他们知识和技能的与时俱进。有时候，企业也需要稳定调整去保持当前的竞争优势。这个过程类似于“滑行”这个概念（Siggelkow，2002），也就是说企业在基本处于稳定状态下的缓慢前行。在外部环境平稳，波动不大的情况下，稳定调整能够为企业创造价值，当然，此时丰富细化过程表现得更为突出。

丰富细化过程的目标是扩充当前的资源和能力。虽然丰富的程度可能有所不同，但是它就是超越了当前的知识和技能。可以通过学习新的技能或加入一种互补的资源来完成丰富细化过程，有时候额外的资源可能已经存在于资源库中，为了丰富细化企业的资源或能力，我们随时可以开发或取得。例如，制药公司可能会使用联盟或收购的形式与生物技术公司合作，从而获取知识，增强其 R&D 能力。

整合了新获得的资源或现有能力的丰富细化过程类似于“嫁接”（Puranam，Singh 和 Zollo，2003）。例如，一家制药公司把生物技术公司的产品开发能力嫁接到它的分销能力上，从而形成了一种更新的商品化能力。嫁接的目的就是在互补性资源之间创造协同效应来丰富自身的资源和能力。在顾客需求和竞争对手的行动都无法预测的不确定环境中，经常会需要更大程度的丰富细化来维持当前的竞争优势。通过丰富细化的过程，提供了比竞争对手更大的价值，可能获得竞争优势。然而，丰富细化的资源和能力更容易被模仿，企业要在一段时间内维护住竞争优势，通常需要新的资源和能力，而企业会使用开拓创造过程构建这种新的资源和能力。

开拓创造过程是独特的，需要探索性学习的过程，而不是建立在原有知识基础之上的。这个学习和开拓创造的过程既包括对现有资源的重组，也包括对从战略要素市场上获得的全新资源的整合和捆绑，以刺激产生新的能力。在不确定的环境下，对新的资源和能力的需求是更明显的，需要其去把握市场机会，机会稍纵即逝，如果企业没有能力把握，可能会被竞争对手抓住，错失良机，延误发展。因此，企业必须不断地进行开拓创造，以获得或保持竞争优势。

资源只有得到充分的整合配置，才能发挥其使用效益和效能，才有可能产生新的资源，尤其是人力资源，他们是活的能动资源，要想挖掘其潜能，就必须采取有效配置的措施和方法以调动他们的积极性和主动性，使人尽其位、人尽其责。企业的资源整合过程，不仅为企业带来了新的战略资源，更形成了一种内化的能力，这种能力是竞争对手无法模仿、无法复制的（Barney，2001）。

3.3.3　资源利用

资源利用是资源管理过程的最后一步，也是最关键的一步，能力的形成和企业发展的延续在这一过程得到体现。如果说资源获取和资源整合是企业借助外力来发展自己的话，那么资源利用则是在前两个阶段的基础上，把积累的知识、技术等资源转化为自身能力的过程，是靠自己的能力实现发展。只有自身能力的提高才能为企业提供源源不断的能量，才能够真正地为企业创造价值。

资源利用阶段非常重要，即使企业拥有或控制了资源，或者都已经有效地整合了资源，那它只是具备了创造竞争优势的潜力。除非企业在市场上有效地利用了这些资源和能力，否则不可能实现价值创造（Lichtenstein & Brush，2001）。Miller、Eisenstat 和 Foote（2002）指出，最有深度的能力和集成度最高的配置（能力）都是没有价值的，除非它们能够给企业带来丰厚的回报。所以，如果只是拥有了资源或者高度地整合了资源，在这个时候，企业不得不满足一个足够大的市场需求，因为只有这样才能赚回成本，所以说这时并不能为企业创造价值。

通过创新和创业过程（Barney & Arikan，2001），还有学习过程，企业才能决定选择哪个市场和怎么样有效地利用它的能力为顾客创造最大化的价值（Brush，Greene & Hart，2001）。所以，在资源利用过程中，关键的行为是创新和学习。有证据显示，创业过程的最主要特征创新性（比如新产品、新市场等）可以为顾客创造价值（Hamel & Valikangas，2003；VenkatAraman & Sarasvathy，2001），而学习过程最主要的贡献在于促使外界的能力和公司的能力相匹配来满足顾客的需求，从而拓展了当前的竞争优势（Slater & Narver，1999）。本书借鉴 Sirmon、Hitt 和 Ireland（2007）的研究，资源利用过程具体包括三个阶段，即转化、配置和实施。

资源利用过程的实施促使企业形成了自己的能力，可以更好地为股东创造财富，为客户创造价值。一般而言，能力在配置和实施之前必须先转化成独特的能力。因此，转化是企业成功利用能力的第一步。然而在实践中，这个资源利用的过程可能并不是按这三个阶段的顺序展开的，可能会出现不同的路径。比如，企业的资源利用直接进入了实施阶段，因为前一段时期的转化和配置过程已经完成，直接进入实施阶段是前期行为的结果；或者资源利用直接进入了配置阶段，那也是因为前一期间已经完成了动员工作。因此，资源利用的三个阶段过程有可能是依次进行，也有可能同时发生，甚至以相反的次序发生，这都是前期工作反馈的结果。

首先，转化过程。这个过程的目的就是把企业获得的和拥有的资源转化为独特的能力，来开发市场机会，获得竞争优势（Hamel & Prahalad，1994）。转化过程是资源利用的第一阶段。具体的资源只有被懂得使用和运用的人掌握了才能形成独特的能力，比如，对于与产品相关的技术，只有在研发人员的运用下才能形成研发能力；市场知识只有被营销人员掌握了才能形成渠道能力；等等。企业在高度不确定的竞争环境下，把资源转化为能力是相当困难的，因为有些资源是不可模仿的，简单模仿并不能形成能力。因此，这个转化过程需要不断地学习和创新。

其次，配置过程。这个能力的配置过程是企业将形成的能力和企业外部环境需要相匹配的过程。比如，为满足顾客的需求，推出新产品或服务，或者制定新的战略计划，但是这个行动的实施不是一种能力就可以完成的，需要企业把各种能力组合打包，形成完善的能力配置，统一协调实施才能取得成功。而能力配置就是把已经形成的各种能力协调匹配并组合打包的过程。这一过程实际上是非常复杂的，它需要对能力进行调整并达到一种平衡。

最后，实施过程。此阶段就是应用配置好的能力完成某项工作或任务，实现企业价值创造的过程。这一过程也是真正把能力转化为竞争优势的过程，运用企业的核心能力来执行战略决策，为顾客创造价值，同时也为自身赢得财富。在能力的实施阶段，企业家或拥有独特能力的个人发挥着重要的作用，因为他们是隐性知识的载体，这种不可模仿的、高度稀有的知识决定了实施阶段的效果。

配置和实施阶段对于资源利用过程十分关键，而且，组织的隐性知识和技能在有效利用资源的过程中起到了关键的作用。在通过资源管理为顾客创造价值的过程中，管理者在配置和实施阶段所采用的方法和技能起着重要的作用。管理者可以构建和使用关系资本来整合多样化的能力使之成为一个整体，通过组织行动和使用隐性的知识来实施这些能力，以达到通过资源利用为顾客创造价值的目的。

第 4 章 关系网络对中小企业国际化绩效影响的概念模型和理论假设

4.1 要素维度的划分

根据前文论述，各要素的维度划分情况总结如下：

关于国际化绩效，本书将其划分为财务绩效和非财务绩效两个维度。

关于企业关系网络，本书主要借鉴 Burt（1982）和 Granovetter（1985）的研究，根据企业关系网络的两大特征——结构性嵌入和关系性嵌入，把关系网络划分为四个维度，其中，结构性嵌入包括网络规模、网络位置两个子维度，关系性嵌入包括关系强度、关系久度两个子维度。

关于资源管理过程，本书主要借鉴 Sirmon、Hitt 和 Ireland（2003，2003）以及朱秀梅和蔡莉等（2008）的观点，将其划分为获取、整合和利用三个阶段。同时，这也是本研究考察和测量资源管理过程的三个维度。

关于创业导向，本书主要借鉴 Miller 和 Friesen（1982）的研究，将其划分为创新性、风险承担性、先动性三个维度。

4.2 概念模型的构建及其理论解释

4.2.1 概念模型的构建

在第 3 章，本书已经讨论了企业关系网络对企业国际化绩效的驱动机制，主要是通过对资源基础理论的拓展将网络资源纳入到资源观分析的理论框架，认为对网络资源的有效管理是关系网络促进中小企业国际化成长的内在机理。

基于网络视角的国际化理论能够更好地解释中小企业的国际化行为以

及“天生国际化企业”“天生全球化企业”等现象，越来越受到学者的关注和普遍认同，已成为分析中小企业国际化成长问题的主流思想。根据企业网络理论，关系网络本身就可以看成是一种特殊的资源，它一方面可以增加企业之间的信任，促进企业间合作；另一方面，通过相互的交流和联系，可以为成员企业提供各种资源，其中包括信息、知识、资金和人才（姚小涛和席酉民，2003）等，它是中小企业实现国际化成长的充分必要条件。然而从网络视角研究企业国际化，在理论界还没有形成一个系统的体系，一方面，关系网络对企业国际化绩效的直接影响作用还不是很明确，尤其在关系网络的特征维度对国际化绩效的作用方面还存在很大争议；另一方面，关系网络对中小企业国际化的影响往往不是直接的，为了更好地发挥关系网络的重大作用，我们必须充分挖掘关系网络影响中小企业国际化的路径和作用机制，弄清关系网络是通过什么样的方式，如何发挥作用的，以期为中小企业的网络关系管理提供决策参考。

根据社会关系网络理论，企业关系网络的出现给企业带来的最大、最直接的好处就是为其提供了一个获取信息和资源的重要渠道。郑准（2009）认为，从关系网络中获取资源是影响中小企业国际化成长的核心机制，但是获取资源只是企业实现国际化成长的第一步，拥有这些资源并不能确保竞争优势的取得或企业价值的创造。Sirmon 和 Hitt（2003，2007）认为必须对这些资源进行有效的管理，这个管理过程不仅包括资源的获取，还有资源的整合和利用。所以，本书认为资源管理过程才是中小企业实现国际化成长的现实路径。此外，创业导向在中小企业国际化中的重要性也日益凸显出来，它与关系网络协同作用促进了中小企业的国际化成长，其在资源管理过程向企业国际化绩效转化的过程中起到重要的推动作用。

同时，现有文献中有关关系网络与资源获取间关系的研究已经取得了丰硕的成果，因为关系网络最直接也最重要的作用就是资源获取，而对资源管理其他过程的探讨则显得非常不足。实际上，关系网络给企业带来的益处或优势不仅仅限于资源的获取，关系网络还有利于企业与其他网络成员进行资源配置与交换（Tsai 和 Ghoshal，1998），还能够促进资源和信息的共享、整合和利用（Mohnnan et al.，2003；I－Chieh，2011）。但是目前很少有研究关注关系网络产生的这些影响，而对于关系网络的各特征维度会对资源管理其他过程产生怎样影响的研究更是匮乏。作为中介路径的资源管理过程和企业绩效关系的研究也多集中在资源和资源的特性上，而把整合和利用对绩效的影响作为默认假设，而忽视了它们对组织绩效影响的实证检验。再者，创业导向在中小企业国际化发展中也具有十分重要的作用，但是基于资源基础理论的研究中很少考虑企业组织与资源间的关系，同时创业领域研究中也经常忽略企业资源的重要作用，关系网络与创业导向对企业国际化成长的协同作用也缺乏相关研究支持。为了弥补以上的研究缺陷和不足，本书构建了关系网络影响中小企业国际化绩效的作用机制模型，如图4－1所示。

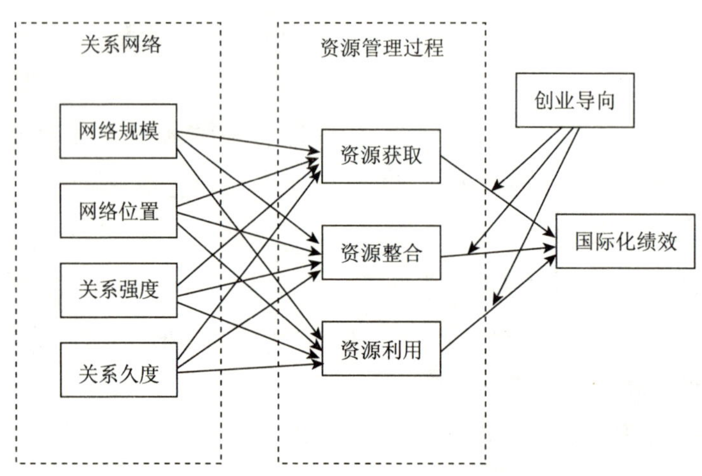

图4－1　关系网络影响中小企业国际化绩效的作用机制模型

4.2.2　概念模型的理论解释

首先，中小企业关系网络是促进企业国际化成长的充分必要条件。根据企业网络理论，关系网络本身就可以看成是一种特殊的资源，它一方面可以增加企业之间的信任，促进企业间合作；另一方面，通过相互的交流和联系，可以为成员企业提供各种资源，其中包括信息、知识、资金和人才（姚小涛和席酉民，2003）等。也有学者从社会资本的角度解释其与企业绩效之间的关系。Ronald Burt（1992）认为社会资本是指朋友、同事和更普遍的联系，通过他们可以得到使用（其他形式）资本的机会，企业内部和企业间的关系是社会资本，它也是竞争成功最后的决定者。企业社会资本可以促使网络内的企业更有效地发现市场机会并对稀缺资源进行辨别、收集和配置（Uzzi，1999），从而有助于企业的国际化成长。以上阐述都说明关系网络在企业发展中具有重要作用，它是企业实现发展和国际化成长的充分条件。另外，根据资源依赖理论，企业的生存和发展必须从外部获取资源，而企业为了获取资源必须与所处的生存环境进行交易。这是因为，第一，维持企业的正常运行需要多种不同的资源，而这些资源不可能都由企业自己提供；第二，企业的正常运作是由多种活动构成的，而这些活动不可能都是在企业内进行的。这就意味着企业必须依赖外部环境以求得所需资源，同时必须依赖其他单位的活动来维持正常的运作。正是这种对外部资源的需求使企业对它所处环境内的控制着这些资源的其他组织产生了依赖，从而导致企业对资源的依赖。为了有效地管理这些依赖关系，资源依赖理论认为应该从以下两个方面入手：①企业必须通过控制关键的资源来降低其对外部组织的依赖；②企业必须通过占有更多的资源来提高外部组织对企业自身的依赖（邵兵家，邓之宏，李黎明，2005）。而建立企业间良好的互动关系则是企业达到这些目的的一个途径。企业可以通过关系网络内的合作伙伴获得关键资源，增加企业的整体实力，这也是当企业意识到自身没有足够的资源来巩固和扩大其竞争地位时，一个惯用的策略（费显政，2005）。因此，在资源依赖理论视角下，企业的发展和国际化成长要求其必须参与到作为企业外部环境重要载体的关系网络中。这就说明，关系网络是企业实现发展和国际化成长的必要条件同样成立。综合以上观点，企业关系网络促进了中小企业国际化成长，同时中小企业的国际化成长也要求企业必须与外部的关系网络建立良好的互动关系，它们互为充分必要条件。

其次，对网络资源的有效管理是实现关系网络促进中小企业国际化绩效提升的必由之路。

对于资源匮乏的中小企业来讲，开展国际化业务在寻求更多发展机会的同时也面临着更加激烈的市场竞争，如何在复杂多变的国际化环境中求得生存并不断发展壮大是每一个中小企业追求的目标和努力的方向。资源基础理论告诉我们，企业资源通过发展竞争优势为企业创造价值（Ireland, Hitt, and Sirmon, 2003）；同时，获得并拥有有价值的稀缺的或者是独特的缺乏替代性的资源是企业创造价值并实现可持续发展的基础。相应地，资源依赖理论也告诉我们，企业要想获得这些资源必须依赖其外部环境中的关系网络，这对于资源匮乏的中小企业来说尤其如此。所以，从关系网络中获取资源是影响中小企业国际化成长的核心机制（郑准，2009）。然而，我们必须意识到，仅仅拥有这些稀缺的、独特的资源并不能确保竞争优势的取得或企业价值的创造（Barney 和 Arikan，2001；Priem 和 Butler，2001），此时，企业或其管理者如何把这些资源转变为企业价值就成为问题的关键，对此，资源基础理论也没有给出答案。2003 年 Sirmon 和 Hitt 在《管理资源：家族企业中独特的资源，管理和财富创造》一文中提出一个资源管理过程模型，认为资源管理过程包括资源存储（评估、增加和剥离）、资源绑定和资源利用，这三个部分共同作用为企业创造竞争优势。这很好地解释了企业如何使用资源和能力去创造竞争优势和实现企业价值的问题，同时，也填补了这方面研究的空白。因此，我们借鉴 Sirmon 和 Hitt（2003，2007）的研究，认为从企业的关系网络中获取资源只是其影响企业国际化成长的第一步，接下来还必须对这些网络资源进行有效的管理，这个管理过程不仅包括资源的获取，还包括资源的整合和利用。所以，对网络资源的有效管理才是实现中小企业关系网络促进其国际化绩效提升的内在机制和必由之路。

最后，创业导向是资源管理过程向中小企业国际化绩效转化的重要推动力。

创业导向反映了一个企业的战略导向，捕捉特定的创业方面的决策风格、方法和实践。简言之，创业导向强调一个企业如何运作而不是做什么（Lumpkin and Dess，1996）。应用到 Vrio 模型的分析框架，创业导向代表一个企业如何组织，以发现和利用机会。根据资源基础理论，企业的组织方式结合企业资源，能够加强资源和企业绩效的正向关系（Barney，1995）。笔者认为创业导向捕捉了一个企业面向创业的组织方式，并且能够增强企业资源。一个拥有资源的企业如果具有较强的创业导向将会运行得更好，比如，反映创业导向的方法、实践和决策风格通过从事创业活动，提升了其利用资源的意愿。拥有重要资源的企业往往知道去哪里寻找机会，也能够更准确地评估潜在机会的价值，并且有能力从这些机会中提取价值（Cohen and Levinthal，1990），但是除非企业乐意去抓住和热情地追求这些机会，否则，再好的资源也不能被充分利用。对于我国的中小企业来讲，从关系网络中获取和拥有的资源，不仅需要充分有效地利用，同时，也需要更多的创新和冒险精神，积极热情地去追求机会和利用这些资源。因此，创业导向在资源管理过程向企业国际化绩效转化的过程中起到重要的推动作用。

4.3　关系网络与资源管理过程的关系

4.3.1　关系网络与资源获取

大多数中小企业规模较小、资金不充足，人力资本也较弱，很难通过市场机制获取必要的成长资源，加之管理者的经验不足，导致其在管理上的战略预见能力较低。这种情况下，中小企业走出困境的一个关键战略就是利用管理者的个人关系和社会交往（Coleman，1990），从外部网络获得机会和资源。Aldrich（1987）以及 Larson 和 Starr（1993）的研究都认为中小企业的管理者经常通过个人的人际关系网络为企业获取重要的资源。关系网络是中小企业获取必要资源的关键渠道，相当于企业资源和能力的储备库。建立与维持良好的网络关系，从中获取并控制所需资源与信息，是中小企业构建自身可持续竞争优势的必然选择。

首先，良好的关系网络有助于增加中小企业与外界接触的机会，获得信息资源。Falemo（1989）认为关系网络有助于企业获得大量信息资源，并利用其进行市场开发和产品拓展。Humphrey 和 Schmitz（1996）认为企业能从它的网络关系中获得相关的国际化信息，并强调网络活动中涌动的信息资源既帮助了企业延伸新市场，又培育了其应对市场需求的能力。其次，良好的关系网络有利于中小企业建立积极的形象。Starr 和 Macmi - Llan（1990）认为良好的关系网络可以为企业建立积极的形象，以低于市场的价格获得企业所需要的资源。这也给资金短缺的中小企业带来了真正的实惠。再次，良好的关系网络增强了企业资源的可获得性。Falemo（1989）发现完善的网络是企业获取资源的一种途径。Ostgaard 和 Birley（1996）也提出通过组织之间良好的互动关系能够提供额外的资源，增强了企业资源的可获得性，对企业的形成与成长产生重要影响。最后，良好的关系网络有助于企业间资源的交换。Krackhardt（1995）研究认为网络的层次、网络的密度、网络联通性，这些维度都会对网络成员之间的知识和资源的交换产生很重要的影响。以下从关系网络的四个维度出发，分别阐述其与资源获取的关系。

从网络规模看，企业网络规模的大小决定着企业可以从中获取资源的丰裕程度（Allen，2000；Boase & Wellman，2004），当网络越庞大时，企业获得外部资源的路径也就越多，可以从供应商、竞争对手、行业协会等处获得所需的信息。同时，较宽的接口也使企业接触到更多的与国际化有关的信息，包括国际市场信息、国际商业合作信息和东道国政府政策信息等。关系网络的规模越大，越有利于获得大量的新的信息和知识（Burt，1992）。Eric（2000）研究认为，企业所在关系网络成员数量正向影响资源获取的数量。社会资本理论认为，个体所嵌入的网络规模越大，网络资源就越丰富，个体所接触到的信息数量也就越多，质量也就越高（Lin，2001）。如我国学者胡荣（2003）、边燕杰（2004）、张文宏（2005）、王卫东（2006）等，在对社会资本的相关研究中均提到了企业管理者的关系网络规模应该作为个体社会资本的测量指标之一，并提出，一个人的社会网络规模越大，他所拥有的社会资本越丰富，越有可能在实践行动中占据优势地位（Lin，1982，2002；胡荣，2003；张文宏，2007）。

从网络位置看，它是企业在关系网络中所占据的位置中心性情况，这也是之前企业自身与其他企业市场活动的结果，同时也决定了企业后续发展的网络机会和受到某些约束的可能（Mattsson，1985）。企业所处的网络位置关系到企业获取资源信息的可能性并提高了与网络其他成员合作的吸引力。Cromie 和 Birley（1992）认为，如果创业者能够在其关系网络中占据中心位置，那么他就有可能发现额外的资源和机会，而非中心位置可能会限制创业者寻求新的市场机会。Bruce Kogut 和 Gordon Walker（2006）认为，企业在网络中的位置会影响企业对资源的获取。Salman 和 Saives（2005）也得出通过占据网络中心位置，企业更可能获取有用的知识。同时，中心企业与合作伙伴间的多重联结造成了伙伴间的相互依赖和资源承诺（Rowle Behrens & Kraekhardt，2000），这种高水平的资源承诺增加了伙伴间交互的频率并提高了关系质量，这样企业可以更好地了解网络伙伴的经营情况，从而促进缄默性知识在网络成员中的传递和转移（Larson，1992）。

从关系强度看，首先，较强的关系网络有利于组织间的相互信任，促进信息和资源的共享。强关系网络能够在成员之间建立起信任以及情感的联系，成员们更愿意花时间来彼此提供信息或建议（Singh，1999）。Uzzi（1997）的研究也表明强关系相对于弱关系，因为相互的信任和共享的信息会使得交流非常顺畅，这样可以降低认知的不确定性和信息的不对称性。密集的网络和较强的关系使合作伙伴彼此更加地信任，不用签订正式的契约也能够信守承诺，这样就节省了谈判、交易和管理的费用，降低了资源获取成本。其次，强关系网络还促进了信息和资源的交换和转移。Simsek（2003）等认为，网络内的强联结能促进企业间的知识共享和认知模式的形成，在知识传递的过程中，网络节点间的强关系有利于提高知识转移的效率。企业成功的学习取决于企业与外部网络伙伴之间重复的交互过程以及这种交互的强度和频度，从而促进企业之间的知识和技术诀窍的交换和转移。最后，企业与伙伴间直接联系的强关系网络增强了资源获取的可能性。Larson 和 Starr（1993）认为企业与网络成员的直接联系可以看成是强联系，而通过第三方成员的间接联系可以看成是弱联系，虽然不管是强联系还是弱联系都会对企业资源获取产生影响，但是间接联系要通过第三者，渠道相对曲折，这时双方资源的共享性和交流程度就会降低，影响了资源获取的可能性。

从关系久度看，关系久度表示网络成员间关系的稳定性，就是指网络成员相互交流与合作的时间跨度。Bruce Kogut 和 Gordon Walker（2006）认为，小的、稳定的、持久的网络是企业获得网络资源的重要途径。首先，稳定持久的网络关系有利于提升获取的资源质量。从一些研究来看，Johnson 等（1996）认为长期导向下的合作关系有利于提升互动质量，减少相互之间机会主义行为的发生；类似地，Anderson 等（1990）、Morgan 等（1999）以及 Buttle（1997）的研究也发现，网络成员间稳定持久的合作关系，有利于彼此之间更好地了解，促进有价值和高质量信息和资源的共享。其次，稳定持久的网络关系增加了双方的信任，有利于信息和资源的交流共享。Tumbull 等（1996）指出，在复杂变动的环境下，持久的交往关系有助于促进合作双方的交流，交流的广度和深度也较强，从而减少双方的合作风险。最后，稳定持久的关系网络有利于资源的交换和转移。Walter 等（2006）认为与合作伙伴建立长期持久的信任关系，企业可以在各种关系组合中通过互换机制来获取自己无法获得的信息和资源；良好和持久的关系同样能形成企业间的共有规范，提高企业间（知识）资源的转移（Lyles & Salk，1996；Simonin，1999）和增强企业间的协作效应。

综上所述，本研究提出如下假设：

假设 H1A1：中小企业关系网络规模与资源获取之间存在显著的正相关关系。

假设 H1A2：中小企业关系网络位置与资源获取之间存在显著的正相关关系。

假设 H1A3：中小企业关系网络强度与资源获取之间存在显著的正相关关系。

假设 H1A4：中小企业关系网络久度与资源获取之间存在显著的正相关关系。

4.3.2 关系网络与资源整合

许多学者已经强调了企业整合机制的重要作用，指出整合机制能够同化、吸收从企业外部获取的资源，并转换和利用这些资源（Cohen & Levinthal，1990；Van Den Bosch et al.，1999）。这个机制通常也被称为整合能力，就是综合当前和已经获得的资源并与个人能力相结合加以应用（Kogut and Zander，1992），它是确保企业成功地进行资源内化的重要保证。因此，资源整合意味着从关系网络中获得补足性的资源，通过组合并提供给国际化企业一些优势，增强这些资源的价值（ Buckley & Carter，2004）。中小企业自身的资源有限，可通过关系网络从外部获取所需的资源（Leung et al.，2006），利用其经验、数量和技巧等来积极促进中小企业的资源整合行为（Castanias & Helfat，1991）。关系网络的特征与整合能力发展的程度通常是联系在一起的，而这个整合能力实际上就是指综合和应用当前的和新获取的外部资源的能力（Eisenhardt & Marrin，2000；Kogut & Zander，1992）。关系网络的特征在决定了资源获取数量和质量的同时，又刺激了用于评估和整合资源的资源管理机制的发展（Virginia Fernandez－Perez，2012）。类似地，Yli－Renko 等（2001）研究了与企业重要客户的关系对企业获取和整合外部知识的影响，他们认为，从企业与其重要客户的关系互动中，可以获取外部知识（资源），并通过对外部知识（资源）的获取和整合提升自身能力。以下从关系网络的四个维度出发，分别阐述其与资源整合的关系。

从网络规模看，尽管中小企业从关系网络中获取资源是重要的，但是为了达到与外部环境和增长绩效的匹配，仅仅获取资源还是远远不够的。Nadkarni 和 Narayan（2007）认为，广泛的外部关系网络在提高资源管理能力方面和增加公司执行复杂灵活的战略决策能力方面提供了宝贵的机会。企业关系网络的规模越大，越有利于分散和整合有价值的资源，提升自身的资源整合能力（George et al.，2001）。根据有限理性的原则，网络密度越大，虽然网络成员之间的关系并不密切，并不能获得很多隐性知识（资源），但这意味着网络成员的接触面越广，能从越多的渠道获取非重复的、异质性的显性知识，这样越有利于知识（资源）的组合化。同时，大规模的关系网络能加强资源转让的速度，促进企业对新资源的搜寻并增加资源获取的数量，达到整合资源增强资源价值的目的（Dyer & Nobeoka，2000；Rowley et al.，2000）。Virginia Fernandez - Perez（2012）认为企业关系网络的规模与资源整合能力具有显著正相关关系。具有大规模关系网络的企业倾向于发展整合能力，因为这些整合能力反映了企业对来自外部知识或技术资源的接收能力，从而对企业发展产生重要影响。

从网络位置看，如果中小企业在其国内外的关系网络中能够处于比较中心的位置或占据结构洞的位置，那么它作为网络中的核心企业会对网络资源配置起到枢纽的作用，是资源配置的中心，能够较好地协调网络中企业间的矛盾和冲突，有利于企业加速决策进程，统一调配资源，并根据市场的变化快速地调整生产，增加企业资源价值。处于关系网络中心的企业因为处于信息交换的中心节点，这使得它与其他企业进行资源配置与交换的可能性更高（Tsai & Ghoshal，1998）。

从关系强度看，中小企业与其国内外合作伙伴的关系越密切，直接联系越强，越有利于分配和整合有价值的资源，提升企业的资源整合能力（George et al.，2001）。Tsai 和 Ghoshal（1998）认为强联系不仅便于信息的共享还有利于资源的交流与联合。相应地，企业在与网络间成员分享并整合资源时需要投入时间、精力和努力，而强关系影响了个人和企业的这种意愿和动机（Reagans and Mcevily，2003）。同时，强关系网络也能够刺激组织间资源的转化和保护，刺激复杂和缄默（知识）资源的交换（Dyer and Nobeoka，2000；Kale et al.，2000），并能够提升企业对环境改变的适应能力（Kraatz，1998）。此外，关系网络中的强联系还有利于企业以较低的成本整合资源。Fliaster 和 Spiess（2008）研究认为关系网络中的强联系比弱联系更能以较低的直接交易成本调整资源，而不用花费更高的间接交易成本。

从关系久度看，稳定的持久的关系网络有利于互补性资源的整合。Nooteboom（2001）通过对比美国和德国的企业发现，如果互补资源是隐性的并嵌入于个人、团队、组织结构或文化中，获得这种资源的唯一途径就是保持稳定的、持久的关系。合作网络如果相对较为稳定，关系的持续时间较长，成员之间的彼此熟悉程度就会较高，一旦需要，企业能够很快找到最佳的路径和方式，快速整合资源。Powell（2002）认为，有价值的信息和资源往往是从保持长久信任关系的合作伙伴处获得。长久稳定的关系表现出的最大特征就是信任，双方能够信守承诺，相互提供的信息更为真实可靠，从而有利于成员间有选择地获取互补性资源并进行有效整合。

综上所述，本研究提出如下假设：

假设 H1B1：中小企业关系网络规模与资源整合之间存在显著的正相关关系。

假设 H1B2：中小企业关系网络位置与资源整合之间存在显著的正相关关系。

假设 H1B3：中小企业关系网络强度与资源整合之间存在显著的正相关关系。

假设 H1B4：中小企业关系网络久度与资源整合之间存在显著的正相关关系。

4.3.3　关系网络与资源利用

企业通过关系网络取得稀缺的、不可模仿的、无法替代的资源，但这些资源是静态的，它是企业实现竞争优势的基础，是企业形成竞争力的必要而非充分条件。要使其最终转化为企业价值，必须对这些静态的资源加以有效利用。Jarillo（1989）认为中小创业企业之所以能够成功，一个重要特征就是对外部网络中获得资源的高效利用。而企业所处的关系网络特征又对其产生重要影响。Mohnnan 等（2003）研究发现，网络关系能够促进知识（资源）和信息的共享、知识（资源）整合及利用。相应地，Argote、Mcevily 和 Reagans（2003）认为，非正式网络影响了知识（资源）的转化与新生；在以信息技术为媒介的网络实践中，关系网络同样有利于知识（资源）的分享和转化吸收（I－Chieh，2011），而且，关系网络通过整合和交换还可以创造新的知识（资源）。网络内企业通过彼此间的广泛联系、频繁交流，减少了信息吸收时的阻碍，促进了资源利用能力的提升。以下从关系网络的四个维度出发，分别阐述其与资源利用的关系。

从网络规模看，拥有广泛的关系网络有助于促进中小企业进行开拓性资源利用。中小企业与国内外各种类型的组织进行广泛的接触、频繁的联系，可以让企业在管理经验和技术创新方面受到更多的借鉴，更会融会贯通，产生更多的思想火花和创新灵感，提高企业管理人员和技术人员的创新能力，激活网络资源的多种利用。比如，Zahra 等（2000）的研究表明，全球范围的网络关系使得企业增加了学习机会和学习倾向，全球范围关系越广泛、越多样，企业的学习水平越高，资源利用能力就越强。Roberts 和 Hauptman（1986）研究发现，与网络成员保持更多联络的企业会生产更先进的产品。因此，广泛的关系网络首先为资源的创新利用提供了更好的支持，最终产生新产品、新技术或新的管理方法。一个企业的网络规模越大，越有利于获得多样化的、非冗余的信息和资源，这样就可以提供更大范围的观点、认知资源和解决问题的能力，从而有利于资源的转化和创新利用。

从网络位置看，在关系网络中的位置会影响企业自身资源的吸收和利用，当企业处于中心位置时，可以获得更多资源用于自身发展（Koput et al.，1999）。因为，处于中心位置的企业有着更多的信息通道来了解其他成员的行为和活动，触发自身对资源的利用。这种对重要而又新颖信息的及时利用，与中心企业的高地位和权利相结合，将会增加企业的讨价还价能力，比处于边缘位置的企业受益更多（Burt，2004）。Tsai（2001）研究也认为，企业拥有一个中心位置更便于资源的创新式利用。

从关系强度看，关系网络中的强联结增强了网络成员间彼此的信任，有利于网络间资源的交流和组合，进而促进企业进行学习和创新利用（Kogut & Zander，1992）。Andersson（1999）对跨国子公司的研究发现，企业对新信息新资源的吸收获取和能力的形成与其当地网络嵌入深度和联系强度呈正相关。类似地，Uzzi（1997）研究发现，强关系是获取有用资源的重要途径，其通过信息共享、信任与共同解决问题等作用机制，更有利于非独立知识（资源）与隐性知识（资源）的转化和传递。Cohen 和 Levinthal（1990）也指出新资源的评估、获取、整合和商品化利用主要依赖与其他网络成员互动的强度和频率。而弱联系（反映了一个低水平的关系网络）阻碍了知识（资源）的转化，尤其是那些没有被编译的知识（资源）的转化（I-Chieh，2011）。March（1991）认为，强联系通常是与局部的搜索、经验的提炼和现有实例的再利用联系在一起的，因此，它有利于资源的开发式学习利用（Atuahene-Gima and Murray，2007）。

从关系久度看，企业与其网络伙伴之间的关系趋于稳定和持久，会使得企业间的交互和学习趋于紧密和频繁，从而增强关系网络内的学习效应和溢出效应，促进企业更好地利用资源。对于中小企业来讲，参与国际化竞争将面临更多的、更大的挑战，此时，与网络伙伴间稳定持久的关系就似乎成为其发展和进步的基石，抓住了它，就更有了信心和依托，才能有机会去消化和吸收并不断学习，增强其资源利用的能力。Tumbull 等（1996）指出，在竞争日益激烈、变幻难测的环境下，持久、稳定的关系有利于促进网络合作双方的沟通和交流，并使沟通交流的内容丰富多彩，从而减少双方的合作风险，确保资源交换的真实性、可靠性，进而有利于资源的正确利用。

综上所述，本研究提出如下假设：

假设 H1C1：中小企业关系网络规模与资源利用之间存在显著的正相关关系。

假设 H1C2：中小企业关系网络位置与资源利用之间存在显著的正相关关系。

假设 H1C3：中小企业关系网络强度与资源利用之间存在显著的正相关关系。

假设 H1C4：中小企业关系网络久度与资源利用之间存在显著的正相关关系。

4.4　关系网络与中小企业国际化绩效

一个企业的国际化过程就是它的管理网络不断拓展的过程，首先从国内市场到其他国家市场（Ruzzier et al.，2006）。因此，国际化经营的企业经常主动地与国外合作者或消费者建立关系网络，来减轻它们的负债并调动网络资源去创造新的能力，以提高企业的竞争优势（Coviello & Cox，2006）。首先，关系网络中的各种联系都直接或间接地对企业国际化经营绩效产生积极影响。Oviatt 和 Mcdougall（2005）研究认为，通过主动地从事和积极地培养与国外合作者和消费者的关系以及跨越国界的联系，企业能够更灵活地满足外国合作伙伴和国际市场不断变化的需求，从而为企业创造价值。Goldman 等（1995）研究证实，企业与它的国际顾客之间的关系网络有助于企业理解并迅速满足消费者的需求，进而为企业创造价值。相应地，与国内外的消费者和供应商建立良好的关系网络对增加市场份额也有积极作用（Bozbura，2004；Narver & Slater，1990），进而影响其国际化绩效。同时，也有研究证实，外部专业咨询机构、企业管理服务机构提供的建议同样能对企业（国际化）绩效产生积极影响（Kent，1994；Donckels & Lambreehi，1995）。我国学者王月华（2009）实证分析得出企业社会网络的大部分维度与企业成长维度有较强的正相关关系。其次，大量研究证明，企业的国际关系网络通过为彼此提供并分享多样化的资源，从而有利于企业国际化绩效的提高。比如，Haeckel（1998）曾提出在组织间通过良好的互动关系，组织间彼此可以分享许多资源、知识或学习经验，进而获取组织彼此间的最大效益。Hargadon 和 Sutton（1997）、Rodan 和 Galunic（2004）都认为在关系网络中保持信息和知识多样化可以提供更大范围的观点、认知资源和解决问题的能力，从而有助于企业国际化绩效的提高。本书将综合国内外最新研究文献，对关系网络的四个维度与国际化绩效之间的关系进行具体分析。

从网络规模看，网络联系数量对企业的国际化成长和成功有积极的影响（Steierteiereenwoodood，2000），网络规模与企业国际化绩效呈正相关关系（Aldrich，1987；Burt，1992）。许多研究得出类似的结论，SHan、Walker 和 Kogut（1994）对生物制药类企业间的合作关系进行研究表明，合作关系数量对企业的国际化创新绩效有显著的积极影响。Batjargal 和 Liu（2004）利用俄罗斯企业的纵向数据研究表明，企业拥有的关系网络数量越多，企业的绩效就越好。Zhao 和 Aram（1995）则以中国技术密集型企业为样本，对网络规模与企业国际化成长速度进行验证，与六个新创国际化企业管理者进行访谈，并用能够获得资源的外部关系的数量来衡量网络范围（规模）的大小，研究发现三个快速成长的企业比其余三个缓慢成长的企业拥有更大的网络范围（规模）。因此，本书认为大规模的关系网络促进了中小企业国际化成长。

从网络位置看，Owen - Smith 和 Powell（2004）通过实证研究证实网络中心性影响着企业的发展水平，企业网络联结的多样性越高，企业在网络中的位置就变得更中心，而中心性越高，企业的增长越快。越接近网络中心或处于结构洞位置的企业越可能较多地利用其他网络成员，这一方面给企业带来的外部信息和机遇也就越多，运作成功的概率也就越大；另一方面，处于这样位置的企业网络活动也越丰富，Donckels 和 Lambreeht（1995）认为，丰富的网络活动同样能够积极促进企业的成长。

从关系强度看，在国际商务交往中，企业更加乐意与政府部门、金融机构、合作伙伴等先建立起良好的强关系，增强彼此之间的信任，这对于企业国际化绩效的提高及未来发展具有重要意义（Park & Luo，2001）。Bengtsson 和 Solvell（2004）针对瑞典144家不同规模的制造型企业进行实证研究发现，紧密且稳定的供应商关系和客户关系都会对企业绩效产生积极显著影响。在企业网络的文献中，企业之间的强弱联系问题一直是争论的重点。以前的研究已经发现，弱联系对于提供充足、新颖的信息非常有用（Granovette，1973），强联系则在其他方面更有用。首先，强联系可以把隐性的、精细的信息传递下去，更利于网络成员间的沟通（Ahuja，2000）；其次，强联系可以提高网络成员彼此的信任，避免机会主义行为的发生（Gulati，1995；Uzzi，1996）；最后，强联系有利于信息的共享和资源的交流与联合（Tsai & Ghoshal，1998）。因此，中小企业在关系网络中的强联系增强了彼此的信任，便于信息和资源的传递，进而有利于企业的国际化成长。

从关系久度看，网络关系建立和维持的时间（关系久度）是获得网络优势的重要因素。稳定、持久的关系会增加网络成员彼此之间的信任感和凝聚力，不用互相监督，能够保持行动的协调性，更有利于沟通一些重要的国际市场信息，对企业的国际化绩效有着积极的意义。Dhanaraj 和 Parkhe（2006）的研究表明，一个稳定持久的网络有助于加强网络成员间的关系，进而有助于企业获得资源和提高绩效。Gulati 和 Nohria（2000）的研究认为，网络成员需要一段持续的时间与其他网络成员产生多次的交互行为，这种多次的交互行为在加强了网络稳定性的同时也赢得了自身的信誉，并可以考察对方的可信任性，由此降低了机会主义行为和倾向，有利于企业国际性社会资本的积累和网络优势的获得，对国际化绩效产生积极影响。

综合以上分析，本研究提出如下假设：

H2A：中小企业关系网络规模与其国际化绩效之间存在显著的正相关关系。

H2B：中小企业关系网络位置与其国际化绩效之间存在显著的正相关关系。

H2C：中小企业关系网络强度与其国际化绩效之间存在显著的正相关关系。

H2D：中小企业关系网络久度与其国际化绩效之间存在显著的正相关关系。

4.5 资源管理过程与中小企业国际化绩效

4.5.1 资源获取与中小企业国际化绩效

企业的生存和发展离不开资源，尤其对中小企业来讲，最为欠缺的也是资源，所以才需要千方百计地从外部的关系网络中获取，在面对全球激烈竞争的情况下，企业之间的竞争更是演变成资源的争夺，谁掌握了异质性的、稀缺性的资源，谁就获得了夺取竞争优势的砝码，所以，中小企业生存和发展的第一要务就是从关系网络中获取各种资源。Premaratne（2002）认为，中小企业的资源获取对企业绩效产生正向影响，并且这种影响呈动态加强态势。同样，Reynolds 和 Miller（1992）也认为通过国内外关系网络企业可以获得很多补充性资源，把获取的资源转化为企业或部门独特的优势，进而增强企业的整体能力，带来良好的产出。本研究所指的资源是各种有形和无形资源的总和，包括资金资源、信息资源、人力资源、技术资源、知识资源等，它们是企业赖以生存的重要保障。

第一，资金资源是实现企业国际化成长的首要条件。中小企业的技术引进、科技创新和市场开拓等都需要资金的投入，尤其在国际市场竞争激烈的环境下，有了充足的资金才能够不断地创造竞争优势，在国际市场上生存成长。Chandler 和 Hanks（1998）研究认为，企业拥有运作资金数量的充裕程度对其国际化绩效具有显著的正向影响。第二，信息资源为企业国际化成长带来更多的机会。中小企业国际化的过程也是企业不断消除不确定性信息和克服忽略信息的过程（Johanson & Vahlne，1977）。企业在国际化过程中应当尽可能搜集全面的信息，而这个信息搜集过程也是企业的学习过程。在企业国际化的最新发展中，"市场发现"和"机会创造"是两个重要的概念（Meyer & Gelbuda，2006），这两个概念都表示从国内外的关系网络中获取的信息资源能够给企业带来新的市场或创造新的机会。Bell（1995）对来自芬兰、挪威等国家的小型软件企业调查，发现这些企业通常选择直接进入新市场来实现自己的国际化，并认为网络观点能更好地解释这种现象。第三，人力资源与企业国际化绩效密切相关。已有研究显示，不断增加的企业员工的能力（和人力资本相关的）和企业财务绩效是显著相关的（Bozbura，2004）。Ling 和 Jaw（2006）研究证实人力资本对企业财务绩效有显著影响，具有国际工作经验的管理者（和人力资本相关的）能够为企业创造价值（提高资产收益率和市场回报率）。拥有丰富人力资源的企业易于获得更好的股东回报率或市场价值（Bozbura，2004）。第四，技术资源是企业获取竞争优势的重要保证。中小企业如果能在国际市场上占有一席之地，或是具有成本优势或是具有技术优势或是两者兼有之，而技术优势是保持企业长久发展的核心利器，尤其对中小高科技企业来讲，技术资源的应用与投入与企业产品的国际市场竞争力密切相关，技术领先才是其在国际市场上发展的硬条件。第五，知识资源是中小企业生存和成长的法宝。Penrose（1959）首先认识到企业管理中知识的重要作用，强调知识是促进企业成长最重要的资源。Wu 等（2008）认为，知识资本的积累促进了企业创新绩效的实现，即使创新绩效不能等同于国际化绩效，但也为全球化绩效的取得提供了支持。

根据资源依赖理论，维持企业正常运行需要不同种类的资源，而这些资源不可能都由企业自己提供。尤其对于参与国际竞争的中小企业而言，由于其本身的资源十分有限，要想实现国际化成长必须千方百计地从各种渠道获取资源，此时其本身所在的国际关系网络就成为企业获取资源的重要渠道。首先，关系网络的规模越大，越能够让企业接触到更多的与国际化有关的信息，包括国际市场信息、国际商务合作信息和东道国政府政策信息等，这些有价值信息的取得，可以帮助企业准确迅速地掌握市场方向，及时明确技术研发与创新的重点以及科学的投入比例（Abuja G.，2000），从而有助于企业国际化能力的提升。其次，越接近网络中心或处于结构洞位置的企业，越能够获得更多网络成员的支持和帮助，有利于建立更多更紧密的关系，从而获得更有价值的稀缺性的资源，不断创造竞争优势。再次，中小企业关系网络中的强联结能够促进企业间的资源共享与认知模式的形成，在资源交互过程中，这种强关系能够提高资源流动的效率，扩大资源的供给量，进而对企业（国际化）绩效产生积极影响（Simsek et al.，2003）。最后，中小企业网络成员间稳定持久的关系还可以促进企业与其国际化合作伙伴的相互信任，进而节省合作伙伴之间谈判、交易和管理的费用，也就降低了信息、技术、知识等资源的获取成本，促进了网络企业间更多资源的分享和交换；同时，相互的信任也提高了获取资源（信息、知识、技术等）的质量和准确程度，为企业正确决策提供了保证，从而有利于企业国际化绩效的提升。

综上所述，本研究提出如下假设：

假设 H3A：中小企业资源获取与其国际化绩效之间存在显著的正相关关系。

假设 H4A：资源获取在中小企业关系网络与其国际化绩效之间起到显著的中介作用。

4.5.2 资源整合与中小企业国际化绩效

在获取资源的基础上，整合资源是一个非常关键的步骤，最终表现在对企业的价值创造以及企业竞争优势产生影响（Sirmon & Ireland，2007）。Dyer 和 Singh（1998）研究指出，企业如果以独特的方式综合各种资源，将会比那些无法采用此做法的竞争企业拥有更多的竞争优势。类似地，Grant（1998）研究指出在关注企业从外部获取的和已有的资源的同时，比如资金、设备、单个雇员的技能、专利及品牌等，还必须关注企业的资源整合能力，才能最终上升到战略层次，进而形成企业的竞争优势。Lin（2006）认为组织间合作中的资源交换和组合的程度与企业价值创造正相关；同时，智力资本的交换和组合与新智力资本的创造也呈正相关，进而对企业绩效产生重要影响（Nahapiet & Ghoshal1，1998）。

还有研究认为，企业的资源整合促进了新产品开发，从而有利于企业国际化绩效的提升。Smith（2006）通过实证研究证实企业内部的（知识）资源交换和组合与企业的销售增长和新产品开发绩效正相关；Smith、Coilins 和 Oark（2005）以科技企业为样本，实证指出企业内部的知识（资源）交换和组合与企业新产品/服务的引进比率正相关，进而影响国内和国际的市场绩效。Brown 和 Eisenhardt（1995）认为，企业经过配置资源，能够促使资源发挥最大的效率，企业就会开发并生产出新的产品，提高新产品的绩效，促进企业国际化发展。也有研究从动态能力的角度提出资源整合能力会对企业国际化绩效产生正向影响。Teece 和 Pisano（1994）首次提出动态能力的概念，并认为动态能力的本质就是企业动态的资源整合能力，它有利于企业识别、整合、建立和再配置企业内外部资源，进而促进资源利用，最终达到提高企业绩效的目的。资源整合能力较强的企业，通过对新资源和组织流程、机构的良好匹配，易于抓住各种机会，最终体现在国际化绩效上。Teece 等（1997）研究认为，企业往往通过资源整合能力来转换资产基础、重新配置企业流程和结构，以达到获取新的有价值资源的目的，所以，资源整合对于企业在不断变化的环境中维持竞争优势是至关重要的。而且，资源整合过程中的流程、组织的再造过程以及新的组织实践活动本身都加强了企业的国际化绩效（Ari Jantunen，2005）。

企业资源的有限性和部分资源的特殊性（例如知识、技术资源）决定了其必须进行资源整合，以使优势资源向本企业靠拢，达到提升企业绩效的目的。而对于面向国际市场的中小企业而言，关系网络正是其获取并整合资源的重要渠道。首先，中小企业的关系网络规模对资源整合过程产生积极影响，进而促进企业国际化成长。企业关系网络规模越大，越有利于分散和整合全球范围内有价值的资源，提升自身的资源整合能力（George et al.，2001），进而形成企业国际竞争优势。其次，处于关系网络中心位置的企业由于身处信息交换的中心节点，使得它与其他企业进行资源配置与交换的可能性更高（Tsai & Ghoshal，1998），从而有利于整合能力的培养和竞争能力的提升。再次，关系网络中的强联系影响了其与网络成员分享并整合资源的动机和意愿（Reagans and Mcevily，2003），通过强联系在增强了彼此信任的同时也刺激了企业间资源的交换和匹配，从而促进了优势资源的形成和企业价值的实现。最后，如果企业拥有的合作网络相对较为稳定，关系的持续时间较长，成员间彼此的熟悉程度就会较高，那么此时一旦需要，企业便能够很快找到最佳的路径和方式，快速整合资源，满足市场需求，促进企业国际化成长。

综上所述，本研究提出如下假设：

假设 H3B：中小企业资源整合与其国际化绩效之间存在显著的正相关关系。

假设 H4B：资源整合在中小企业关系网络与其国际化绩效之间起到显著的中介作用。

4.5.3 资源利用与中小企业国际化绩效

资源利用是资源管理过程的最后环节，是使用所获取并经过匹配的资源实现资源价值的过程，也是企业资源管理能力转化为企业绩效的过程，更是企业能否创造价值，能否在市场上生存的关键。获取的资源不利用，等于没有资源；获取的资源没有得到有效利用，资源的管理能力和资源管理的效率就会降低，企业的优势将不会持久，竞争力将会被削弱（Christine Oliver，1997）。相反，当企业获取并经过整合的资源被企业吸收并恰当的应用，竞争优势就会在市场上显现，这种竞争优势将会吸引更多的资源为企业创造新的价值，这就是资源本身的杠杆功能（Hitt，2001）。杠杆功能说明，如果企业有效地利用了资源就会创造竞争优势，而这种竞争优势则会再次有利于资源管理过程的循环实现，并达到良性循环，不断取得更高的企业绩效。Falemo（1989）和Jarillo（1989）都认为，外部网络资源的利用效率对中小企业的发展产生重要影响。Brush等（2001）也支持这一观点，认为资源利用是企业资源管理的最终目标，只有把获得的、匹配好了的资源加以有效利用，才能够实现企业的国际化发展。Jarillo（1989）对中小高科技企业外部资源的利用情况进行了考察，最终得出结论，企业成长的实质就体现在利用外部资源的能力和意愿上；Han（2006）的研究也认为，国际化企业获取特殊资源并把它们转化为特殊能力的速度越快，企业的竞争优势就越高。

企业对资源的利用通常体现在吸收能力和学习能力上，有研究证实只有对获得的资源真正地吸收融合并在此基础上通过组织学习转换为自身的资源和能力才达到了资源的有效利用，进而影响企业的（国际化）绩效。Angle和Van De Ven（1989）的研究表明，企业成长的行为活动通常因为资源枯竭被终止，而不是因为任何其他原因。之所以出现资源枯竭，一方面是因为企业资源获取不利，另一方面就是对获取并整合好的资源利用不好，就不能把获取的资源真正转化为企业本身的资源和能力，使得资源越来越少直至枯竭。吸收能力能够促进企业吸收外部资源尤其是知识资源并加以整合转化，进而加快新产品的开发和市场开拓；同时，企业通过吸收能力还能够加强组织学习，进而增强创新能力，提高绩效。而且，吸收能力和组织学习是相互作用，共同影响企业的资源利用效果，进而促进企业（国际化）绩效的提高（Shenkar & Li，1999）。

无论是中小企业还是大企业，获得企业发展所需的资源只是迈出了第一步，只有对资源进行有效的利用才是确保竞争优势取得或实现企业价值的关键（Barney & Arikan，2001）。Jarillo（1989）认为中小企业之所以能够成功，一个关键特征就是对外部关系网络中获得资源的高效利用，而企业所处的关系网络特征又对其产生重要影响。首先，关系网络的规模越大，越有利于资源的有效利用，从而有助于企业国际化绩效的提升。Mohnnan 等（2003）通过研究发现企业广泛的网络联系能够促进知识和信息的共享、资源整合及新资源（知识、信息）的利用，从而有助于企业国际化成长。其次，处于接近网络中心或结构洞位置的企业能够控制和引导资源向自己优势地位的方向流动，这非常有助于企业沿着既定的战略轨道进行深度组织学习并充分地利用所获取的外部资源，达到提升企业绩效的目的（彭新敏，2009）。再次，强关系的存在促进了网络成员间的沟通和交流，实现知识、信息等资源的有效共享和流通，并最终将其转化成企业的能力，使资源得到充分有效的利用，对国际化绩效产生积极影响（蔡莉，2010）。最后，稳定、持久的关系网络，使得企业间的交流与学习变得紧密和频繁，从而增强了关系网络内的学习效应和溢出效应，促使企业更好地利用资源，提升能力。

综上所述，本研究提出如下假设：

假设 H3C：中小企业资源利用与其国际化绩效之间存在显著的正相关关系。

假设 H4C：资源利用在中小企业关系网络与其国际化绩效之间起到显著的中介作用。

4.6 创业导向的相关假设

4.6.1 创业导向在资源获取与中小企业国际化绩效之间的调节作用

创业导向是指从事和支持新思想、新事物、新实验及创造性过程的态度或意愿（Lumpkin & Dess，1996），具体表现为创新性、冒险性和先动性精神（Miller，1983），其关注的是一个企业如何运作而不是做什么。由于企业所面临的外部环境复杂多变，技术的发展及资源的匮乏威胁着市场的稳定性和可预测性。为了面对激烈的国际竞争，中小企业往往必须积极主动地寻求灵活的新方式和稀缺的不可替代性资源，提高其创新能力与核心竞争优势。根据资源基础理论，企业的组织方式结合企业资源，能够加强资源和企业绩效的正向关系（Barney，1995）。笔者认为创业导向反映的是一个企业面向创业的组织方式，这种组织方式有利于企业捕捉机会和开发机会，从而增强企业的资源获取能力，寻求其资源与外部环境的最佳匹配，最终提升企业绩效。身处复杂多变、竞争激烈的外部环境中，企业需要不断地寻找新的商业机会，而企业的创业精神和创业活动可以帮助其实现这一过程。我国学者李新春等（2008）对李锦记家族企业创业实践的研究表明，创业精神是企业与时俱进、不断变革和创新的主要动力。善于革新、敢于冒险和积极创造领先优势是创业导向的典型表现，经常表现出这种精神或态度的企业将取得较好的财务绩效（Moreno & Casiilas，2008）。一个拥有资源的企业如果具有较强的创业导向将会运行得更好，尤其当这种资源是知识性资源时（Johan Wiklund，2003）。Grande 等（2011）研究了公司特殊的资源和创业导向如何影响小型农业公司绩效，结果显示，资金资源、独特的能力和创业的努力影响了企业绩效，表明公司长期的创业努力得到了回报，并指出企业的创业活动和态度代表促进企业创造的一个重要因素，这一因素能够促使企业以更有效的方式重新界定和应用资源。

因此，本研究提出如下假设：

假设 H5A：创业导向在资源获取与中小企业国际化绩效之间起到显著的调节作用。

4.6.2 创业导向在资源整合与中小企业国际化绩效之间的调节作用

创业导向是资源消耗型的战略导向（Covin & Slevin，1991），指出具有较高创业导向的企业更能够及时发现市场机会，但是开发市场机会就需要一定的资源作为基础（George & Bock，2011）。类似地，Kogut 和 Zander（1992）研究认为企业创新需要各种各样的资源投入和组合配置能力。中小企业自身拥有的资源是有限的，需要不断地从外界获取并更加有效地组合资源，而创业导向的实施，进一步促进了企业进行资源整合的行为。

Keh 等（2007）指出创业导向对市场信息的获取有积极的影响，创业导向的创新性和先动性能够促进企业行为的改变和创造性行为的产生，这将促进网络成员间思想的交流，提升信息的流动速度（Han et al.，1998）。因此，创业导向较强的企业能够促进信息的获取、利用和共享，从而影响企业资源整合。我国学者肖坚石（2008）研究指出，创业导向对稳定调整、丰富细化与开拓创造的资源整合过程同样有着积极的影响。因此，企业的创业导向越强，企业对现有资源组合方式和结构进行调整的意愿就越强，由此，促进了资源整合过程的实施，从而创造出更高的绩效。对于参与国际竞争的中小企业而言，资源匮乏的现实促使企业不但要不断地获取资源，更要学会在全球范围内有效地整合资源，而创业导向则强化了这种意愿并促进了这种行为的开展，从而加强了资源整合过程对企业国际化绩效的正向影响。

因此，本研究提出如下假设：

假设 H5B：创业导向在资源整合与中小企业国际化绩效之间起到显著的调节作用。

4.6.3 创业导向在资源利用与中小企业国际化绩效之间的调节作用

资源利用作为资源管理过程的最后一个环节，也是实现企业价值的关键，对于获得的资源如果没有利用好，就等于没有资源。因此，为了竞争优势的取得和企业价值的创造，良好的资源利用能力就显得尤为重要。而企业的创业导向则影响了这种能力的构建，比如，Slater 和 Narver（1995）研究发现，创业导向较高的企业能够更好地分享信息和交流知识，具有比竞争对手更快的构建能力。资源利用能力较强的企业往往知道去哪里寻找机会，也能够更准确地评估潜在机会的价值，并且也有办法从这些机会中提取价值（Cohen and Levinthal，1990），但是除非企业乐意去抓住和热情地追求这些机会，否则，再好的资源也不能被充分利用。

企业的学习能力通常是体现企业资源利用效果的一个重要指标，往往只有将获取的资源通过组织学习转换为企业自身的资源和能力才能达到资源的有效利用，进而促进企业的（国际化）成长。Sambrook 等（1998）提出了组织学习、公司创业和内外部环境间的循环作用模型，指出组织学习将促进创业活动的发生。同时，Zahra 等（1999）研究指出创业精神对知识（资源）创造及组织学习十分重要，创业精神通过促进企业知识（资源）的创造、流动、散播及转换，从而有利于组织学习的开展。再者，善于革新、敢于冒险和积极先行的精神促使企业管理者和员工积极进行创造性的学习来获得产品、服务或管理方法上的创新，进而对企业绩效产生积极影响。因此，创业导向与组织学习两者的关系是相辅相成的，组织学习必须结合创业导向才能有效地提升企业绩效（Slater and Narver，1995）。对于中小企业而言，体现创业导向的方法、实践和决策风格通过创业活动提升了其利用资源的意愿，从而加强了资源利用对企业绩效的正向影响。

因此，本研究提出如下假设：

假设 H5C：创业导向在资源利用与中小企业国际化绩效之间起到显著的调节作用。

第 5 章　关系网络对中小企业国际化绩效影响的实证研究设计与预测试

5.1　问卷设计

5.1.1　问卷设计过程

合理的问卷设计是保证数据信度和效度的重要前提。本研究通过以下流程科学地进行问卷设计：

（1）通过文献回顾以及与调研企业的访谈形成问卷题项。通过检索和查阅关于关系网络、资源管理过程、创业导向、国际化企业绩效等方面的研究文献，借鉴其中权威研究的理论构思以及被广泛引用的已有量表，设计本研究相关变量的测度题项，形成了问卷初稿。

（2）通过与相关专家讨论对测度题项进行修改。在笔者所在的学术团队进行学术交流活动时，向有关专家征求了问卷的题项设计、题项措辞和问卷格式等方面的意见并与团队成员进行深入探讨，根据专家和团队意见对题项措辞与题项归类进行了调整，并对部分题项进行了增删，形成调查问卷二稿。

（3）通过与企业高管进行实地访谈对问卷题项再修改。共与 5 位企业高管进行了深入交流，主要针对三个方面征求他们的意见：各变量之间的逻辑关系是否与企业实际情况相符；量表中的测度题项能否反映企业的相关情况；各题项的表述是否容易理解。综合考虑 3 位企业高管的具体意见，对问卷题项再次进行修正，形成调查问卷三稿。

（4）通过测试对问题题项进一步完善，形成最终定稿。在进行大范围数据采集之前，选择部分企业的中高层管理人员填答问卷，进行预测试，及时发现问卷填写过程中可能遇到的问题，比如格式、标注不清楚或不明白等问题都在预测试中反映出来了。根据这些反馈意见，进一步对量表进行调整和修正，形成了本研究最终的调查问卷（参见附录一）。

5.1.2　避免问卷偏差应对措施

此次问卷调查采用李克特（Likert）五分制量表。选择题采用（低—高）来表示，每个题项用中等长度的句子（16～24个字）表示。由于本研究所有变量采用主观评价方法，因此可能会导致问卷结果出现偏差的问题。为了消除一定的影响，本研究借鉴李正卫（2003）、许冠南（2008）等人的研究，采取了以下应对措施：

（1）本研究选择了在该企业工作两年以上、对企业整体运作情况较为熟悉的中高层管理人员来填写问卷，并且请答卷者就不清楚的问题向企业有关人员咨询后作答，以尽量避免由于作答者不了解实际情况所引起的偏差。

（2）本调查问卷所涉及的问题主要是企业近三年的大致情况，以尽量避免由于无法回忆相关情况引起的偏差。

（3）笔者在调查问卷卷首庄严、醒目地向应答者承诺，问卷所获信息仅用于学术研究，不会用于任何商业目的，并承诺对答卷者提供的信息予以保密，以尽量避免由于不情愿作答所引起的偏差。

（4）本问卷在设计过程中广泛听取和采纳学术界专家与企业界高管意见，并对问卷进行预测试，针对问卷的题项表述与措辞进行反复修改完善，尽量排除难以理解或表达含糊不清的题项，以尽量避免由于回答者不理解提问问题所引起的偏差。

5.2　变量测量

根据本研究前面的概念模型和研究假设，确定调查问卷量表中需要测量的变量，包括被解释变量（国际化绩效）、解释变量（关系网络的结构维和关系维）和中介变量（资源管理过程），调节变量是创业导向。下面将对模型中各个变量的测度做具体介绍。

5.2.1 被解释变量

在本研究中，中小企业的国际化绩效为被解释变量。绩效是我们衡量一个企业好坏的重要标准，也是研究中最常用的效标变量。准确的绩效测度对于理解中小企业的成败得失至关重要（Murphy et al.，1996）。本研究借鉴国外学者的经验，主要还是用财务指标和非财务指标来衡量绩效。财务指标是评判企业绩效的最基本的方法，常用的指标有获利率、营业额成长率、投资回报率（ROD）、资产报酬率（ROA）等（Dess & Robinson，1984；Venkatraman & Ramaanujam，1986）。非财务指标包括关系建立、知识积累、相对品牌识别度、顾客满意度等。通过财务绩效和非财务绩效的表现来综合衡量中小企业在国际化中所取得的实际绩效水平。涉及企业绩效的实证研究在获得准确、可靠的企业客观绩效数据方面存在巨大的挑战，企业往往对财务指标比较敏感，不太愿意提供此类客观数据。不过，已有研究表明，主观和客观评价方法一样有效（Wall，2004）。因此，Zou和Stan（1998）认为，在国际商务研究中，采用基于主观感知的绩效满意度测量是合适的。国际化绩效的主观测量能够很准确地反映客观测量结果（Lumpkin & Dess，2001）。所以，本研究借鉴Cavusgil和Zou（1994）、Knight和Cavusgil（2004）的测量办法，采用主观绩效指标对国际化绩效进行测量。

企业国际化绩效实际上是企业在国际市场的绩效表现，一般认为，海外销售额是衡量企业国际化财务绩效的一个最基础的指标。Dimitratos等（2004）的研究就曾采用主观的测量方法，让管理者对上一会计年度海外销售额的满意情况进行判断，用以衡量企业的国际化财务绩效。Sullivan（1994）使用5个题项测量其定义的能够反映国际化程度的绩效维度，即“海外销售额占总销售额的比例”“研发支出密集度”“广告支出密集度”“出口销售额占总销售额的比例”以及“海外利润占总利润之比例”。Zou和Stan（1998）在研究中将国际化绩效指标划分为三大类，即财务指标、非财务指标和综合得分。财务指标可以采用销售额、利润率、增长率来衡量，非财务指标可采用感知成功度、满意度、目标达成度来衡量，而综合得分是两者的加权平均总分数，并认为经常被使用的国际化绩效衡量指标是销售指标、利润指标和两者综合得分，同时还认为可以采用主观的测量方法进行评价。Zahra 和 Garvis（2000）在衡量公司国际创业的绩效时采用海外业务利润率和增长率两个指标。Sousa（2004）对6年间有关国际化绩效研究进行了评述，认为主观指标的重要性越来越突出了，如反映企业能力、资源和经验等战略性因素的指标，而不管是客观的还是主观的指标一般可以细化为三类，即销售类、利润类和市场类，其中，销售类指标包括国际业务比重、国际销售增长率、国际销售量；利润类指标包括国际业务利润额与国际业务利润增长率；市场类指标包括国际业务市场份额和市场多样性等指标。

在上述研究的基础上，结合我国中小企业的实际情况。本研究将中小企业国际化绩效分为财务绩效和非财务绩效两个方面，并采用主观的测量方法。本研究设计了以下8个测量指标。对应的财务指标包括国际业务销售额、国际业务利润率、国际市场占有率、海外投资回报率；非财务指标包括海外客户满意度、声誉塑造、吸引人才、市场知识积累。具体见表5－1。

表5－1 中小企业国际化绩效的初始测量条款

测量变量	题项		主要来源
中小企业国际化绩效	财务绩效	贵企业近3年的国际业务销售额，与同行业平均水平相比	Sullivan（1994）；Zou 和 Stan（1998）；Cavusgil 和 Zou（1994）、Knight 和 Cavusgil（2004）；孟晓斌等（2008）
		贵企业近3年的国际业务利润率，与同行业平均水平相比	
		贵企业近3年的国际市场占有率，与同行业平均水平相比	
		企业国际化业务范围与国内业务相比，海外投资回报率增长更快	
	非财务绩效	贵企业在提升国际客户满意度方面的措施是成功的	
		贵企业在塑造良好的国际声誉方面的努力是成功的	
		贵企业吸引了大量国际经营人才加盟	
		在海外市场获得了很多新的知识和技术	

5.2.2 解释变量

关系网络是本研究的解释变量，分为结构维度和关系维度。结构维度包括网络规模与网络位置两个子维度；关系维度包括关系强度和关系久度两个子维度。下面将具体加以说明。

5.2.2.1 网络规模

网络规模主要体现了关系网络中企业的数量。企业可以从供应商、客户、竞争对手、中介和职能部门收集和了解到企业发展所需要的信息，所以这些主体都可能是企业关系网络中的合作伙伴。这使得很多研究用合作伙伴的多样性来测度该指标（Burt，1983；Renzulli，Aldrich & Moody，2000）。Jarillo（1988）用企业网络内提供不同资源的关系总数来表征网络规模，Zhao 和 Aram（1995）以中关村企业为研究对象，采用企业家个人关系数量来测度网络规模。Batjargal 和 Liu（2004）用直接与企业家个体联系的企业数目来测度网络规模。Collins 和 Clark（2003）使用企业和高层管理者与外部董事会成员、供应商、消费者、金融机构、竞争者、联盟伙伴、政府机构、商业团体及其他的外部组织联系的数量来测量网络规模。我国学者邬爱其（2007）用本地企业建立的关系种类来测度网络规模。王晓娟（2007）通过与焦点企业进行知识交流的供应商、顾客以及同行竞争者的总数来测度网络规模，具体采用 3 个测度题项，即“与本企业进行知识交流的主要本地供应商的数量”“与本企业进行知识交流的主要本地客户的数量”“与本企业进行知识交流的主要本地同行竞争者的数量”。朱秀梅（2010）在研究关系特征与初创企业绩效关系的实证中，则采用与诸多合作伙伴（亲戚朋友、政府官员、顾客与供应商等）的关系数量来测度关系网络规模。

基于上述研究成果，结合企业实地调研和专家意见，本研究主要参照 Collins 和 Clark（2003）、Watson（2007）以及朱秀梅（2010）的研究，使用 6 个题项来度量网络规模，具体测度题项如表 5 – 2 所示。

表 5-2　网络规模的初始测量条款

测度题项	来源或依据
创业者有很多可以交往的亲戚和朋友 贵企业有很多可以交往的政府官员 贵企业有很多可以交往的金融机构 贵企业有很多可以交往的顾客和供应商 贵企业有很多可以交往的大学、科研机构 贵企业有很多可以交往的中介机构	Collins 和 Clark（2003）；Watson（2007）；朱秀梅（2010）

5.2.2.2　网络位置

网络位置是网络特征中一个非常重要的概念，网络研究者们采用不同的方法进行测度。Powell & Smith（1996）利用焦点企业伙伴联结的数量来测量网络位置的中心程度，用与焦点企业的互惠性数量来测量网络位置的接近中心度。Batjargal & Liu（2004）用个体网络成员接触的广度来表征焦点企业在网络中的位置。Johannisson & Ramirez-Pasillas（2001）在其研究中，分别用双向关系的企业数目、与其他企业的直接和间接关系和守门者角色三个指标来测度网络位置情况。Giuliani & Bell（2005）把企业在网络中的位置分为内向中心度和外向中心度两种情况，用焦点企业使用本地企业技术知识的程度来测度网络位置的内向中心度，用焦点企业使用非本地企业技术知识的程度来测度网络位置的外向中心度。我国学者邬爱其（2007）采用李克特 7 级量表打分法，设置了 4 个题项来测度网络位置，分别是："大多数企业都知道我们企业的名字""本地企业经常希望我们提供帮助""本地其他企业容易与我们建立联系"以及"其他企业经常通过我们企业介绍认识"。王晓娟（2007）在知识网络与集群企业竞争优势的研究中，采用5个题项来测量企业在其知识网络中的位置情况，即"大多数本地企业都了解我们企业的技术能力和产品专利""本地其他企业容易与我们建立经验或技术交流联系""其他企业经常通过我们企业进行技术或经验交流""当需要技术建议、或技术支持时，本地企业经常希望我们提供新知识或经验""当需要技术建议或技术支持时，本地企业希望我们提供新知识或经验"。此外，盛意（2009）以及李文博、郑文哲和刘爽

(2008) 也分别从中小企业国际化关系网络和集群企业知识网络的角度，对企业所处的关系网络位置进行测量并实证检验。

基于上述研究成果，结合企业实地调研和专家意见，本研究主要参照 Powell 等 (1996)、Batjargal 和 Liu (2004)、王晓娟 (2007) 的研究，使用 7 个题项来度量网络位置，具体测度题项如表 5-3 所示。

表 5-3 网络位置的初始测量条款

测度题项	来源或依据
贵企业经常占据合作关系中心位置 贵企业经常成为其他合作伙伴的沟通桥梁 贵企业能够很顺利地与合作伙伴沟通，而不需要通过其他人 相对于同行，贵企业的竞争力更强 贵企业所在的行业处于产业链上游 贵企业的战略对合作伙伴有很大的影响 贵企业网络中流动的知识更加丰富（比其他合作伙伴）	Powell 等 (1996)；Batjargal 和 Liu (2004)；王晓娟 (2007)；盛意 (2009)

5.2.2.3 关系强度

关系强度是关系网络关系维度的一个重要变量，许多学者从不同的研究角度给出了不同的测量方法。Granovetter (1973) 最早用在某一联结上所花的时间、情感投入程度、亲密程度以及互惠性来衡量个人网络的联结强度，并把每周至少接触两次以上视为强联结。此后，联结强度经常用组织间交互的频率来表征 (Krackardt，1992；Mcevily & Zaheer，1999)。Collins 和 Clark (2003) 使用企业和高层管理者与外部董事会成员、供应商、消费者及其他的外部组织联系的频度来测量网络关系强度。Watson (2007) 也同样采用与企业各类网络成员联系的频率来测量。Rindfleisch 和 Moorman (2001) 采用李克特 7 级量表，设置了 4 个题项来测度关系网络强度，分别是："对于合作者为我们所做的一切，让我们感觉愧疚""我们的工程师能够与合作伙伴的工程师一起分享紧密的社会关系""我们与合作伙伴的关系可以定义为'相互满足'""我们期望与我们的合作者一起工作到永远"。Capaldo (2007) 则从时间维、资源维和社会维三个层面对联结强度进行测度，具体用关系持续时间、合作频率与合作强度来分别表征上述三个不同维度。

我国学者邬爱其（2007）通过网络成员相互间交往频率来测量，把交往频率分为六个等级“没有交往”“每年一两次”“每月不到一次”“每月一两次”“每周一两次”“每周两次以上”。同样，陈学光（2007）也用中心企业与合作伙伴交流的频率来测度。朱秀梅（2010）在实证研究中，采用与诸多合作伙伴（亲戚朋友、政府官员、顾客和供应商等）的关系密切程度来测度关系强度。

基于上述研究成果，结合企业实地调研和专家意见，本研究主要参考Collins 和 Clark（2003）以及 Watson（2007）的测量量表，最终使用6个题项来度量中小企业关系网络的联结强度，具体测度题项如表5－4所示。

表5－4 关系强度的初始测量条款

测度题项	来源或依据
创业者经常和亲戚朋友交流 贵企业经常与政府机构交流 贵企业经常与金融机构交流 贵企业经常与顾客及供应商交流 贵企业经常与大学、科研机构交流 贵企业经常与中介机构交流	Collins 和 Clark（2003）；Watson（2007）；邬爱其（2007）；朱秀梅（2010）

5.2.2.4 关系久度

关系久度是指成员间关系的稳定性（Dhanaraj & Parkhe，2006），它也是反映关系质量的一个重要指标。Yli 等（2001）在测量企业与关键客户关系质量时，曾采用3个题项对关系久度进行测量，分别为：“在关系中双方避免提出严重损害对方利益的要求”“双方都不会利用对方”“客户通常信守诺言”。稳定持久的关系不一定需要很长时间的交往，但是关系稳定必然需要网络双方的了解和信任，所以有研究者从信任的角度来考察网络双方关系的久度。比如，Beugelsdijk 等（2003）在研究社会资本与组织文化、联盟能力的关系时，采用以下5个题项测量联盟的信任关系，即“我们愿意与合作伙伴交换机密信息”“我们认为合作伙伴可信任”“我们认为合作伙伴能够履行诺言”“我们有时怀疑合作伙伴会给我们虚假信息”

"我们有信心了解合作伙伴的技术"。Tsai 和 Ghoshal（1998）则采用两个问题来考察企业部门之间的信任关系，即"请指出你认为可以信赖的部门，即使有机会你也不担心他们会利用你或你所在的部门""能够对你信守诺言的人员通常来自哪个部门"，这虽然是考察企业内部信任关系的问题，但也为企业外部关系网络的信任程度度量提供了参考。我国学者盛意（2009）则从关系网络双方的相互信任和相互依赖两个方面采用不同的题项来测度中小企业的关系久度。

基于上述研究成果，结合企业实地调研和专家意见，本研究主要参考 Yli 等（2001）和 Beugelsdijk 等（2003）的研究，最终使用 6 个题项来度量中小企业关系网络的关系久度，具体测度题项如表 5 -5 所示。

表 5 -5　关系久度的初始测量条款

测度题项	来源或依据
贵企业对合作伙伴比较满意 贵企业会考虑到合作伙伴的利益 贵企业和合作伙伴之间发展的是长期导向的关系 贵企业与合作伙伴会进一步地合作 贵企业与合作伙伴是互惠的、相互依赖的 贵企业关注合作伙伴的需要和满意度	Yli 等（2001）；Beugelsdijk 等（2003）；盛意（2009）

5.2.3　中介变量

资源管理过程是本研究的中介变量，本研究主要参考 Sirmon 等（2007）的研究，把资源管理过程划分为资源获取、资源整合和资源利用三个阶段。以下将具体说明这三个变量的测度。

5.2.3.1　资源获取

本研究把资源分为信息、资金、人员支持、物质和知识五个组成部分，其中，信息资源包括市场信息、技术信息和政府政策等；知识资源包括市场开发知识、技术研发知识和创新管理知识等；资金包括政府资金或税收优惠、金融机构贷款、股东投资及通过技术合作的外部资金等；物质资源包括机器设备、厂房、土地、原材料等；人员支持包括行业专家、技术骨干、管理人才等协助和支持等。对于资源获取的测量，Pfeffer 和 Salancik（1978）认为资源可获得性可以用来表示资源获取，它是指企业从外部环境获取资源的便利程度，并使用3个题项来测量，即“能够获得所需数量的资源”“能够从不同渠道获得所需资源”“能够以较低成本获取所需资源”。Tsai 和 Ghoshal（1998）在研究社会资本与价值创造的关系时，使用4个题项同时测量了企业资源获取与整合，即“贵企业与哪些企业频繁地交换各种重要信息（例如市场趋势、供应源或有关产品发展的思想)”“贵企业为其他企业提供产品或服务吗，如果有，请指出使用贵企业产品或服务的企业”“贵企业派人员到其他企业工作或参与某项工程吗，如果有，请指出他们被派去了哪些企业”“当哪些企业遇到麻烦的时候你感觉对其有特殊的责任，而会对它提供支持?”，这些题项在 Tsai 和 Ghoshal（1998）的研究中被证实是具有良好信度和效度的。

关于资源获取的问题，我国学者也进行了大量的理论和实证研究，结合我国企业的实际情况同样也开发一些量表。张方华（2006）在研究资源获取与企业技术创新绩效的关系时，将资源获取分成信息获取、知识获取和资金获取三个组成部分，每个部分用3~4个题项加以测量，如对于信息获取情况，采用“企业能够从外部获取的市场需求信息”“企业能够从外部获取的技术信息”“企业能够从外部获取的政府政策信息”3个题项；知识获取则包括市场开发知识的获取、技术研发知识的获取和创新管理知识的获取三部分；资金获取包括政府资金或税收优惠的获取、金融机构贷款的获取、风险投资的获取和通过技术合作获取外部资金四个部分。朱秀梅（2010）在研究网络能力、资源获取与新创企业绩效关系时，把资源获取划分为知识资源获取和运营资源获取两个维度，并采用5个题项来测量知识资源获取，即“企业从外部获取市场开发信息与技能”“企业从外部获取新产品及服务开发信息与技能”“企业从外部获取企业管理信息与技能”“企业从外部获取生产运作信息与技能”“企业从外部获取企业营销信息与技能”；对于运营资源获取则是从资源获取成本的角度来度量，即“能够以较低成本获取所需资源厂房、装置、设备”“能够以较低成本获得技术资源”“能够以较低成本获得资金”“能够以较低成本获得人力资源”。马鸿佳（2008）在创业环境、资源整合过程与企业绩效的关系研究中，把资源整合过程划分为三部分，即资源识别过程、资源获取过程和资源配置过程，在对这三个过程进行详细描述的基础上，开发了测量量表并通过有效性检验证明了其具有良好的信度和效度。

基于上述研究成果，结合企业实地调研和专家意见，本研究最终使用5个题项来度量中小企业的资源获取情况，具体测度题项如表5-6所示。

表5-6　资源获取的初始测量条款

测度题项	来源或依据
贵企业能够从外部商业伙伴处获取资金支持 贵企业能够从外部商业伙伴处获取重要信息 贵企业能够从外部商业伙伴处获取人员支持 贵企业能够从外部商业伙伴处获取知识资源 贵企业能够从外部商业伙伴处获取物质资源	Tsai 和 Ghoshal（1998）；张方华（2006）；朱秀梅（2010）；马鸿佳（2008）

5.2.3.2　资源整合

资源整合反映的是资源的组合和配置过程，这个过程非常复杂，因此对于资源整合的实证研究并不多，主要原因是对资源整合的度量较难。从现有研究来看，Sirmon、Hitt 和 Ireland（2003，2007）把资源整合分为稳定调整、丰富细化、开拓创造三种方式，并对每一种方式进行详细描述，这为资源整合量表的开发奠定了基础。Johan Wiklund 和 Dean A. Shepherd（2009）在验证资源整合对并购联盟与绩效之间关系的调节作用时，开发了一套量表，用以下6个问题度量资源整合，即“积累独特的资源以备未来使用”“使用业内并不熟悉的新资源，进行新的战略，例如进入一个新的市场等”“开发新的资源以进行新的实施”“获取新的资源以备未来扩张需要”“使用现有资源以备未来扩张需要”“使用新的资源创造全新的产品”。这些度量题项较全面地描述出了资源整合涉及的内容，但这些问题太过抽象，被访者在回答这些问题时需要一定的时间考虑，而且还会因为回答者个体差异产生较大的理解偏差，所以其可操作性较低。Finney、

Campbell 和 Powell（2005）等从实施资源整合具体行为的角度进行度量，认为资源整合行为与产品活动的目标相关，这些目标如改变产品及服务的内涵、提升产品及服务的质量等，并依此设计资源整合的测量题项，包括改变所供应的产品、改变供应方式、提升产品的不可模仿性和改变顾客的购买方式等。这些度量题项比较简单易懂，具有一定的可操作性，但这些为完成产品活动的目标所涉及的行为与资源整合的因果关系并不十分紧密，因而这种度量方式能否反映出资源整合的核心内涵还有待考证。所以，在进行资源整合的度量时既要考虑到题项的可操作性，又要求题项能够切实反映出资源整合的核心内涵，这显然是比较困难的。D. Tolstoy（2009）针对具体的知识资源，采用4个题项度量知识整合，即"企业的商业合作伙伴是一个知识源""与商业合作伙伴是共同适应的""与商业合作伙伴进行常规的知识交换""在商业伙伴关系中，对其传递给企业的知识熟悉程度如何"。我国学者李恒在2006年做的以"企业资源与战略"为主题的调研中，针对资源整合过程进行了量表开发，共包括9个测量题项。除此之外，吉林大学蔡莉教授科研团队（2009）在对12位创业者进行访谈的基础上，结合国内外学者所做的有关资源开发过程的研究，也开发了资源管理过程的量表，并通过了大规模样本调研的验证，被团队成员如单标安（2011）、郭洪庆（2010）、汤淑琴（2011）等广泛应用。

基于上述研究，结合企业实地调研和专家意见，本研究最终使用5个题项来度量中小企业的资源整合情况，具体测度题项如表5－7所示。

表5－7 资源整合的初始测量条款

测度题项	来源或依据
贵企业对现有资源组合进行微调 贵企业将更好的资源加入不断变化的资源组合中 贵企业能够用有创意的新方法对现有资源进行组合 贵企业将新的资源（技术、资金、员工等）组合到一起 贵企业独创性地将新的资源与现有资源加以组合	Sirmon、Hitt 和 Ireland（2007）；Johan Wiklund 和 Dean A. Shepherd（2009）；D. Tolstoy（2009）；李恒（2006）；朱秀梅（2008）

5.2.3.3 资源利用

Sirmon、Hitt 和 Ireland（2003，2007）把资源利用分为动员、协调、

实施三种方式，并对每一种方式进行了详细描述，这为资源利用量表的开发奠定了基础。Shenkar（1999）针对具体的知识资源，采用8个题项度量知识创造（利用），即“企业能推出一系列新产品”“企业能够想出许多改善产品工艺流程的新方法”“企业专业技术人员技术水平显著提高”“企业能够根据产品市场需求信息变化调整产品设计”“企业能够在已有或新引入技术的基础上再创新”“企业能够提出提高做事效率的新方式”“企业能够提出解决问题的新方法”“企业能够提出提高效益增长的新方法”。而D. Tolstoy（2009）同样针对知识资源，采用3个题项度量知识利用，即“与商业伙伴合作制造出新产品”“与商业伙伴合作产生了新方针”“与商业伙伴合作引进了新人才”。我国学者李恒（2006）针对资源整合过程开发的9个测量题项的量表也包含资源利用的部分；吉林大学蔡莉教授科研团队（2009）开发的资源管理过程量表，其中一些题项也同样用于测量资源利用。

基于上述研究成果，本研究主要采用 Sirmon、Hitt 和 Ireland（2007）提出的量表描述，参考 Shenkar（1999）、D. Tolstoy（2009）、Dawes 等（2007）和单标安（2010）的观点。本研究最终使用6个题项来度量中小企业的资源利用情况，具体测量题项如表5-8所示。

表5-8 资源利用的初始测量条款

测度题项	来源或依据
贵公司能很快把外界获取的资源进行新产品（服务）开发 贵公司能很快把从外界获取的资源引入生产（服务）过程 贵公司能很快把从外界获取的资源进行新业务开拓 贵公司能充分运用外界获取的资源 企业能够在已有和新引入资源的基础上再创新 企业有一套使得员工能够学习其他组织成功经验的机制	Sirmon，Hitt & Ireland（2007）；Shenkar（1999）；D. Tolstoy（2009）；Dawes 等（2007）；单标安（2010）

5.2.4 调节变量

创业导向是本研究的调节变量。对于创业导向的测量，Khandwalla

（1977）首创开发了3个维度的测量量表，而后Miller（1983）、Covin和Slevin（1989）在此基础上进行修正和改进，他们采用的企业创业导向维度及其测量量表得到了学者的广泛认同和沿用（Rauch et al.，2009；郑馨，2007）。Miller（1983）量表是在Miller和Friesen（1982）的5题项量表的基础上补充而成的。Miller和Friesen（1982）的研究共通过5个题项来测量产品的创新性、风险承担性两个维度，其中，通过3个题项对企业的产品创新性进行度量，即"企业相当重视并积极推进研发、技术领先和创新活动""过去5年里有很多的产品（服务）线上市""产品线的变化通常是激进的（如从传统的机械式到电子化的运作方式）"；通过2个题项对风险承担性进行度量，即"公司十分倾向高风险高收益的项目""企业认为在不确定情景下采取的大胆和积极行为是有价值的，公司能够接受这些行为"。Miller（1983）在创新性和风险承担性两个维度的基础上，又提出"主动"创新的思想，至此增加了先动性维度，但其并没有给出具体的测量题项。Covin和Slevin（1989）的研究则进行了补充和完善，共采用9个题项来度量创新性、风险承担性与先动性三个维度，其中，通过3个题项来度量产品与技术的创新性，即"企业高层管理人员相当重视研发、技术领先和创新""过去5年里有很多的产品（服务）线上市""产品（或服务）线的变化通常是激进的"；通过3个题项对风险承担性进行度量，即"十分倾向于高风险高收益的项目""倾向于根据外部环境采取大胆、迅速的行动来实现企业目标""在面对不确定性时，企业采取大胆的、侵略性的态势以最大可能地利用潜在的机会"；通过3个题项对先动性进行度量，即"同竞争对手进行竞争时，经常采取先于竞争对手的行动""企业能够领先于竞争者引进或开发新产品/服务、管理技能、技术等""倾向于采取竞争性的策略并力图击败竞争对手"。在Kreiser、Marino和Weave（2002）的一项研究中，该份量表在2万家企业、七种文化背景下表现出了理想的信度和效度。

在前人研究的基础上，Lumpkin和Dess（1997）扩展了创业导向的内涵，加入了自治性和竞争积极性两个维度，开发了创业导向的五维度量表。LumpkinH和Dess的观点也对日后的相关研究产生重大的帮助。此后，

Lumpkin 和 Erdogan（2000）、Wicklund 和 Shepherd（2005）、Eriksson 和 Thunbrg（2006）、Ayman 和 Tarabishy（2006）、薛红志（2005）以及李桓（2001）等学者又参考前人的研究，针对访谈和调研的具体情况对创业导向的量表进行了补充和完善，但都基本赞同 Covin 和 Slevin（1989）的创业导向三维度划分和度量方法。

因此，本研究也主要借鉴 Miller（1983）、Covin 和 Slevin（1989）的研究成果，结合企业实地调研和专家意见，最终使用13个题项来度量中小企业的创业导向情况，具体测度题项如表5-9所示。

表5-9 创业导向的初始测量条款

<table>
<tr><th colspan="2">测度题项</th><th>来源或依据</th></tr>
<tr><td rowspan="5">创新性</td><td>贵企业领导很容易接受新事物与新观念</td><td rowspan="13">Miller（1983）；Covin 和 Slevin（1989）；</td></tr>
<tr><td>贵企业非常期望员工提供新颖独到的意见和见解</td></tr>
<tr><td>贵企业坚信生存依赖成功的创新活动</td></tr>
<tr><td>贵企业领导重视并鼓励创新活动</td></tr>
<tr><td>贵企业经常强调创新比经验更为重要</td></tr>
<tr><td rowspan="4">冒险性</td><td>贵企业偏好于选择高风险高回报的投资项目</td></tr>
<tr><td>贵企业倾向于在做经营决策时采取积极大胆的态度</td></tr>
<tr><td>贵企业鼓励承担适当的业务风险或财务风险</td></tr>
<tr><td>贵企业注重通过评估风险因素来降低不确定性</td></tr>
<tr><td rowspan="4">先动性</td><td>贵企业强调把握主动权的重要性</td></tr>
<tr><td>贵企业倾向于采取先发制人的行动</td></tr>
<tr><td>贵企业倾向于对市场变化做出快速反应</td></tr>
<tr><td>贵企业倾向于在市场竞争中扮演领导者角色</td></tr>
</table>

5.2.5 控制变量

根据以往研究（Capar and Kotabe，2003；Zhang 等，2007），本研究选取企业年龄、企业规模和所有权类型作为控制变量，以在数据分析中控制它们对研究结果的影响。

企业年龄是否会影响以及如何影响企业的国际化绩效尚无定论，一般把其作为控制变量，以尽可能消除其对国际化绩效的影响。本研究把企业年龄按年限分为4等级，"1"代表企业成立时间在3年以下；"2"代表企业成立时间在3～5年；"3"代表企业成立时间在5～10年；"4"代表企业成立时间在10年以上。

企业规模一直被认为是影响企业国际化的一个重要因素，虽然很多学者认为规模已不是企业国际化发展的障碍，但它依然会对企业国际化的过程和结果产生影响（Calof，1993）。我们通过调查问卷收集相关信息，用企业员工人数来测量企业规模，"1"代表企业的员工人数为50人以下；"2"代表企业的员工人数为51～200人；"3"代表企业的员工人数为201～500人；"4"代表企业的员工人数为501～1000人；"5"代表企业的员工人数为1000人以上。

所有权类型的不同会影响企业的竞争优势（Fernandez and Nieto，2006），尤其当一个企业拥有外资股东时，将对企业国际化业务的开展大有好处。因为，外资股东会拥有一定的国际关系网络，对海外市场比较熟悉，也容易拉近与国外市场的心理距离，扩大企业的国际化范围。本研究在调查问卷中设置了所有权类型这一题项，考察企业是否有外资参股，同时还要求回答是否外资控股，以确保中方控股的要求，在具体分析时，以虚拟变量表示，"1"代表有外资参股，"0"代表没有外资参股。

5.3　数据分析方法

本研究主要采用结构方程建模和层级回归分析的统计分析方法。使用的统计分析软件为SPSS 19.0和AMOS 17.0。

5.3.1　描述性统计分析

描述性统计分析是正确进行统计分析和推断的先决条件。我们主要使用百分比、均值、标准差等方法，主要解决如下两个问题：一是了解调研样本的基本情况，通过软件SPSS 19.0的分析获得调研样本企业人数、国际化年限等基本信息以及所属行业的类别、类型的分布情况，从中就样本的代表性、分布的合理性以及应用于数据分析的可行性等方面做出客观评价。二是了解各研究变量的数值特征，通过 SPSS 19.0 计算各研究变量的平均值、标准差等基本统计值，以此总结出中小企业关系网络、资源管理过程、企业国际化绩效以及创业导向的一些基本特征，对它们进行最基本的认识和判断。

5.3.2 信度与效度分析

本研究应用 SPSS 19.0 对问卷数据进行信度和效度分析，对各研究变量的测量量表进行检验，以确保进一步统计分析的数据质量。

首先，信度（Reliability）又称为可靠性或一致性，是指同一测量工具对同一测量对象进行调查时，问卷或量表能否稳定地测量所测的事物或变量。常用的信度指标有四类，即稳定性系数、等值性系数、内部一致性信度和评分者信度。其中，内部一致性信度主要用于反映同一测试内部不同题目的测试结果是否具有一致性，一般量表的信度检验都是指内部一致性检验。而常用的内部一致性评价指标包括再测信度、折半信度和 Cronbach’sA 系数。由于 Cronbach’sA 系数被广泛应用，因此，本研究也使 Cronbach’sA 系数检验法对问卷量表进行信度检验。根据 Nunnally（1978）的标准，只要 A >0.7，问卷量表的信度就可以接受。

其次，效度（Validtiy）是指测量工具确实能够测得其所需的测量构念的程度，简言之就是测量结果的有效性。测量的效度越高，表示测量结果显示其所要测量内容的真实程度越强。效度的类型主要有：内容效度、效标关联效度和结构效度。内容效度是指每个变量的题项的设置是否具有代表性，其有效程度主要取决于测量题项所处的实际背景；效标关联效度是指一个测验对处于特定情境中个体行为进行估计的有效性，它的检验标准是实践效果；结构效度是指问卷中的题项与所研究的理论概念之间的一致性程度（Boudreaul，2001）。由于在实际操作中，内容效度和效标关联效度往往要求专家定性研究，因而较难实现，所以，本研究对各变量测量量表主要进行结构效度检验。常用的结构效度有收敛效度和区分效度，收敛效度是指相同概念里的项目，彼此之间相关度高；区别效度是指不同概念里的项目，彼此相关度低。

5.3.3　结构方程建模

结构方程模型（Struetural Equation Modeling，SEM）是应用线性方程系统表示观测指标与潜变量之间以及潜变量之间关系的一种统计方法。结构方程模型没有严格的假定限制条件，允许自变量和因变量存在测量误差，并且可以分析潜变量之间的结构关系，因而广泛应用于心理学、社会学、经济学和行为科学等领域的研究。结构方程模型融合了统计学中“因子分析”和“路径分析”两大主流技术，相对于传统的回归分析具有较为显著的优越性：①可以同时处理多个因变量；②容许自变量和因变量有测量误差；③可以同时估计因子结构和因子之间的关系；④容许更大弹性的测量模型；⑤能估计整体模型的拟合度。由于中小企业关系网络对国际化绩效作用机制概念模型中所涉及的变量网络规模、关系强度、资源获取、资源利用以及国际化绩效等具有主观性强、难以直接度量、度量误差大、因果关系比较复杂等特点，非常适用于结构方程模型。

结构方程模型包含测量模型和结构模型两部分。测量模型描述潜变量与观测指标之间的关系，而结构模型则描述了潜变量之间的关系。结构方程建模一般可以分为4个步骤：模型设定（Model Specification）、模型拟合（Model Fitting）、模型评价（Model Assessment）以及模型修正（Model Modification）（侯杰泰、温忠麟和成子娟，2004）。其分析的核心是模型拟合，即研究者所提出的变量间关系模式是否与实际数据拟合以及拟合的程度如何，从而对研究者提出的理论模型进行验证。

适用于SEM的统计软件最常为研究者使用的有LISREL与AMOS，本研究选用AMOS 17.0软件来进行数据分析和结构模型检验。之所以选择AMOS统计软件，主要有以下几个原因：①AMOS软件为SPSS家族系列之一，二者数据文件完全可以互通；②AMOS软件中的Graphics绘图区工具都为图像钮，各种SEM理论模型图的绘制均以图形表示，基本参数值的设定均有默认值，使用者只要熟悉工具箱图像钮的使用就可快速绘制各种假设模型图，对于初学者来讲，非常适用；③AMOS输出的报表数据对使用者而言，解读较为简易（吴明隆，2009）。

5.4 小样本预测试

为了提高问卷的信度和效度，在大规模发放问卷和收集数据之前进行问卷的小样本预测试。应用信度分析和探索性因子分析来筛选变量的测量问项。

5.4.1 预测试实施

小样本测试的问卷调查采用李克特（Likert）五分制量表，让被调查者对题项进行打分（1～5分），“1～5”表示题项描述与企业实际情况的符合程度，分别代表“完全不符合”“不符合”“中立”“符合”“完全符合”。此次小样本调查是在2012年9—10月间在北京市和天津市进行的，以开展国际化业务，且面临国际化挑战的中小企业为调查对象，针对企业中的中高层管理者发放调查问卷，此次共发放问卷共计80份，收回62份，其中有效问卷53份，有效回收率为66.3%。

5.4.2 小样本的描述性统计

预测试样本总体的描述性统计如表5－10所示。

表5－10 预测试样本描述

样本类别	分类标准	样本数	百分比（%）
所有制类型	无外资参股	44	83.0
	有外资参股	9	17.0
行业类型	生产制造业	42	79.2
	服务业	11	20.8
企业人数	50人以下	7	13.2
	51～200人	22	41.5
	201～500人	19	35.8
	501～1000人	5	9.4

续表

样本类别	分类标准	样本数	百分比（%）
企业年龄	3 年以下	15	28.3
	3～5 年	22	41.5
	5～10 年	10	18.9
	10 年以上	6	11.3

5.4.3　信度与效度分析

为阐述方便，本研究把关系网络、资源管理过程、国际化绩效和创业导向四个变量分别用字母 B、C、D、E 表示。相应地，关系网络（B）的四个维度网络规模、网络位置、关系强度、关系久度分别用 B1、B2、B3、B4 表示，其中网络规模（B1）的测量题项包括 B11～B16，网络位置（B2）的测量题项包括 B21～B27，关系强度（B3）的测量题项包括 B31～B36，关系久度（B4）的测量题项包括 B41～B46；资源管理过程（C）的三个维度资源获取、资源整合、资源利用分别用 C1、C2、C3 表示，其中资源获取（C1）的测量题项包括 C11～C15，资源整合（C2）的测量题项包括 C21－C25，资源利用（C3）的测量题项包括 C31～C36；国际化绩效（D）的两个维度财务绩效、非财务绩效分别用 D1、D2 表示，其中财务绩效（D1）的测量题项包括 D11～D14，非财务绩效（D2）的测量题项包括 D21～D24；创业导向（E）的三个维度创新性、冒险性、先动性分别用 E1、E2、E3 表示，其中创新性（E1）的测量题项包括 E11～E15，冒险性（E2）的测量题项包括 E21～E24，先动性（E3）的测量题项包括 E31～E34。

5.4.3.1　信度分析

首先采用题项—总体相关系数 CITC（corrected Item－Total Correlation）分析净化测量条款，对于 CITC 值小于 0.3，或把该题项删除后 A 值增加，整体信度提升的条款予以删除（卢纹岱，2002）；然后利用总体Cronbach's α 系数测量条款的信度，Cronbach's α 值越大，测量条款的信度越高，本研究以 0.7 为衡量标准（Peterson，1994）。应用 SPSS 19.0 软件对预测试各个变量的量表进行内部一致性信度分析，具体分析结果如表 5－11、表 5－12、表 5－13 和表 5－14 所示。

表 5－11　国际化绩效量表的信度分析

变量	题项	删除题项前的 CITC	删除题项后的 CITC	删除题项前的 α 系数	删除题项后的 α 系数
财务绩效	D11		0.678	0.785	0.873
	D12		0.802		
	D13		0.648		
	D14	0.112	0.793		
非财务绩效	D21		0.818	0.796	0.885
	D22		0.877		
	D23	0.213	0.760		
	D24		0.761		

国际化绩效量表中财务绩效维度的第 4 个题项（D14）的 CITC 值为 0.112，小于 0.3，把这个题项删除后，总体 α 系数从 0.785 上升到 0.873，所以删除这个测量题项。删除题项 D14 后其他测量题项的 CITC 值均大于 0.3，α 系数为 0.873，大于 0.7 的标准。非财务绩效维度的第 3 个题项（D23）的 CITC 值为 0.213，也小于 0.3，把这个题项删除后，总体 α 系数从 0.796 上升到 0.885，所以删除这个测量题项。删除题项 D23 后其他测量题项的 CITC 值均大于 0.3，α 系数为 0.885，大于 0.7 的标准，说明量表符合研究要求。

表5-12 关系网络量表的信度分析

变量	题项	删除题项前的 CITC	删除题项后的 CITC	删除题项前的α系数	删除题项后的α系数
网络规模	B11	0.505	0.633	0.705	0.737
	B12	0.474	0.493		
	B13	0.621	0.692		
	B14	0.596	0.631		
	B15	0.111	—		
	B16	0.520	0.532		
网络位置	B21	0.547	0.690	0.703	0.750
	B22	0.379	0.434		
	B23	0.232	—		
	B24	0.543	0.677		
	B25	0.594	0.515		
	B26	0.537	0.520		
	B27	0.592	0.580		
关系强度	B31	0.555	测量题项的 CITC 值均大于 0.3，符合条件		0.803
	B32	0.701			
	B33	0.583			
	B34	0.588			
	B35	0.633			
	B36	0.782			
关系久度	B41	0.644	测量题项的 CITC 值均大于 0.3，符合条件		0.818
	B42	0.547			
	B43	0.754			
	B44	0.786			
	B45	0.520			
	B46	0.727			

关系网络规模量表的第5个题项（B15）的 CITC 值为0.111，小于0.3，把这个题项删除后，总体α系数从0.705上升到0.737，所以删除这个测量题项。删除题项 B15 后其他测量题项的 CITC 值均大于0.3，α系数为0.737，大于0.7的标准，说明量表符合研究要求。关系网络位置量表

的第3个题项（B23）的CITC值为0.232，小于0.3，把这个题项删除后，总体α系数从0.703上升到0.750，所以删除这个测量题项。删除题项B23后其他测量题项的CITC值均大于0.3，α系数为0.750，大于0.7的标准，说明量表符合研究要求。关系强度的全部6个测量题项的CITC值均大于0.3，α系数为0.803，大于0.7的标准，说明量表符合要求。关系久度的全部6个测量题项的CITC值均大于0.3，α系数为0.818，大于0.7的标准，说明此变量题项之间具有较高的内部一致性。

表5－13　资源管理过程量表的信度分析

变量	题项	删除题项前的CITC	删除题项后的α系数
资源获取	C11	0.738	0.862
	C12	0.731	
	C13	0.685	
	C14	0.656	
	C15	0.669	
资源整合	C21	0.674	0.847
	C22	0.737	
	C23	0.695	
	C24	0.688	
	C25	0.664	
资源利用	C31	0.706	0.803
	C32	0.634	
	C33	0.770	
	C34	0.703	
	C35	0.658	
	C36	0.706	

资源管理过程量表中的资源获取维度所有5个测量题项、资源整合维度所有5个测量题项、资源利用维度所有6个测量题项的CITC值均大于0.3，α系数分别为0.862、0.847、0.803，均大于0.7的标准，说明各变量的题项之间具有较高的内部一致性。

表5－14　创业导向量表的信度分析

变量	题项	删除题项前的 CITC	删除题项后的 α 系数
创新性	E11	0.812	0.869
	E12	0.591	
	E13	0.697	
	E14	0.776	
	E15	0.617	
冒险性	E21	0.638	0.876
	E22	0.642	
	E23	0.774	
	E24	0.818	
先动性	E31	0.856	0.918
	E32	0.886	
	E33	0.669	
	E34	0.901	

创业导向量表中的创新性维度所有5个测量题项、冒险性维度所有4个测量题项、先动性维度所有4个测量题项的CITC值均大于0.3，α系数分别为0.869、0.876、0.918，均大于0.7的标准，说明各变量的题项之间具有较高的内部一致性。

5.4.3.2　效度分析

本研究在预测试中使用探索性因子分析（EFA）方法进行效度检验。首先进行KMO样本充分性测度和Bartlett球体检验以判断是否可以进行因子分析。依据Kaiser（1974）的观点，可通过抽样适度测定值KMO的大小来判别，KMO值越大就越适合进行因素分析，具体而言，当KMO大于0.6时勉强可以进行因子分析，KMO大于0.7时尚可进行，KMO大于0.8时适合进行，KMO大于0.9时非常适合进行因子分析，而当KMO小于0.5时就不适宜进行因子分析（薛薇，2005）。而后，再进行探索性因子分析。

下面分别对关系网络、资源管理过程、国际化绩效、创业导向四个变量的58个测量题项（初始测量题项共有62个，根据量表净化结果，删除4个测量条款）进行KMO和Bartlett球体检验和探索性因子分析。

（1）国际化绩效量表的效度检验。根据以上的判别标准，表 5 – 15 的分析结果表明数据适合作进一步的探索性因素分析。

表 5 – 15　国际化绩效量表的 KMO 样本充分性测度和 Bartlett 球形检验

项目		
KMO 样本充分性测度		0. 829
Bartlett 球形检验	Approx.　Chi – Square	182. 651
	df	15
	Sig.	0. 00

采用主成分法提取因素，并使用 Varimax 最大方差方法对坐标轴进行旋转。根据凯泽（Kaiser）标准，抽取因素特征值大于 1 的因素，其探索性因素分析结果如表 5 – 16 所示。

表 5 – 16　国际化绩效的探索性因素分析结果

变量名称	测量题项	因子
		1
财务绩效	D11	0. 839
	D12	0. 793
	D13	0. 840
非财务绩效	D21	0. 840
	D22	0. 800
	D24	0. 853

由表 5 – 15 可知，从国际化绩效的 6 个测量题项（经量表净化删除了 2 个变量）中共提取了 1 个因素，每个题项在相应因素上的载荷均超过 0. 5，这个因素累计解释变差为 68. 83%，说明国际化绩效可以作为一维测量结构。因此，探索性因子分析初步验证了财务绩效指标与非财务绩效指标存在较强的相关性。在第 6 章的大样本分析中，将通过验证性因子分析的方法对国际化绩效指标予以更进一步的检验。

（2）关系网络量表的效度检验。依据判别标准，表 5 – 17 的分析结果表明数据适合作进一步的探索性因素分析。

表5-17 关系网络量表的KMO样本充分性测度和Bartlett球形检验

项目		
KMO样本充分性测度		0.672
Bartlett球形检验	Approx. Chi-Square	659.255
	df	253
	Sig.	0.00

采用主成分法提取因素，并使用Varimax最大方差方法对坐标轴进行旋转。根据凯泽（Kaiser）标准，抽取因素特征值大于1的因素，其探索性因素分析结果如表5-18所示。

表5-18 关系网络的探索性因素分析结果

变量名称	测量题项	因子			
		1	2	3	4
网络规模	B11	0.100	-0.018	0.082	0.714
	B12	-0.099	-0.005	0.042	0.690
	B13	-0.057	0.039	-0.119	0.799
	B14	0.194	0.243	0.034	0.689
	B16	0.100	-0.018	0.082	0.718
网络位置	B21	0.783	0.096	-0.086	-0.036
	B22	0.801	-0.058	0.129	0.082
	B24	0.748	0.135	0.225	0.005
	B25	0.764	-0.020	0.086	0.131
	B26	0.830	0.159	0.068	0.061
	B27	0.789	0.315	0.202	-0.070
关系强度	B31	0.231	0.701	-0.098	0.252
	B32	0.143	0.806	0.073	0.249
	B33	0.165	0.631	0.408	0.230
	B34	-0.041	0.840	-0.137	0.014
	B35	0.156	0.755	0.296	-0.095
	B36	-0.001	0.709	0.329	-0.239

续表

变量名称	测量题项	因子			
		1	2	3	4
关系久度	B41	0. 278	0. 181	0. 681	-0. 266
	B42	0. 228	0. 098	0. 760	0. 155
	B43	0. 187	0. 126	0. 551	-0. 381
	B44	0. 051	-0. 073	0. 874	0. 060
	B45	-0. 052	0. 147	0. 567	0. 195
	B46	0. 047	0. 062	0. 687	0. 502

由表 5-18 可知，从关系网络的 23 个测量题项（经量表净化删除了 2 个变量）中共提取了 4 个因素，每个题项在相应因素上的载荷均超过 0. 5，这四个因素共同解释了总体变异的 63. 75%，说明关系网络的测量量表具有较高的效度。

（3）资源管理过程量表的效度检验。依据判别标准，表 5-19 的分析结果表明数据适合作进一步的探索性因素分析。

表 5-19　资源管理过程量表的 KMO 样本充分性测度和 Bartlett 球形检验

项目		
KMO 样本充分性测度		0. 833
Bartlett 球形检验	Approx.　Chi-Square	476. 788
	df	120
	Sig.	0. 00

采用主成分法提取因素，并使用 Varimax 最大方差方法对坐标轴进行旋转。根据凯泽（Kaiser）标准，抽取因素特征值大于 1 的因素，其探索性因素分析结果如表 5-20 所示。

表 5-20 资源管理过程的探索性因素分析结果

变量名称	测量题项	因子		
		1	2	3
资源获取	C11	0.066	0.064	0.757
	C12	0.116	0.345	0.756
	C13	0.245	0.261	0.794
	C14	0.299	0.245	0.790
	C15	0.227	0.484	0.690
资源整合	C21	0.054	0.715	0.169
	C22	0.187	0.766	0.174
	C23	0.172	0.776	0.115
	C24	0.123	0.782	0.291
	C25	0.157	0.741	0.276
资源利用	C31	0.770	0.189	0.232
	C32	0.815	0.216	0.006
	C33	0.830	0.041	0.074
	C34	0.787	0.099	0.172
	C35	0.720	0.243	0.195
	C36	0.777	0.051	0.230

由表 5-20 可知，从资源管理过程的 16 个测量题项中共提取了 3 个因素，每个题项在相应因素上的载荷均超过 0.5，这三个因素累计解释变差为 67.52%，说明资源管理过程的测量量表具有较高的效度。

（4）创业导向量表的效度检验。依据判别标准，表 5-21 的分析结果表明数据适合作进一步的探索性因素分析。

表 5-21 创业导向量表的 KMO 样本充分性测度和 Bartlett 球形检验

项目		
KMO 样本充分性测度		0.862
Bartlett 球形检验	Approx. Chi-Square	303.36
	df	78
	Sig.	0.00

采用主成分法提取因素，并使用 Varimax 最大方差方法对坐标轴进行旋转。根据凯泽（Kaiser）标准，抽取因素特征值大于 1 的因素，其探索性因素分析结果如表 5－22 所示。

表 5－22　创业导向的探索性因素分析结果

变量名称	测量题项	因子		
		1	2	3
创新性	E11	0. 779	0. 162	0. 112
	E12	0. 605	0. 126	0. 335
	E13	0. 710	0. 253	0. 216
	E14	0. 792	0. 076	0. 232
	E15	0. 817	0. 137	0. 091
冒险性	E21	0. 323	0. 672	0. 216
	E22	0. 253	0. 773	0. 182
	E23	0. 267	0. 896	0. 047
	E24	0. 215	0. 746	0. 052
先动性	E31	0. 243	0. 114	0. 842
	E32	0. 187	0. 232	0. 772
	E33	0. 122	0. 289	0. 782
	E34	0. 079	0. 182	0. 828

由表 5－22 可知，从创业导向的 13 个测量题项中共提取了 3 个因素，每个题项在相应因素上的载荷均超过 0. 5，这三个因素累计解释变差为 65. 63%，说明创业导向的测量量表具有较高的效度。

综上所述，经过信度和效度分析后，测量量表得到进一步优化，修正前量表共有 62 个题项，修正后共有 58 个题项。本研究在正式调研中将采用经过上述修正的测量量表，并将各题项标号重新按顺序排列。

5.5 问卷发放与数据收集

5.5.1 调查对象

本研究通过调查问卷的方式收集数据，样本主要取自广东、江苏、浙江、北京、天津五个省市的中小企业，这些企业均不同程度地开展了国际化业务，且面临着国际化的挑战。之所以选择这几个省市，主要考虑它们是我国中小企业较集中的地区，经济较发达，近几年出口额都名列前茅，数据结果比较具有代表性。具体调查对象为企业的中高层管理人员特别是对企业国际化业务较为熟悉的营销经理等，因为他们对企业情况比较了解，能够较准确地回答本研究所提问的问题。

5.5.2 数据收集方法

本研究调查问卷收集起止时间为2012年9月至2012年12月，历时4个月。问卷的发放和回收主要通过以下三种途径：第一，通过同学、同事、朋友和学生等发放问卷，利用电子邮件方式进行回收。这种方式共发放问卷260份，回收问卷136份，其中有效问卷98份，有效问卷率为37.7%。第二，通过在南开大学任教的同学和在中山大学读博的朋友，分别在南开大学和中山大学的MBA和EMBA班中，现场发放调查问卷共计286份，回收286份，其中有效问卷127份，有效问卷率为44.4%。第三，笔者自行通过电子邮件、电话联系或通过熟人介绍请企业的中高层管理人员填写问卷，共发放30份，回收18份，其中有效问卷15份，有效问卷率为50%。通过上述三种方式，有效问卷累计达到240份。

在此说明问卷筛选的标准是：①对关键数据填答缺漏的问卷予以舍弃；②对连续五题以上选择同一答案的问卷进行分析，如果相同情况重复出现多次，则认为问卷填写人没有认真填写问卷，记入无效问卷；③观察填答数据规律，如果出现多次数据循环，也视为无效问卷；④问卷填答极端化、自相矛盾等情况，经分析，予以剔除。表5-23描述了问卷的发放和回收情况。

表 5-23　问卷发放和回收情况

发放和回收方式	发放数量（份）	回收数量	回收率	有效数量（份）	有效率
委托朋友等发放	260	136	52.3%	98	37.7%
向 EMBA 或 MBA 学员发放	286	286	100%	127	44.4%
自行联系发放	30	18	60%	15	50%
合计	576	440	76.4%	240	41.7%

注：回收率 = 问卷回收数量/问卷发放数量；有效率 = 问卷有效数量/问卷发放数量。

5.5.3　样本描述

从所有权类型、行业分布、员工人数、企业年龄四个方面对有效样本进错误，未找到引用源。分别见表 5-24、表 5-25、表 5-26、表 5-27。

从样本企业所有权类型来看，本次调研的企业中有外资参股的企业占样本总数的 11.7%；没有外资参股的企业占样本总数的 88.3%。

从样本企业的行业分布来看，包括生产制造业和服务业，其中生产制造业涉及纺织与服装、电器、机械、汽配、电子通信、医药、化工与材料、建材、食品与饮料、玩具与工艺品、制鞋等；而服务业主要是软件、信息技术服务行业和批发零售贸易业。所调研的样本中，既有传统行业，也有高新技术行业，行业分布最为集中的是机械、纺织与服装行业，分别占样本总数的 23.3% 和 20.4%，合计占全部样本的 43.7%。

从样本企业的员工人数来看，所有企业均少于 2000 人，按《中小企业划型标准规定》（工信部联企业〔2011〕300 号），应属于中小企业。其中，分布数量最为密集的组别是员工人数在 201～500 人规模的企业占 30.8%；员工人数在 51～200 人规模的企业占 28.3%；员工人数在 50 人以下的企业占 16.7%。总体来看，员工人数在 500 人以下的比例为 75.8%，员工人数在 500 人以上的企业占样本总数的 24.2%。

从样本企业的年龄来看，从事国际化业务在 3 年以下的企业占样本总数的 18.3%；从事国际化业务在 3～5 年的企业是分布最为密集的组别，占 40.8%；从事国际化业务在 5～10 年的企业占 25.8%；而开展国际化业务10年以上的企业占样本总数的15%。

表5-24　样本企业的所有权类型

所有权类型	样本数	百分比（%）	累计百分比（%）
无外资参股	212	88.3	88.3
有外资参股	28	11.7	100
合计	240	100	

表5-25　样本企业的行业分布

行业类型	样本数	百分比（%）	累计百分比（%）
机械	56	23.3	23.3
纺织与服装	49	20.4	43.7
电器	13	5.4	49.1
电子通信	11	4.6	53.7
医药	9	3.8	57.5
化工与材料	13	5.4	62.9
玩具与工艺品	10	4.2	67.1
制鞋	18	7.5	74.6
软件和信息技术服务业	19	7.9	82.5
批发和零售贸易业	17	7.1	89.6
其他	25	10.4	100
合计	235	100	

表5-26　样本企业的员工人数

员工人数	样本数	百分比（%）	累计百分比（%）
50人以下	40	16.7	16.7
51~200人	68	28.3	45.0
201~500人	74	30.8	75.8
501~1000人	45	18.8	94.6
1000人以上	13	5.4	100
合计	240	100	

表 5-27 样本企业的年龄

成立年限	样本数	百分比（%）	累计百分比（%）
3 年以下	44	18.3	18.3
3~5 年	98	40.8	59.1
5~10 年	62	25.8	84.9
10 年以上	36	15.0	100
合计	235	100	

第 6 章　关系网络对中小企业国际化绩效影响的实证研究

6.1　验证性因子分析

在量表通过了探索性因子分析之后，将对所有变量进一步做验证性因子分析，以确保所测变量的因子结构与本研究的构思相符。利用 AMOS 17.0 软件对正式样本数据进行验证性因子分析。

在验证性因子分析中，常用的拟合指数主要有 7 个，如表 6－1 所示。其中，RMSEA 是绝对拟合指数，其他指数称为相对拟合指数。Steiger 认为 RMSEA 低于 0.08 表示合理的拟合，低于 0.05 表示很好的拟合。GFI，AGFI 和 CFI 指标达到 0.9 时，认为模型具有较好的拟合效果，在 0.8～0.9 之间时，模型的拟合结果是可以接受的。

表 6－1　模型拟合指标及参考标准

拟合指标		拟合情况
	χ^2/DF	1～3，模型适配良好
Goodness of Fit Index 拟合优度指数	GFI	大于 0.8，较好；大于 0.9，很好
Adjusted Goodness of Fit Index 调整的拟合优度指数	AGFI	大于 0.8，较好；大于 0.9，很好
Normed Fit Index 基准适配指数	NFI	大于 0.8，较好；大于 0.9，很好
Incremental Fit Index 增值适配指标	IFI	大于 0.8，较好；大于 0.9，很好
The comparative Fit Index 相对拟合指数	CFI	大于 0.8，较好；大于 0.9，很好
Root Mean Square Error of Approximation 近似误差均方根	RMSEA	小于 0.08，合理；小于 0.05，很好

在对所有变量进行验证性因子分析之前，首先对其进行信度检验。该分析仍采用 SPSS 19.0 软件，具体分析结果如表 6－2 所示，各变量的 A 系数均达到了 0.7 以上的可接受范围，说明各变量的题项之间具有较高的内部一致性。

表 6－2　各量表的 Cronbach α 系数

量表名称	题项数	Cronbach α 系数	量表名称	题项数	Cronbach α 系数
网络规模	5	0.883	资源利用	6	0.877
网络位置	6	0.895	国际化绩效	6	0.883
关系强度	6	0.917	创新性	5	0.836
关系久度	6	0.892	冒险性	4	0.823
资源获取	5	0.843	先动性	4	0.819
资源整合	5	0.883			

6.1.1　国际化绩效的验证性因子分析

在第 5 章的探索性因子分析中发现，国际化绩效可以作为一个整体变量进行测量，共对应 6 个观察变量。运用 AMOS 17.0 进行验证性因子分析，有关模型检验指标如表 6－3 所示。

表 6－3　模型总体拟合检验

拟合指标	指标值	拟合情况
χ^2/DF	1.397	很好
拟合优度指数 GFI	0.984	很好
调整的拟合优度指数 AGFI	0.962	很好
基准适配指数 NFI	0.981	很好
增值适配指标 IFI	0.995	很好
相对拟合指数 CFI	0.995	很好
近似误差均方根 RMSEA	0.041	很好

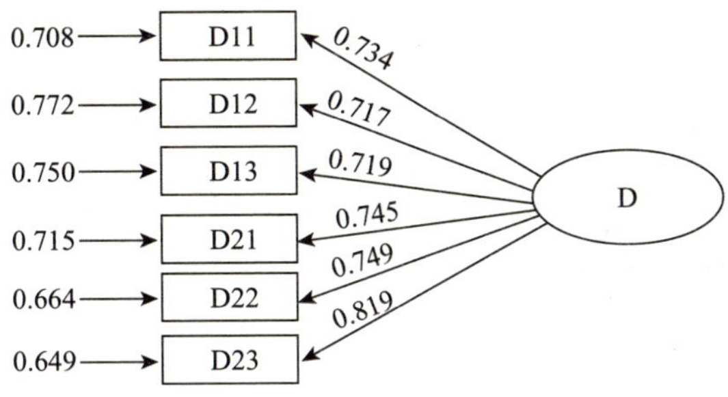

图6-1　国际化绩效的验证性因子分析

验证性因子分析结果表明，χ^2/DF 为 1.397，相对拟合参数 GFI 为 0.984，AGFI 为 0.962，NFI 为 0.981，IFI 为 0.995，CFI 为 0.995，绝对拟合参数 RMSEA 为 0.041，表明该测量模型是有效的。图 6-1 表明 6 个因子的相关系数均位于 0.7~1.0 之间，说明国际化绩效的测量题项具有较好的收敛有效性。

6.1.2　关系网络的验证性因子分析

在关系网络量表中，共包含网络规模、网络位置、关系强度、关系久度四个潜变量，共对应 23 个观察变量。运用 AMOS 17.0 进行验证性因子分析，有关模型检验指标如表 6-4 所示。

表6-4　模型总体拟合检验

拟合指标	指标值	拟合情况
χ^2/DF	1.167	很好
拟合优度指数 GFI	0.915	很好
调整的拟合优度指数 AGFI	0.895	较好
基准适配指数 NFI	0.923	很好
增值适配指标 IFI	0.988	很好
相对拟合指数 CFI	0.988	很好
近似误差均方根 RMSEA	0.026	很好

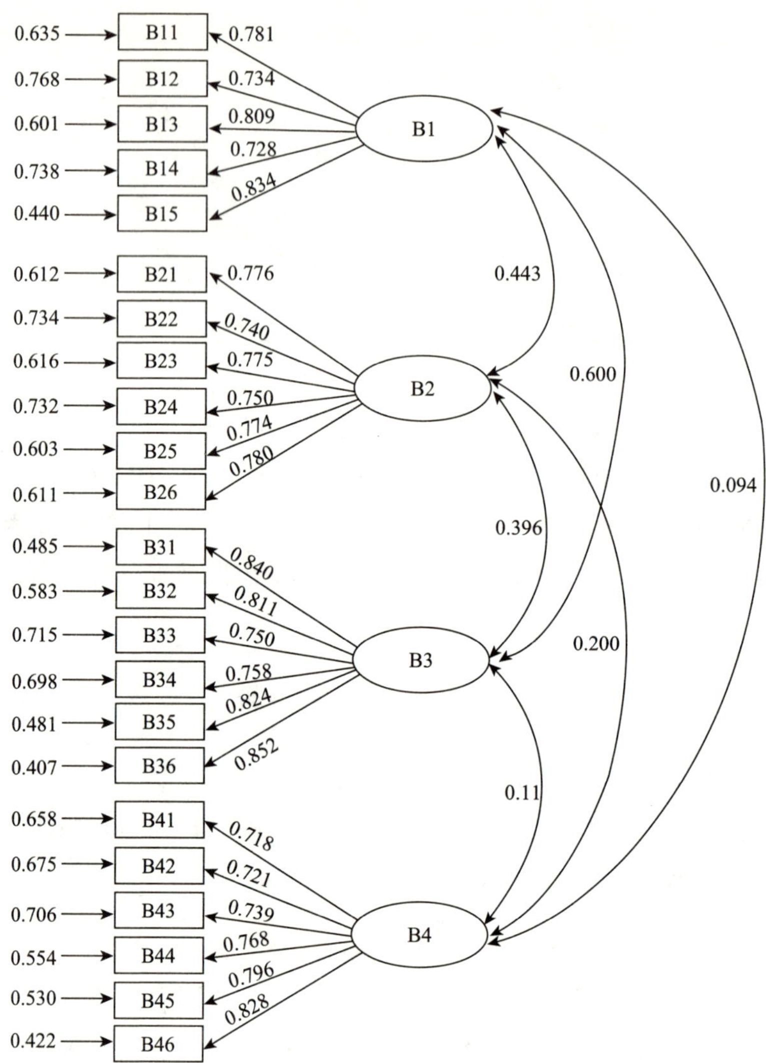

图 6－2　关系网络的验证性因子分析

拟合结果表明，χ^2/DF 为 1.167，相对拟合参数 GFI 为 0.915，AGFI 为 0.895，NFI 为 0.923，IFI 为 0.988，CFI 为 0.988，绝对拟合对数 RMSEA 为 0.026，拟合指标均达到参考标准，表明模型拟合较好。图 6－2 表明 23 个测量指标分别收敛于四个因子，负荷值均位于 0.7～1.0 之间，说明关系网络的测量题项具有较好的收敛有效性。四个维度之间的相关系数位于0.4~0.6之间，远远低于临界值0.9，这说明它们在测量架构上具有较好的区别有效性。

6.1.3　资源管理过程的验证性因子分析

在资源管理过程量表中，共包含资源获取、资源整合、资源利用三个潜变量，共对应16个观察变量。运用AMOS 17.0进行验证性因子分析，有关模型检验指标如表6-5所示。

表6-5　模型总体拟合检验

拟合指标	指标值	拟合情况
χ^2/DF	1.407	很好
拟合优度指数 GFI	0.934	很好
调整的拟合优度指数 AGFI	0.911	很好
基准适配指数 NFI	0.931	很好
增值适配指标 IFI	0.979	很好
相对拟合指数 CFI	0.979	很好
近似误差均方根 RMSEA	0.041	很好

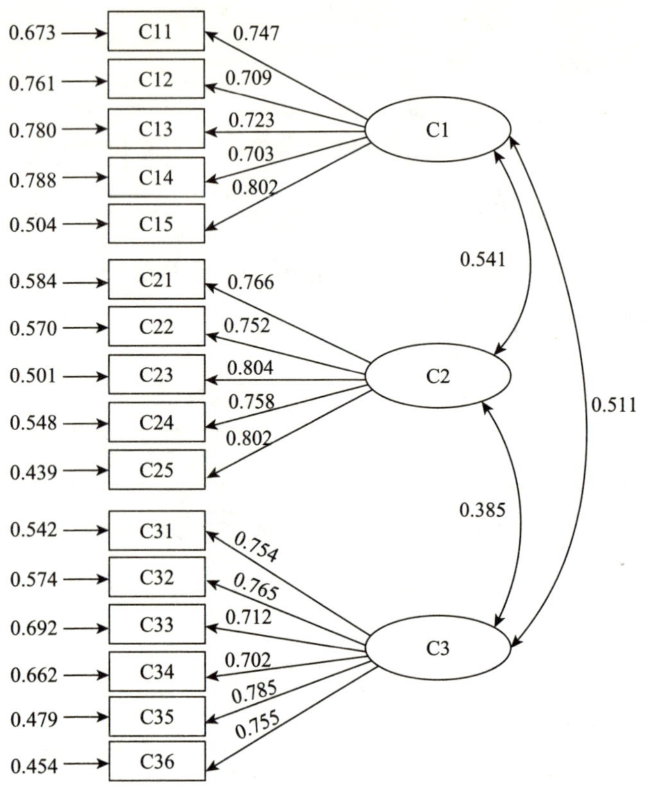

图 6-3　资源管理过程的验证性因子分析

拟合结果表明，χ^2/DF 为 1.407，相对拟合参数 GFI 为 0.934，AGFI 为 0.911，NFI 为 0.931，IFI 为 0.979，CFI 为 0.979，绝对拟合参数 RMSEA 为 0.041，拟合指标均达到参考标准，表明模型拟合较好。图 6-3 表明 16 个测量指标分别收敛于三个因子，负荷值均位于 0.7～1.0 之间，说明资源管理过程的测量题项具有较好的收敛有效性。三个维度之间的相关系数位于 04～0.6 之间，远低于临界值 0.9，这说明它们在测量架构上具有较好的区别有效性。

6.1.4　创业导向的验证性因子分析

在创业导向量表中，共包含创新性、冒险性、先动性三个潜变量，共对应 13 个观察变量。运用 AMOS 17.0 进行验证性因子分析，有关模型检验指标如表6－6所示。

表6－6　模型总体拟合检验

拟合指标	指标值	拟合情况
χ^2/DF	1.819	很好
拟合优度指数 GFI	0.922	很好
调整的拟合优度指数 AGFI	0.883	较好
基准适配指数 NFI	0.902	很好
增值适配指标 IFI	0.969	很好
相对拟合指数 CFI	0.969	很好
近似误差均方根 RMSEA	0.069	很好

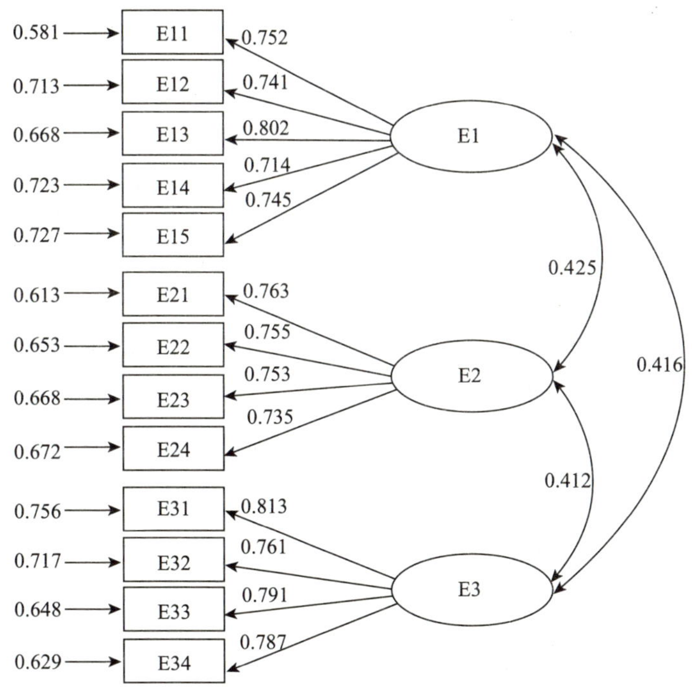

图6－4　创业导向的验证性因子分析

拟合结果表明，χ^2/DF为1.819，相对拟合参数GFI为0.922，AGFI为0.883，IFI为0.902，CFI为0.969，CFI为0.969，绝对似合参数RM-

SEA 为0.069，拟合指标均达到参考标准，表明模型拟合较好。图 6-4 表明 13 个测量指标分别收敛于三个因子，标准载荷系数均位于 0.7~1.0 之间，说明创业导向的测量题项具有较好的收敛有效性。三个维度之间的相关系数均小于0.5，远远低于临界值 0.9，这说明它们在测量架构上具有较好的区别有效性。

6.2 基于结构方程模型的实证研究

下面将利用结构方程模型对研究假设进行验证。对于资源管理过程在中小企业关系网络与其国际化绩效关系中所起的中介作用的验证，本研究根据 Baron 和 Kenny（1986）以及 Chen、Aryee 和 Lee（2005）提出的中介作用的四个判定条件进行分析：①自变量与中介，即中介变量对自变量进行回归，回归系数显著；②自变量与因变量两者相关，即因变量对自变量进行回归，回归系数显著；③中介变量与因变量两者相关，即因变量对中介变量进行回归，回归系数显著；④因变量同时对自变量和中介变量进行回归系数达到显著性水平，对自变量的回归系数减少。当自变量回归系数减少到不显著水平时，说明中介变量起到完全中介作用，即自变量完全通过中介变量来影响因变量；当对自变量的回归系数减少，但仍然达到显著性水平，说明中介变量只起到部分中介作用。研究者通常使用以上方法采用逐步回归分析来检验中介效应，但结构方程模型除了具有逐步回归分析方法的效果以外，还能够综合考虑测量误差项目所带来的影响（侯杰泰、温忠麟和成子娟，2004），同时可以控制其他无关变量并同步检验多个变量间的关系，因而为检验中介效应提供了一个更有力的工具（ Mackinnon & Sheets，2002）。下面将按照上述的四个判定条件，采用结构方程模型对中介变量的作用依次进行检验。

依据 Anderson 和 Gerbing（1988）所提出的结构方程两阶段检验方法，结构方程模型分析主要包括两部分：①测量模型，用于衡量潜变量与其指标之间的关系；②结构模型，用于衡量内生潜变量和外生潜变量之间的结构关系。我们将测量模型检验置于结构模型检验之前，以保证结构方程模型的拟合质量。本研究通过大样本的验证性因子分析，说明所构建的测量模型具有较好的表征效果，可以进行进一步的结构分析。本研究将运用结构方程建模的方法打开中小企业关系网络对国际化绩效作用机制的“黑箱”，对第3章所提出的概念模型与研究假设进行验证。

在对结构模型进行数据分析之前，需要对数据的合理性和有效性进行检验。一般认为，样本容量至少为观测变量数目的10倍或15倍以上（Thompson，2000），才适合使用极大似然法（ML）对结构方程模型进行估计。本研究的观测变量为8个，采集样本数量为240份，已超过最低样本容量要求。同时，第5章5.4部分已经对本研究所用量表的信度和效度进行了检验。因此，本研究样本数据的容量以及效度与信度均达到结构方程建模的要求。此外，在结构方程建模前，还需对结构方程涉及的所有变量进行相关分析。如表6-9所示，中小企业网络规模、网络位置、关系强度、关系久度与资源获取、资源整合、资源利用以及国际化绩效之间均有显著的相关关系。这是结构方程建模分析的基础。

6.2.1 关系网络对资源管理过程的影响

不考虑国际化绩效的变化，仅对企业关系网络与企业国际化资源管理过程之间的关系进行分析。分析结果如图6-5和表6-7所示。从中可以看出，χ^2/DF 为2.326，小于最高上限严格的标准3；RMSEA值为0.073，小于可接受标准0.08；其他指标也都达到验证性标准。说明模型拟合得较好。

表6-7　关系网络对资源管理过程影响模型的拟合指标

χ^2/DF	GFI	AGFI	NFI	IFI	CFI	RMSEA
2.326	0.922	0.901	0.902	0.971	0.969	0.073

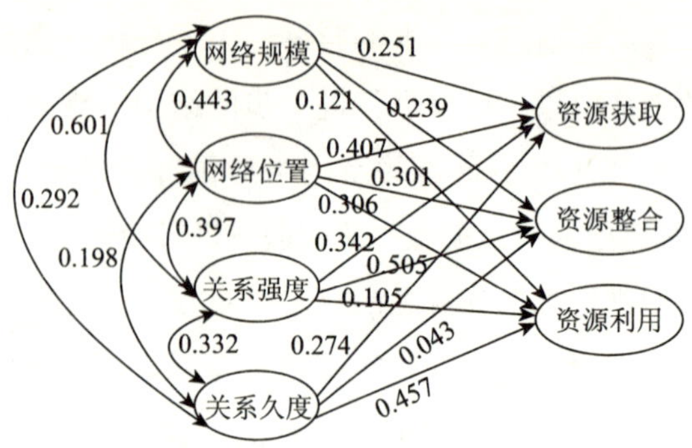

图 6-5　关系网络与资源管理过程结构模型

表 6-8　描述性统计及各变量间相关性分析

变量	均值	标准差	1	2	3	4	5	6	7	8
网络规模	2.817	1.040	1							
网络位置	2.675	1.017	0.386**	1						
关系强度	2.484	1.065	0.545**	0.368**	1					
关系久度	2.472	0.959	0.097	0.183**	-.014	1				
资源获取	3.003	0.966	0.546**	0.614**	0.573**	0.332**	1			
资源利用	2.455	0.954	0.594**	0.533**	0.697**	0.199*	0.667**	1		
资源整合	2.324	0.882	0.296**	0.416**	0.247**	0.462**	0.577**	0.439**	1	
国际化绩效	3.080	0.987	0.549**	0.575**	0.576**	0.390**	0.782**	0.727**	0.673**	1

注：**代表 $P<0.01$，*代表 $P<0.05$，均为双尾检验。

通过观测 AMOS 17.0 的输出结果，模型中企业关系网络的网络规模维度与资源获取之间的标准化路径系数为 0.251，显著（在 0.001 水平上）①；关系网络的网络规模维度与资源整合之间的标准化路径系数为 0.239，显著；关系网络的网络规模维度与资源利用之间的标准化路径系数为 0.121，且不显著，表明假设 H1A1（网络规模与资源获取过程正相关）、假设 H1A2（网络规模与资源整合过程正相关）成立，H1A3（网络规模与资源利用过程正相关）不成立。

模型中关系网络的网络位置维度与资源获取之间标准化路径系数为 0.407，显著；关系网络的网络位置维度与资源整合之间的标准化路径系数

① 注：下文所提到的“显著”均表示在 0.001 水平上的显著。

0.301，显著；关系网络的网络位置维度与资源利用之间的标准化路径系数为0.306，显著，表明假设H1B1（网络位置与资源获取过程正相关）、假设H1B2（网络位置与资源整合过程正相关）、H1B3（网络位置与资源利用过程正相关）成立。

模型中关系网络的关系强度维度与资源获取之间的标准化路径系数为0.342，显著；关系网络的关系强度维度与资源整合之间的标准化路径系数0.505，显著；关系网络的关系强度维度与资源利用之间的标准化路径系数为0.105，不显著，表明假设H1C1（关系强度与资源获取过程正相关）、假设H1C2（关系强度与资源整合过程正相关）成立，H1C3（关系强度与资源利用过程正相关）不成立。

模型中关系网络的关系久度维度与资源获取之间的标准化路径系数为0.274，显著；关系网络的关系久度维度与资源整合之间的标准化路径系数0.043，显著；关系网络的关系久度维度与资源利用之间的标准化路径系数为0.457，显著，表明假设H1D1（关系久度与资源获取过程正相关）、H1D3（关系久度与资源利用过程正相关）成立，假设H1D2（关系久度与资源整合过程正相关）不成立。表6-9总结了假设的验证情况。

表6-9　关系网络与资源管理过程关系假设检验结果

假设	标准化路径系数	T值	支持
H1A1：中小企业关系网络规模与资源获取过程正相关	0.251	3.847	是
H1A2：中小企业关系网络规模与资源整合过程正相关	0.239	3.716	是
H1A3：中小企业关系网络规模与资源利用过程正相关	0.121	1.507	否
H1B1：中小企业关系网络位置与资源获取过程正相关	0.407	6.567	是
H1B2：中小企业关系网络位置与资源整合过程正相关	0.301	5.217	是
H1B3：中小企业关系网络位置与资源利用过程正相关	0.306	4.230	是
H1C1：中小企业关系网络强度与资源获取过程正相关	0.342	5.280	是
H1C2：中小企业关系网络强度与资源整合过程正相关	0.505	7.395	是
H1C3：中小企业关系网络强度与资源利用过程正相关	0.105	1.363	否
H1D1：中小企业关系网络久度与资源获取过程正相关	0.274	5.408	是
H1D2：中小企业关系网络久度与资源整合过程正相关	0.043	0.929	否
H1D3：中小企业关系网络久度与资源利用过程正相关	0.457	6.732	是

综上所述，中小企业资源获取对自变量——关系网络的规模、网络位置、关系强度和关系久度四个维度的回归系数均达到显著性水平；中小企业资源整合对自变量——关系网络的规模、网络位置、关系强度三个维度的回归系数达到显著性水平；中小企业资源利用对自变量——关系网络位置、关系久度两个维度的回归系数达到显著性水平，判定中介作用的第一个条件得到证实。

6.2.2 关系网络对中小企业国际化绩效的影响

此部分不考虑中介变量的影响，仅对企业关系网络与企业国际化绩效之间的关系进行分析。分析结果如表 6－10 和图 6－6 所示。从中可以看出，χ^2/DF 为 2.004，小于最高上限严格的标准 3；RMSEA 值为 0.065，小于最高上限 0.08；其他指标均大于 0.9 的可接受标准。说明模型拟合得较好。

表 6－10 关系网络对国际化绩效影响模型的拟合指标

χ^2/DF	GFI	AGFI	NFI	IFI	CFI	RMSEA
2.004	0.938	0.908	0.945	0.946	0.955	0.065

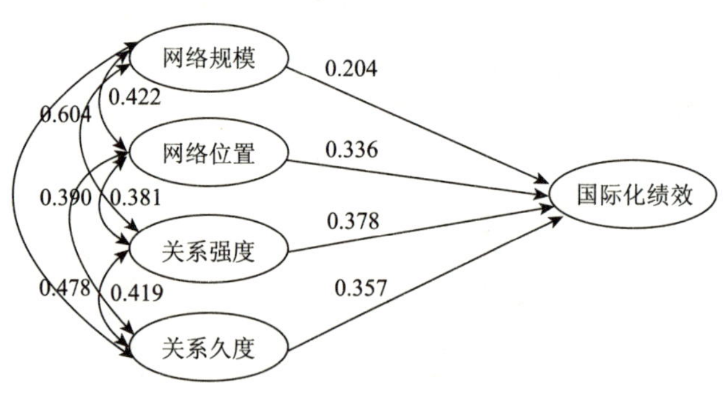

图 6－6 关系网络与国际化绩效结构模型

通过观测 AMOS 17.0 的输出结果，模型中关系网络的网络规模维度与国际化绩效之间的标准化路径系数为 0.204，显著；关系网络的网络位置维度与国际化绩效之间的标准化路径系数为 0.336，显著；关系网络的关系强度维度与国际化绩效之间的标准化路径系数为0.357，显著；关系网络的关系久度维度与国际化绩效之间的标准化路径系数为0.357，显著；由此，说明关系网络四维度对国际化绩效的影响关系模型成立，表明假设H2A（网络规模与国际化绩效正相关）、假设H2B（网络位置与国际化绩效正相关）、H2C（关系强度与国际化绩效正相关）、H2D（关系久度与国际化绩效正相关）成立。表6－11总结了假设的验证情况。

表6－11　关系网络与国际化绩效关系假设检验结果

假设	标准化路径系数	T值	支持
H2A：中小企业关系网络规模与国际化绩效正相关	0.204	3.0154	是
H2B：中小企业关系网络位置与国际化绩效正相关	0.336	5.572	是
H2C：中小企业关系网络强度与国际化绩效正相关	0.378	5.670	是
H2D：中小企业关系网络久度与国际化绩效正相关	0.357	6.543	是

综上所述，因变量——国际化绩效对自变量——关系网络的网络规模、网络位置、关系强度和关系久度四个维度回归系数达到显著性水平，判定中介作用的第二个条件得到证实。

6.2.3　资源管理过程对中小企业国际化绩效的影响

此部分不考虑中小企业关系网络的影响，仅对资源管理过程与中小企业国际化绩效之间的关系进行分析。分析结果如表6－12和图6－7所示。从中可以看出，χ^2/DF 为1.341，小于最高上限严格的标准3；RMSEA值为0.038，小于最高上限0.08；其他指标均大于0.8的可接受标准。说明模型拟合得较好。

表6－12　资源管理过程对国际化绩效影响模型的拟合指标

χ^2/DF	GFI	AGFI	NFI	IFI	CFI	RMSEA
1.341	0.912	0.891	0.914	0.977	0.976	0.038

通过观测AMOS 17.0的输出结果，模型中资源管理过程的资源获取维

度与国际化绩效之间的标准化路径系数为0.443，显著；资源管理过程的资源整合维度与国际化绩效之间的标准化路径系数为0.320，显著；资源管理过程的资源利用维度与国际化绩效之间的标准化路径系数为0.314，显著，表明假设H3A（资源获取与国际化绩效正相关）、假设H3B（资源整合与国际化绩效正相关）、H3C（资源利用与国际化绩效正相关）成立。表6－13总结了假设的验证情况。

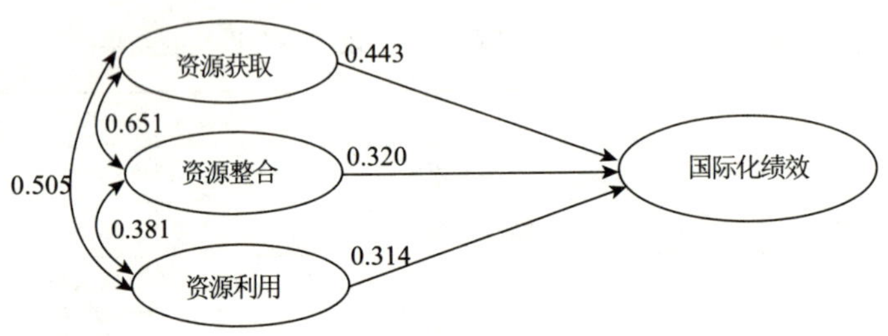

图6－7　资源管理过程与国际化绩效结构模型

表6－13　资源管理过程与国际化绩效关系假设检验结果

假设	标准化路径系数	T值	支持
H3A：中小企业资源获取与国际化绩效正相关	0.443	4.827	是
H3B：中小企业资源整合与国际化绩效正相关	0.320	4.372	是
H3C：中小企业资源利用与国际化绩效正相关	0.314	5.186	是

综上所述，因变量——国际化绩效对自变量——资源管理过程的资源获取、资源整合和资源利用三个维度回归系数达到显著性水平，判定中介作用的第三个条件得到证实。

在判定中小企业资源获取、资源整合和资源利用在企业关系网络与企业国际化绩效关系中起到中介作用的三个前提条件得到证实，继续对第四个条件进行检验。

6.2.4　资源管理过程的中介效应及检验

6.2.4.1　中介效应检验

本部分将因变量同时对自变量和中介变量进行回归分析，对部分中介作用模型和完全中介作用模型进行拟合比较，得到最佳匹配模型。在中小企业关系网络与国际化绩效的完全中介模型中，企业关系网络的四个维度完全通过资源管理过程的中介作用间接影响中小企业的国际化绩效。部分中介假设模型是在完全中介模型的基础上增加中小企业关系网络的规模维度、位置维度、强度维度和久度维度对其国际化绩效的直接作用路径。下面对这两个模型进行拟合比较。

首先，从部分中介模型的拟合结果看（表6－14和表6－15），χ^2/DF为2.267小于严格的标准3；GFI指标值为0.901，大于0.9的衡量标准，其他指标值均小于0.9的衡量标准；RMSEA值为0.078，小于0.08的可接受标准。结果表明部分中介模型的拟合效度是可以接受的。

在部分中介模型的拟合检验中，中小企业关系网络规模维度与资源获取关系的标准化路径系数为0.250，显著；中小企业关系网络规模维度与资源整合之间的标准化路径系数为0.240，显著；中小企业关系网络规模维度与资源利用之间的标准化路径系数为0.121，统计检验不显著。中小企业关系网络位置维度与资源获取之间的标准化路径数为0.407，显著；中小企业关系网络位置维度与资源整合之间的标准化路径系数0.295，显著；中小企业关系网络位置维度与资源利用之间的标准化路径系数0.303，显著。中小企业关系网络强度维度与资源获取之间的标准化路径系数为0.336，显著；中小企业关系网络强度维度与资源整合之间的标准化路径系数0.503，显著；中小企业关系网络强度维度与资源利用之间的标准化路径系数为0.102，统计检验不显著。中小企业关系网络久度维度与资源获取之间的标准化路径系数为0.275，显著；中小企业关系网络久度维度与资源整合之间的标准化路径系数0.041，统计检验不显著；中小企业关系网络久度维度与资源利用之间的标准化路径系数为0.457，显著。

部分中介模型的拟合检验结果还显示，中小企业资源获取与国际化绩效之间的标准化路径系数为0.379，显著；中小企业资源整合与国际化绩效之间的标准化路径系数为0.371，显著；中小企业资源利用与国际化绩效之间的标准化路径系数为0.319，显著。

而中小企业关系网络规模、位置、强度、久度四个维度直接作用于国际化绩效的标准化路径系数分别为 -0.008、0.000、0.060、0.107，且均不显著。

表 6-14　部分中介模型的路径系数

作用路径	标准载荷系数	S. E.	C. R.	P.
资源获取←——网络规模	0.250	0.061	3.795	* * *
资源整合←——网络规模	0.240	0.060	3.692	* * *
资源利用←——网络规模	0.121	0.066	1.503	0.133
资源获取←——网络位置	0.407	0.059	6.515	* * *
资源整合←——网络位置	0.295	0.055	5.084	* * *
资源利用←——网络位置	0.303	0.061	4.183	* * *
资源获取←——关系强度	0.336	0.059	5.160	* * *
资源整合←——关系强度	0.503	0.061	7.336	* * *
资源利用←——关系强度	0.102	0.062	1.323	0.186
资源获取←——关系久度	0.275	0.050	5.380	* * *
资源整合←——关系久度	0.041	0.045	0.865	0.387
资源利用←——关系久度	0.457	0.059	6.684	* * *
国际化绩效←——资源获取	0.379	0.106	3.439	* * *
国际化绩效←——资源整合	0.331	0.088	3.635	* * *
国际化绩效←——资源利用	0.319	0.063	5.405	* * *
国际化绩效←——网络规模	-0.008	0.052	-0.128	0.898
国际化绩效←——网络位置	0.000	0.060	0.007	0.994
国际化绩效←——关系强度	0.060	0.061	0.850	0.395
国际化绩效←——关系久度	0.107	0.052	1.927	0.054

注：* * * 代表 $P<0.001$。

表 6-15　部分中介模型的拟合指标

χ^2/DF	GFI	AGFI	NFI	IFI	CFI	RMSEA
2.267	0.901	0.873	0.882	0.853	0.851	0.078

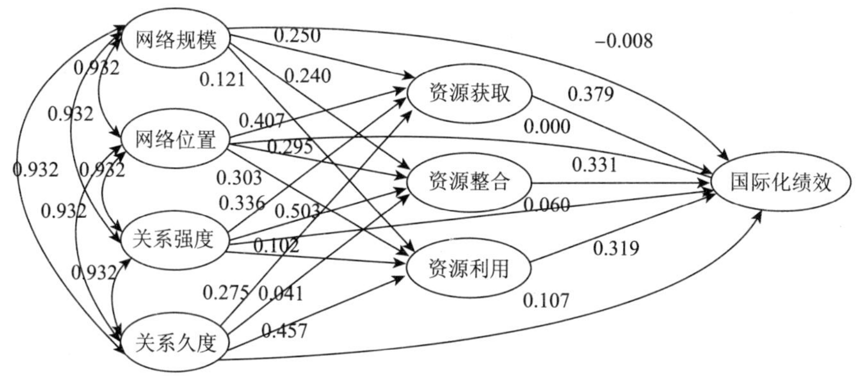

图6-8　中小企业关系网络、资源管理过程与国际化绩效关系的部分中介模型

从完全中介模型的拟合结果看（表6-16和表6-17），χ^2/DF 为2.258，小于严格的标准3；其他指标均大于0.9的衡量标准；RMSEA值为0.057，小于最高上限0.08。结果表明中小企业关系网络、资源管理过程与企业国际化绩效三者之间关系的模型具有较好的拟合效度。

在完全中介模型的拟合检验中，中小企业关系网络规模维度与资源获取关系的标准化路径系数为0.243，显著；中小企业关系网络规模维度与资源整合之间的系数为0.236，显著；中小企业关系网络规模与资源利用之间的标准化系数为0.116，统计检验不显著。中小企业关系网络位置维度与资源获取之间的标准化系数为0.398，显著；中小企业关系网络位置维度与资源整合之间的标准化路径系数为0.290，显著；中小企业关系网络位置维度与资源利用之间的标准化路径数为0.296，显著。中小企业关系网络强度维度与资源获取之间的标准化路径系数为0.350，显著；中小企业关系网络强度维度与资源整合之间的标准化路径系数为0.509，显著；中小企业关系网络强度维度与资源利用之间的标准化路径系数为0.110，统计检验不显著。中小企业关系网络久度维度与资源获取之间的标准化路径系数为0.296，显著；中小企业关系网络久度维度与资源整合之间的标准化路径系数为0.050，统计检验不显著；中小企业关系网络久度维度与资源利用之间的标准化路径系数为0.469，显著。

中介模型的拟合检验结果还显示，中小企业资源获取与国际化绩效之间的标准化路径系数为0.458，显著；中小企业资源整合与国际化绩效之间的标准化路径系数0.304，显著；中小企业资源利用与国际化绩效之间的标准化路径系数为0.359，显著。

表6-16　完全中介模型的路径系数

作用路径	标准载荷系数	S. E.	C. R.	P.
资源获取←—网络规模	0.243	0.058	3.811	* * *
资源整合←—网络规模	0.236	0.059	3.661	* * *
资源利用←—网络规模	0.116	0.065	1.456	0.145
资源获取←—网络位置	0.398	0.057	6.564	* * *
资源整合←—网络位置	0.290	0.054	5.032	* * *
资源利用←—网络位置	0.296	0.061	4.129	* * *
资源获取←—关系强度	0.350	0.057	5.490	* * *
资源整合←—关系强度	0.509	0.061	7.434	* * *
资源利用←—关系强度	0.110	0.061	1.440	0.150
资源获取←—关系久度	0.296	0.049	5.848	* * *
资源整合←—关系久度	0.050	0.045	1.069	0.285
资源利用←—关系久度	0.469	0.059	6.859	* * *
国际化绩效←—资源获取	0.458	0.082	5.389	* * *
国际化绩效←—资源整合	0.304	0.069	4.258	* * *
国际化绩效←—资源利用	0.359	0.059	6.514	* * *

注：* * *代表 $P<0.001$（N=240）。

表6-17　完全中介模型的拟合指标

χ^2/DF	GFI	AGFI	NFI	IFI	CFI	RMSEA
2.258	0.961	0.901	0.906	0.954	0.952	0.057

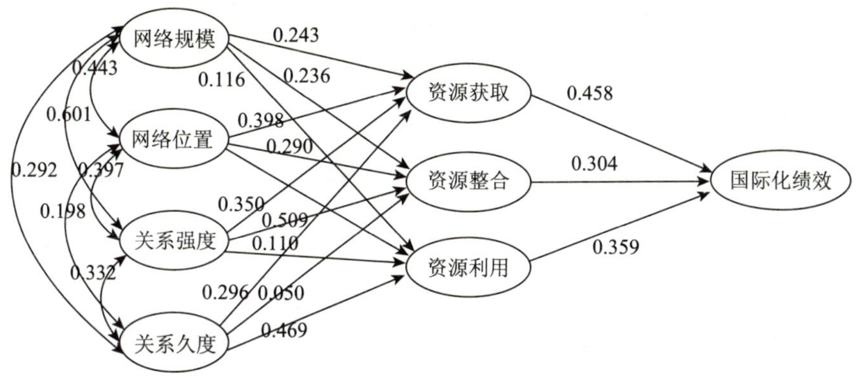

图6-9　中小企业关系网络、资源管理过程与国际化绩效关系的完全中介模型

比较部分中介模型和完全中介模型，首先，在部分中介模型中，中小企业关系网络的四个维度对国际化绩效的标准化路径系数都较小（最大为0.1），且均不显著。这说明，中小企业关系网络的规模、位置、强度和久度四个维度对国际化绩效的直接影响效应不显著，而主要通过资源管理过程的资源获取、资源整合和资源利用的中介作用进而影响国际化绩效。其次，从两个模型的拟合情况来看，完全中介模型的各个拟合指标均优于部分中介模型的拟合指标，且完全中介模型的卡方与自由度的比值更小，模型更为简洁，所以笔者接受完全中介模型。因此，笔者认为资源管理过程在中小企业关系网络与国际化绩效间起到了完全中介的作用。

6.2.4.2　模型效应分解

最优结构模型如图6-9所示，变量之间共有12条路径在 $P<0.001$ 的水平上是显著的，分别是："资源获取←——网络规模""资源整合←——网络规模""资源获取←——网络位置""资源整合——→网络位置""资源利用←——网络位置""资源获取←——关系强度""资源整合←——关系强度""资源获取←——关系久度""资源利用←——关系久度""国际化绩效←——资源获取""国际化绩效←——资源整合""国际化绩效←——资源利用"。

从模型中可以看出，自变量、中介变量和因变量之间存在多条路径，变量之间的作用效果既包括两个变量之间的直接作用，也包括通过其他变量的间接作用。

为了清楚说明概念模型路径作用的全部影响，需要进行效应分解，即分别给出直接效应、间接效应和总效应。具体如表 6 - 18 所示。其中，直接效应是指由原因变量到结果变量的直接影响；间接效用是指因变量通过一个或多个中介变量，而对结果变量的间接影响；总效应为直接效应和间接效应之和。

表 6 - 18　最终路径模型的效应分解表

效应类型	结果变量	网络规模	网络位置	关系强度	关系久度	资源获取	资源整合	资源利用
总效应	资源获取	0. 242	0. 400	0. 354	0. 296	0. 000	0. 000	0. 000
	资源整合	0. 235	0. 294	0. 511	0. 054	0. 000	0. 000	0. 000
	资源利用	0. 115	0. 298	0. 112	0. 471	0. 000	0. 000	0. 000
	国际化绩效	0. 225	0. 380	0. 362	0. 319	0. 443	0. 323	0. 362
直接效应	资源获取	0. 242	0. 400	0. 354	0. 296	0. 000	0. 000	0. 000
	资源整合	0. 235	0. 294	0. 511	0. 054	0. 000	0. 000	0. 000
	资源利用	0. 115	0. 298	0. 112	0. 471	0. 000	0. 000	0. 000
	国际化绩效	0. 000	0. 000	0. 000	0. 000	0. 443	0. 323	0. 362
间接效应	资源获取	0. 000	0. 000	0. 000	0. 000	0. 000	0. 000	0. 000
	资源整合	0. 000	0. 000	0. 000	0. 000	0. 000	0. 000	0. 000
	资源利用	0. 000	0. 000	0. 000	0. 000	0. 000	0. 000	0. 000
	国际化绩效	0. 225	0. 380	0. 362	0. 319	0. 000	0. 000	0. 000

从表 6 - 18 可以看出，网络规模、网络位置、关系强度、关系久度对中小企业的国际化绩效没有直接影响（四者对国际化绩效的直接效应标准系数都为 0），这表明它们是通过资源获取、资源整合和资源利用的中介作用来影响国际化绩效的。资源获取对国际化绩效的总效应为 0. 443，直接效应为 0. 443，间接效应为 0，表明资源获取直接正向影响企业的国际化绩效；资源整合对国际化绩效的总效应为 0. 323，且全部都为直接效应，表明资源整合直接正向影响企业的国际化绩效；资源利用对国际化绩效的总效应为 0. 362，也全部都为直接效应，表明资源利用同样直接正向影响企业的国际化绩效。通过效应分解，本研究进一步打开了中小企业关系网络对企业国际化绩效作用机制的“黑箱”，再一次验证了网络规模、网络位

置、关系强度、关系久度以及企业国际化绩效的正向关联性，解释了关系网络作用于企业国际化绩效的作用机制。

6.3　创业导向的调节作用

如前所述，本研究主要借鉴 Miller 和 Friesen（1982）的研究，将创业导向划分为创新性、风险承担性、先动性三个维度。并在变量测量量表中分别采用反映这三个维度的具体题项对样本进行调查，以求更全面、更真实地获取样本企业创业导向的信息。但在实证分析中，出于对研究目的的考虑，同时也为降低模型复杂程度、简化验证程序，本研究把创业导向作为一个整体变量予以考察，不再具体细化到三个维度。

6.3.1　相关性分析

表 6 – 19 为平均值、标准差和变量间的相关系数，由表可见，中小企业的“资源获取”“资源整合”“资源利用”与“国际化绩效”之间的相关系数分别为 0.715（$P<0.01$），0.727（$P<0.01$），0.673（$P<0.01$）；“资源获取”“资源整合”“资源利用”与“创业导向”之间的相关系数分别为 0.360（$P<0.01$），0.134（$P<0.05$），0.124（$P<0.05$）均达到了显著性水平；中小企业的“创业导向”与“国际化绩效”之间的相关系数为 0.306（$P<0.01$），也达到了显著性水平。可以看出，变量之间的关联性明显，中小企业的“资源获取”“资源整合”“资源利用”“创业导向”的得分值越高，企业国际化绩效越好。

6.3.2　中心化转换

调节效应的检验因为要将调节变量和自变量的乘积项放入回归方程，因此会出现共线性的问题，所以首先要进行“中心化转换”（Centering Transformation），即将变量各自减去其均值，然后用转换后的变量计算交互项，这样可以有效克服多重共线性的问题。三个层级回归模型分析均显示所有变量的方差膨胀因子值低于 8.0，远低于 10.0 的临界标准，表明不存在严重的多重共线性问题。

6.3.3 层级回归分析

本研究通过层级回归分析检验创业导向的调节作用，通过以下三个模型依次进行回归分析：

（1）模型1（Basic Model）：即以绩效为因变量，放入控制变量——企业年龄、企业规模、所有权类型。

（2）模型2（Independent Model）：即以绩效为因变量，在基本模型基础上再放入资源管理过程单个维度与创业导向，计算 ΔR^2。

（3）模型3（Eontingeney Model）：即以绩效为因变量，在独立模型基础上再放入创业导向与资源管理过程单个维度的交互项，计算 ΔR^2。

6.3.4 创业导向在资源获取和中小企业国际化绩效之间调节作用的检验

在层级回归分析中（分析结果详见表6－20），模型1中引入企业年龄、企业规模、所有权类型三个控制变量，结果发现企业规模和所有权类型对国际化绩效具有显著影响，企业年龄对国际化绩效影响不显著。说明，中小企业的规模越大，其国际化绩效水平越高；有外资参股或外资注入有利于国际化绩效水平的提升；而企业经营年限的加长并不能有效提升国际化绩效；模型的拟合优度为0.288，这说明国际化绩效还需要其他变量的解释。

在模型2中引入了主效应变量：中小企业的资源获取与创业导向，结果发现两个变量的进入使得模型对绩效的解释能力显著增加（$\Delta R^2 = 0.330$，$P < 0.001$），这说明中小企业的资源获取和创业导向对企业国际化绩效具有非常强的解释力。资源获取有助于国际化绩效的提高（$B = 0.550$，$T = 11.620$，$P < 0.001$），假设H3A在此也得到验证。

模型3中引入了中小企业资源获取与创业导向的交互项，结果发现交互项的回归系数达到显著性水平（$B = 0.111$，$T = 2.696$，$P < 0.01$），交互项显著增加了对国际化绩效变异的解释能力（$\Delta R^2 = 0.012$，$P < 0.01$）。上

述实证研究结果表明：资源获取与中小企业国际化绩效之间的关系受到创业导向的调节影响，即创业导向强化了资源获取和中小企业国际化绩效之间的正向关系，假设 H5A 得到证实。

表 6-19　平均值、标准差和变量间的 PEARSON 相关系数

序号	变量	MEAN	S. D.	1	2	3	4	5	6	7	8
1	企业年龄	2.375	0.951	1							
2	企业规模	2.679	1.121	0.007	1						
3	所有权类型	0.117	0.322	0.062	0.174**	1					
4	国际化绩效	3.080	0.988	0.051	0.375**	0.442**	1				
5	资源获取	3.005	0.9764	-0.031	0.232**	0.311**	0.715**	1			
6	资源整合	2.455	0.9543	0.075	0.365**	0.333**	0.727**	0.609**	1		
7	资源利用	2.323	0.8817	0.096	0.358**	0.281**	0.673**	0.514**	0.439**	1	
8	创业导向	3.157	1.397	-0.013	-0.179**	0.100	0.306**	0.360**	0.134*	0.124*	1

注：*代表 P<0.05；**代表 P<0.01；***代表 P<0.001（N=240）。

表 6-20　创业导向对中小企业资源获取与国际化绩效关系调节影响的检验结果

		模型 1		模型 2		模型 3		
		系数	T 值	系数	T 值	系数	T 值	VIF
控制变量	（常量）	2.155***	11.060	0.359	1.823	0.267	1.350	
	企业年龄	0.024	0.444	0.055	1.345	0.053	1.315	1.007
	企业规模	0.308***	5.512	0.233***	5.332	0.240***	5.552	1.172
	所有权类型	0.387***	6.925	0.214***	4.990	0.211***	4.976	1.128
主效应	资源获取			0.550***	11.620	0.543***	11.604	1.377
	创业导向			0.129**	2.841	0.157**	3.424	1.326
交互效应	资源获取×创业导向					0.111**	2.696	1.059
模型	R^2	0.288***		0.618***		0.629***		
	Adjust R^2	0.279***		0.610***		0.620**		
	Chang In R^2			0.330***		0.012**		

注：*代表 P<0.05；**代表 P<0.01；***代表 P<0.001（N=240）。

6.3.5　创业导向在资源整合和中小企业国际化绩效之间调节作用的检验

在层级回归分析中（分析结果详见表 6-21），模型 1 中同样引入企业年龄、企业规模、所有权类型这三个控制变量，结果发现企业规模、所有权类型对国际化绩效具有解释能力（$R^2=0.288$，$P<0.001$）。

在模型2中引入主效应变量：中小企业的资源整合与创业导向，结果发现两个变量的进入使得模型对绩效的解释能力显著增加（$\Delta R^2=0.638$，$P<0.001$）。这说明中小企业的资源整合和创业导向对企业国际化绩效具有非常强的解释力。资源整合有助于企业国际化绩效的提高（B = 0.563，T = 12.484，$P<0.001$），假设H3B得到验证。

模型3中引入中小企业资源整合与创业导向的交互项，结果发现交互项的回归系数未达到显著性水平，交互项也未增加对国际化绩效变异的解释能力（$\Delta R^2=0.000$）。上述实证研究结果表明：创业导向对资源整合与中小企业国际化绩效之间关系的调节作用不显著，假设H5B不成立。

表6-21　创业导向对中小企业资源整合与国际化绩效关系调节影响的检验结果

		模型1		模型2		模型3		
		系数	T值	系数	T值	系数	T值	VIF
控制变量	（常量）	2.155***	11.060	0.620**	3.373	0.611**	3.300	
	企业年龄	0.024	0.444	-0.002	-0.055	-0.004	-0.111	1.022
	企业规模	0.308***	5.512	0.179***	4.085	0.180***	4.103	1.243
	所有权类型	0.387***	6.925	0.199***	4.746	0.198***	4.717	1.139
主效应	资源整合			0.563***	12.484	0.563***	12.468	1.315
	创业导向			0.243***	5.910	0.247**	5.893	1.129
交互效应	资源整合×创业导向					0.020	0.497	1.051
模型	R^2	0.288***		0.638***		0.639***		
	Adjust R^2	0.279***		0.630***		0.629**		
	Chang In R^2			0.351***		0.000		

注：*代表P<0.05；**代表P<0.01；***代表P<0.001（N=240）。

6.3.6 创业导向在资源利用和中小企业国际化绩效之间调节作用的检验

在层级回归分析中（分析结果详见表6-22），模型1中同样引入企业年龄、企业规模、所有权类型这三个控制变量，结果发现企业规模、所有权类型对国际化绩效具有解释能力（$R^2=0.288$，$P<0.001$）。

在模型2中引入主效应变量：中小企业的资源利用与创业导向，结果发现两个变量的进入使得模型对绩效的解释能力显著增加（$\Delta R^2=0.626$，$P<0.001$），这说明中小企业的资源利用和创业导向对企业国际化绩效具有较强的解释力。资源利用有助于企业国际化绩效的提高（$B=0.531$，$T=11.964$，$P<0.001$），假设H3C得到验证。

模型3中引入中小企业资源利用与创业导向的交互项，结果发现交互项的回归系数未达到显著性水平，交互项也未增加对国际化绩效变异的解释能力（$\Delta R^2=0.000$）。上述实证研究结果表明：创业导向对资源利用与中小企业国际化绩效之间关系的调节作用不显著，假设H5C不成立。

表6-22　创业导向对中小企业资源利用与国际化绩效关系调节影响的检验结果

		模型1		模型2		模型3		
		系数	T值	系数	T值	系数	T值	VIF
	（常量）	2.155***	11.060	0.490*	2.572	0.487*	2.535	
控制变量	企业年龄	0.024	0.444	-0.012	-0.301	-0.013	-0.318	1.029
	企业规模	0.308***	5.512	0.200***	4.556	0.200***	4.546	1.210
	所有权类型	0.387***	6.925	0.228***	5.406	0.227***	5.379	1.114
主效应	资源利用			0.531***	11.964	0.532***	11.847	1.255
	创业导向			0.306***	7.449	0.308**	7.336	1.095
交互效应	资源利用×创业导向					0.006	0.156	1.073
模型	R^2	0.288***		0.626***		0.626***		
	Adjust R^2	0.279***		0.618***		0.616**		
	Chang In R^2			0.338***		0.000		

注：*代表$P<0.05$；**代表$P<0.01$；***代表$P<0.001$（$N=240$）。

6.4　实证检验结果分析与讨论

本章以取自广东、江苏、浙江、北京、天津五个省市具有国际化业务的240家中小企业为研究样本，对企业关系网络及其四个维度对国际化绩效的影响机制进行了实证研究，并验证了中小企业关系网络通过企业资源获取、资源整合与资源利用的中介作用对企业国际化绩效产生影响的机理模型。下面将说明各项假设的检验结果，并对结果进行分析与讨论。

6.4.1 假设检验的结论总结

经过资料搜集、访谈和问卷调查，本研究的理论模型经过相关性分析、因子分析、结构方程建模分析和层级回归分析等数据分析过程，对本研究提出的25条研究假设进行了验证，具体的假设及其检验结果如表6-23所示。

表6-23 各研究假设的检验结果

标号	假设（共25条）	结果
H1A1	中小企业关系网络规模与资源获取之间存在显著的正相关关系	支持
H1A2	中小企业关系网络规模与资源整合之间存在显著的正相关关系	支持
H1A3	中小企业关系网络规模与资源利用之间存在显著的正相关关系	不支持
H1B1	中小企业关系网络位置与资源获取之间存在显著的正相关关系	支持
H1B2	中小企业关系网络位置与资源整合之间存在显著的正相关关系	支持
H1B3	中小企业关系网络位置与资源利用之间存在显著的正相关关系	支持
H1C1	中小企业关系网络强度与资源获取之间存在显著的正相关关系	支持
H1C2	中小企业关系网络强度与资源整合之间存在显著的正相关关系	支持
H1C3	中小企业关系网络强度与资源利用之间存在显著的正相关关系	不支持
H1D1	中小企业关系网络久度与资源获取之间存在显著的正相关关系	支持
H1D2	中小企业关系网络久度与资源整合之间存在显著的正相关关系	不支持
H1D3	中小企业关系网络久度与资源利用之间存在显著的正相关关系	支持
H2A	中小企业关系网络规模与国际化绩效之间存在显著的正相关关系	支持
H2B	中小企业关系网络位置与国际化绩效之间存在显著的正相关关系	支持
H2C	中小企业关系网络强度与国际化绩效之间存在显著的正相关关系	支持
H2D	中小企业关系网络久度与国际化绩效之间存在显著的正相关关系	支持
H3A	中小企业资源获取与国际化绩效之间存在显著的正相关关系	支持
H3B	中小企业资源整合与国际化绩效之间存在显著的正相关关系	支持
H3C	中小企业资源利用与国际化绩效之间存在显著的正相关关系	支持
H4A	中小企业资源获取在关系网络作用于企业国际化绩效过程中起到显著的中介作用	支持

续表

标号	假设（共25条）	结果
H4B	中小企业资源整合在关系网络作用于企业国际化绩效过程中起到显著的中介作用	支持
H4C	中小企业资源利用在关系网络作用于企业国际化绩效过程中起到显著的中介作用	支持
H5A	创业导向在中小企业资源获取与国际化绩效之间起到显著的调节作用	支持
H5B	创业导向在中小企业资源获取与国际化绩效之间起到显著的调节作用	不支持
H5C	创业导向在中小企业资源获取与国际化绩效之间起到显著的调节作用	不支持

6.4.2　分析与讨论

6.4.2.1　中小企业关系网络与资源管理过程间关系的假设检验结果分析与讨论

从表6－8可以看出，中小企业关系网络规模维度对资源管理过程的资源获取、资源整合与资源利用三个维度的标准化路径系数分别为0.251（P<0.001）、0.239（P<0.001）和0.121（P>0.05）。这表明，一方面，网络规模对资源获取具有显著的积极影响。这一结论与大部分学者的研究结论相一致，网络规模代表着与企业联系的网络成员的数量，关系网络的规模越大，与企业联系的成员数量越多，企业的交际范围越广，越有利于获得大量的新的信息和知识（Burt，1992）。另一方面，网络规模对资源整合具有显著的积极影响。这一结论与George等（2001）、Dyer和Nobeoka（2000）的研究相一致，他们认为企业关系网络的规模越大，越有利于分散和整合有价值的资源，提升自身的资源整合能力。再者，网络规模对资源利用也具有积极影响但不显著。这可能是因为，虽然企业关系网络的规模扩大增加了信息和知识的来源渠道，为企业提供了更多更新的资源，但是同时也增大了企业对这些资源和信息吸收和转化的压力，大量的丰富的信息也增加了企业识别和筛选的成本，从而影响了企业对有价值资源的有效利用。

同时，中小企业关系网络位置维度对资源管理过程的资源获取、资源整合与资源利用三个维度的标准化路径系数分别为0.407（$P<0.001$）、0.301（$P<0.001$）和0.306（$P<0.001$），均具有显著的积极影响。这说明，一方面，中小企业在关系网络中所处的位置与企业资源获取呈显著正相关关系。这一结论与Bruce Kogut和Gordon Walker（2006）的研究相一致，他们认为企业在网络中的位置会影响企业对资源的获取，越靠近网络中心的位置或占据较多的结构洞位置，越能吸引更多的成员与其合作，增加了彼此之间的相互依赖，促进了资源包括缄默性知识的传递，增加了高质量资源获取的机会。另一方面，中小企业所处的关系网络位置与资源整合显著正相关。这一结论与Tsai和Ghoshal（1998）的研究相一致，他们认为处于关系网络中心的企业因为处于信息交换的中心节点，这使得它与其他企业进行资源配置与交换的可能性更高。另外，中小企业所处的关系网络位置与资源利用也显著正相关。中小企业在关系网络中拥有一个中心位置，可以带来更多的优质信息和知识向企业靠拢，更便于资源的创新式利用。

中小企业关系网络强度维度对资源管理过程的资源获取、资源整合与资源利用三个维度的标准化路径系数分别为0.342（$P<0.001$）、0.505（$P<0.001$）和0.105（$P>0.05$）。这说明，一方面，关系强度对企业的资源获取和整合产生显著的积极影响。关系强度反映的是中小企业与其他网络成员来往的频度，或密切程度，关系强度越高，中小企业与网络中其他成员的关系越紧密，企业就越容易获取和整合资源。这一结论与Waston（2007）和Virginia（2012）的研究相一致，紧密联系的网络关系，增强了成员间彼此的了解和信任，更有利于高质量信息和资源的交流和匹配，达到了获取更多有价值资源和对现有资源优化整合的目的。另一方面，关系强度对企业资源利用也具有正向影响，但是影响效果不显著。这可能的原因是网络间的强联系增强了双方的了解和信任而获得更多的重要信息和稀缺性资源的同时，也对这些资源的消化吸收提出了更高的要求，如果企业自身的吸收和组织学习能力较弱，将会影响到资源利用的效果。再者，在企业创建的初期和成长期，因为资金不足和能力有限，此时，企业对资源管理主要侧重于资源的获取和整合，而进入成熟期后，才开始通过资源利用创造价值（朱秀梅，2008），而已有研究证实在企业创建的初期和成长期大多是依靠强联系来获得资金和技术等外部支持的，随着企业的发展壮大，自身能力和经验的不断积累，才开始学会有效利用资源，此时弱联系对企业更有效（SHanE & CABLE，2002）。从我国中小企业的实际情况来看，大多数仍处于创建期和成长期，样本企业成立年限在10年以内的占到了样本总数的84.9%。因此，强联系在中小企业国际化的过程中仍发挥着重要的作用，有效地促进了资源获取和整合，而对于资源利用，往往通过与合作伙伴或中介机构签订正式合同等这样的弱联系发挥作用，强联系对其影响不显著。

中小企业关系网络久度维度对资源管理过程的资源获取、资源整合与资源利用三个维度的标准化路径系数分别为0.274（$P<0.001$）、0.043（$P>0.05$）和0.457（$P<0.001$）。这表明，第一，关系久度对企业资源获取产生积极显著影响。这一结论与大多数学者的研究相一致，持久的合作关系，能够使双方共享有价值的信息和资源，从而降低双方预期的不确定性，使得企业更好地面对复杂多变的外部环境（Anderson et al.，1990；Morgan et al.，1999；Buttle，1997）。第二，关系久度也对资源的利用产生积极影响。长久的稳定的关系网络，使得中小企业有机会和时间在国际化实践中不断积累、学习和吸收，进而有利于资源的正确利用。第三，关系久度对资源整合的影响则不显著。这可能的原因是稳定持久的关系网络使双方能够获得更重要的信息和资源，而企业在不断获取这些高质量资源的同时，往往忽略了这些资源与企业自身资源和能力的匹配程度，分散了太多的精力和时间来获取，却对可用性资源筛选不足，导致无法匹配，更无法实现在企业自身基础上的稳定调整和丰富细化。

6.4.2.2　中小企业关系网络与企业国际化绩效间关系的假设检验结果分析与讨论

从表6-11可以得出，中小企业关系网络规模维度与企业国际化绩效间关系的标准化路径系数为0.204（$P<0.001$），具有显著的正向影响。这说明中小企业与国内外企业及其他组织机构的联系广泛性与其国际化表现存在正相关关系，关系网络的规模是中小企业提高国际化绩效的重要影响

因素。网络联系的数量对企业的国际化成长和成功有积极的影响（Steier & Green wood，2000）。

中小企业关系网络位置维度与企业国际化绩效关系的标准化路径系数为0.336（P<0.001），这说明中小企业在国内外的关系网络中所处的位置中心性程度与企业国际化绩效存在正相关关系，企业关系网络的位置维度对企业国际化绩效有着重要影响。越接近网络中心或处于结构洞位置的企业越可能较多地利用其他网络成员，获得更丰富的信息，更有效率地配置资源和更好地吸收转化形成自己的能力，促进企业的国际化成长。

中小企业关系网络强度维度与企业国际化绩效关系的标准化路径系数为0.378（P<0.001），这说明中小企业与国内外其他企业或组织联系的频繁性、紧密性与企业国际化绩效存在正相关关系，企业关系网络的强度维度对企业国际化绩效有着重要影响。国际网络成员间紧密的强联系有助于把隐性的、精细的信息传递下去，更利于沟通，同时也能增强彼此之间的信任，有利于高质量信息的获取和成员间资源的匹配，从而带来国际化绩效水平的提升。

中小企业关系网络的久度维度与企业国际化绩效关系的标准化路径系数为0.357（P<0.001），这说明中小企业与国内外其他企业或组织稳定和持久的联系有利于企业国际化绩效的提升，同样，企业关系网络的久度维度对企业国际化绩效有着重要影响。在一个较稳定和持久的国际关系网络中，企业会与其他网络成员产生多次的交互行为，这种不断的交往既增强了网络稳定性，同时也对双方信誉进行了考察，降低了机会主义行为和倾向，从而有利于企业国际性社会资本的积累和网络优势的获得，对国际化绩效产生积极影响。

6.4.2.3 中小企业资源管理过程与企业国际化绩效间关系的假设检验结果分析与讨论

从表6－13可以看出，中小企业资源管理过程的资源获取维度与企业国际化绩效关系的标准化路径系数为0.443（P<0.001）。这说明资源获取与企业国际化绩效具有显著的正相关关系。对于涌入国际化浪潮的中小企业而言，其先天的缺陷就是资源基础薄弱，获取资源是企业国际化发展的

首要任务，也是最关键、最艰巨的一项挑战，国际化发展的网络视角，为其提供了重要的资源获取渠道，很显然，企业像抓住“一根救命的稻草”一样，想牢牢地把握住它，努力地从中获取企业发展所需的各种资源，以改变自身资源匮乏的现实处境。根据资源基础理论，资源是企业生存和发展的关键，是企业获取竞争优势、创造价值的源泉，更是其开拓创新永葆活力的基石，对企业的国际化发展起到积极的促进作用。

中小企业资源管理过程的资源整合维度与企业国际化绩效关系的标准化路径系数为0.320（$P<0.001$）。这说明，资源整合与企业国际化绩效具有显著的正相关关系。面对复杂多变、竞争激烈的国际化环境，中小企业本身就带着资源薄弱的缺陷，如何在激烈的竞争中生存并保持长久的发展，最好的选择就是对现有的潜在的有限资源（包括信息、知识和技术等）进行整合、匹配并开拓创造，因为只有整合的资源才能引导企业在快速变化的环境中优化产品和组合市场，迅速而有效地开发新产品或服务以满足不同的市场需求，获得暂时的竞争优势。中小企业对其资源的稳定调整、丰富细化和开拓创造对其国际化绩效的提升具有积极的影响作用。

中小企业资源管理过程的资源利用维度与企业国际化绩效关系的标准化路径系数为0.314（$P<0.001$）。这表明，中小企业资源利用与企业国际化绩效具有显著的正相关关系。中小企业的资源利用是其核心能力和竞争优势形成的关键，资源管理过程的前两个阶段资源获取和资源整合都是凭借外部的现成的或潜在的资源在企业有效的调配和组合之下，为企业所用，可以说最终形成了企业的战略资源，而资源利用则是资源向能力的转化，并最终利用能力的过程，实际上，是把外在的资源通过企业的吸收和学习转化为自身核心能力的过程。动态能力理论也告诉我们，资源是企业生存发展的基础，而能力才是企业存续不变的法宝。中小企业通过在国际关系网络中占据有利位置，并建立持久稳定的关系，获得了培育自身能力的机会，促使其把别人的外界的资源尤其是隐性的知识资源通过吸收、学习转化为自身的核心能力，从而使其在国际市场上获得长足发展。

6.4.2.4 资源管理过程中介作用的假设检验结果分析与讨论

通过比较完全中介作用模型和部分中介作用模型，本研究选择了拟合效果更好的完全中介作用模型作为最终模型。从表6－18可以看出，网络规模、网络位置、关系强度、关系久度对中小企业国际化绩效直接效应的标准化系数都为0，这说明它们对国际化绩效没有直接影响，而是通过资源获取、资源整合和资源利用的中介作用来影响国际化绩效的。具体来说，网络规模通过获取机制和整合机制来影响国际化绩效；网络位置通过获取机制、整合机制和利用机制来影响中小企业国际化绩效；关系强度通过获取机制、整合机制影响中小企业国际化绩效；关系久度维度通过获取机制和利用机制来影响中小企业的国际化绩效。可以看到，虽然关系网络的各个特征维度作用于国际化绩效的具体路径不同，但是总体上看，资源管理过程的每个阶段都在其中起到了一定的中介作用。或许可以这样解释，中小企业处在一个与国际、国内企业或其他组织相联系的关系网络之中，但是这个关系网络的规模、其所在的位置、与网络成员的关系强度和久度，本身并不能直接影响企业的国际化绩效，而主要是通过在关系网络中获取有利于企业生存和发展的各种资源，并对这些资源进行有效整合和合理利用，也就是要对这些获取的资源进行有效管理，才能有益于企业的国际化发展。企业从外部关系网络获取的资源是分散的、无序的，并不能直接提升企业的国际化发展能力，只有对这些资源进行整合，形成企业自身的资源体系和能力并加以有效利用，才能成为企业的战略资源和核心能力，为企业随时调遣，将会更好地提升企业的国际化绩效。因此，资源管理过程是中小企业关系网络作用于企业国际化绩效的内在机制。

6.4.2.5 创业导向对资源管理过程与企业国际化绩效之间关系调节作用的假设检验结果分析与讨论

从表6－20可以看出，中小企业的创业导向显著提高了资源获取对企业国际化绩效的正向影响（$B=0.111$，$T=2.696$；$\Delta R^2=0.012$，$P<0.01$）。也就是说，中小企业的创业导向越强，资源获取对企业国际化绩效的提升作用越大。由于创业导向代表着企业的创新精神、冒险精神和超前行动的意识，它们是促进企业积极进取和开拓创新的动力源泉，这些精神表现得越为强烈，越有利于企业将从关系网络中获取的资源合理投入于企业发展，尝试产品、服务或技术等的创新，投资于新型项目，抓住商机

领先于竞争对手推出新产品、新服务或率先抢占市场等，从而抢占国际市场，获取超额利润，促进企业国际化成长。

从表6－21可以看出，中小企业的创业导向在资源整合与企业国际化绩效之间的调节作用不显著（B＝0.020，T＝0.497；$\Delta R^2=0.000$，P＞0.05）。也就是说，创业导向的增强或减弱，不会影响到中小企业资源整合与企业国际化绩效之间的关系。这可能是由于具有良好资源整合能力的中小企业本身就表现出积极进取的精神，正是这种创新、冒险和先动的精神，对企业能力提出了更高的要求，从而促使企业对资源进行稳定调整、丰富细化和开拓创造的一系列行动，不断培养和提升自身独特的创新整合能力，进而有利于企业国际化绩效的实现，在此过程中，如何加强创业导向，效果不会很显著。

从表6－22可以看出，中小企业的创业导向在资源利用与企业国际化绩效之间的调节作用不显著（B＝0.006，T＝0.156；$\Delta R^2=0.000$，P＞0.05）。也就是说，创业导向的增强或减弱，不会影响到中小企业资源利用与企业国际化绩效之间的关系。这可能是因为中小企业资源利用和国际化绩效之间的关系十分紧密，如果企业能够把从关系网络中获得的资源充分地消化吸收并转化为自己的能力，合理高效地利用，必然可以达到国际化绩效提升的目的，而不再需要高创业导向的刺激；反之，如果不能合理有效地利用资源，即使有强烈的创新、冒险精神和先动意识，也无济于企业国际化绩效的提高。

第7章　结论与启示

7.1　研究结论

本研究以我国开展国际化业务的中小企业为研究对象，通过理论演绎、模型构建和统计验证等一系列研究方法及SPSS 19.0和AMOS 17.0等统计分析工具的综合运用，全面系统地研究了中小企业关系网络与其国际化绩效间的关系，着重对资源管理过程的中介作用进行了分析，明晰了中小企业关系网络对企业国际化绩效的作用机制。形成的主要研究结论如下：

7.1.1　中小企业关系网络不仅是企业资源获取的重要渠道，同时也对资源管理的整合和利用过程产生积极影响

根据网络国际化理论和企业关系网络理论，关系网络是企业获取资源的重要渠道，尤其对开展国际化业务或进行国际创业的中小企业来讲，国际关系网络是其实现国际化扩张最好的选择（Johanson & Mattsson，1987）。与此同时，关系网络最直接、最重要的作用就是资源获取，这方面的研究已经取得了丰硕的成果，而关系网络对资源管理其他过程影响的探讨却很少受到关注。为弥补这一不足，本研究从关系网络的视角出发，实证考察了关系网络各特征维度对资源管理过程各阶段的影响。实证结果显示，首先，关系网络规模与资源获取和资源整合之间存在显著的正相关关系，而其对资源利用具有积极影响，但不显著。这可能是因为，虽然企业关系网络的规模扩大增加了信息和知识的来源渠道，为企业提供了更多更新的资源，但是同时也增大了企业对这些资源和信息吸收和转化的压力，大量的

丰富的信息也增加了企业识别和筛选的成本，从而影响了企业对有价值资源的有效利用。其次，关系网络位置与资源获取、资源整合和资源利用之间均存在显著的正相关关系。这一结论说明，企业在关系网络中所处的位置十分重要，处于国际竞争环境下的中小企业在构建关系网络时必须占据一个较中心的位置或占据较多结构洞的位置，因为这不仅决定了企业资源获取的数量和质量，而且还对资源整合和利用产生较大影响。再次，关系强度对企业的资源获取和整合产生显著的积极影响，关系强度越高，中小企业与网络中其他成员的关系越紧密，企业就越容易获取和整合资源；关系强度对企业资源利用也具有正向影响，但是影响效果不显著。这可能的原因是网络间的强联系增强了双方的了解和信任，而获得更多的重要信息和稀缺性资源的同时，也对这些资源的消化吸收提出了更高的要求，如果企业自身的吸收和组织学习能力较弱，将会影响到资源利用的效果。最后，关系久度对企业资源获取和资源利用产生积极显著影响；对资源整合的影响则不显著。这可能的原因是稳定持久的关系网络使双方能够获得更重要的信息和资源，而企业在不断获取这些高质量资源的同时，往往忽略了这些资源与企业自身资源和能力的匹配程度，对可用性资源筛选不足，导致无法匹配，更无法实现在企业自身基础上的稳定调整和丰富细化。

7.1.2　中小企业关系网络是企业国际化成长的基础，其对中小企业国际化绩效具有显著的促进作用

根据企业网络理论，关系网络是企业非常有价值的资源，通过与外部网络的联系可以为企业提供各种所需的资源，包括信息、知识、资金和人才等；同时，也可以促使网络内的企业更有效地发现市场机会并对稀缺资源进行辨别、收集、配置和利用，从而有助于企业的国际化成长。本研究通过中小企业关系网络对资源管理过程影响的分析，进一步验证了中小企业关系网络的作用。结果表明，中小企业关系网络的作用不仅体现在机会的开发利用和资源获取之上，而且关系网络还有助于提升企业的资源整合能力和资源利用能力。这为进一步深入研究关系网络与中小企业国际化绩效关系奠定了基础。

本研究主要借鉴 Burt（1982）和 Granovetter（1985）的研究，把关系网络划分为能够代表其结构性嵌入特征的网络规模、网络位置和能够代表其关系性嵌入特征的关系强度、关系久度四个维度，并利用结构方程模型对它们之间的关系进行验证。结果显示，企业关系网络的四个维度对中小企业国际化绩效均具有显著的正向影响，其中，影响程度最强的是关系强度（路径系数为0.378），然后是关系久度（路径系数为0.357），最后是关系位置（路径系数为0.336），相比较而言，影响程度最弱的是网络规模（路径系数为0.204）。这表明，中小企业关系网络对其国际化绩效具有积极的显著的促进作用，这一结论进一步证实了中小企业关系网络对企业国际化成长的重要作用。中小企业积极培育广泛的、紧密的关系网络，将会有力地促进企业竞争优势的获取和国际化绩效的提升。

7.1.3 资源管理过程在中小企业关系网络作用于企业国际化绩效的过程中起到显著的中介作用

本研究在对中小企业关系网络影响其国际化绩效的内在机理进行剖析的基础上，构建了“关系网络—资源管理过程—企业国际化绩效”的概念模型，并对该概念模型基于开展国际化业务的240家中小企业进行了实证研究。根据 Baron 和 Kenny（1986）以及 Chen、Aryee 和 Lee（2005）提出的中介作用的四个判定条件，首先对中小企业关系网络、资源管理过程和企业国际化绩效三者之间的关系分别进行了检验。结果显示，中小企业关系网络各维度对资源管理过程各维度的作用路径系数大部分达到显著性水平，第一个判定条件基本成立；中小企业关系网络各维度对企业国际化绩效的作用路径系数均达到显著性水平，第二个判定条件成立；中小企业资源管理过程各维度对企业国际化绩效的作用路径系数均达到显著性水平，第三个判定条件成立。其次，对资源管理过程的中介效应进行检验，比较完全中介模型与部分中介模型。结果显示，完全中介模型的各项拟合指标均优于部分中介模型，中小企业关系网络通过资源管理过程间接影响企业国际化绩效，资源管理过程在其中起到完全的中介作用。

这说明，中小企业从其关系网络中获取资源只是实现企业国际化成长的第一步，当然也是比较关键的一步，从实证结果看，通过资源获取作用于国际化绩效的路径系数最高。仅仅完成第一步，拥有这些资源并不能确保竞争优势的取得或企业价值的创造，我们必须对这些资源进行有效的管理。Sirmon 和 Hitt（2003）为我们提供了管理资源的思路，实证结果表明，资源整合和资源利用也在中小企业关系网络与企业国际化绩效之间起到了显著的中介作用。资源管理过程是实现关系网络促进中小企业国际化绩效提升的必由之路。由此，从资源管理的视角，进一步打开了中小企业关系网络作用于企业国际化绩效的“黑箱”。这使我们充分认识到，虽然资源是企业实现价值创造的一个关键因素，但是有效管理资源实现它们的内在价值才能够真正为企业创造竞争优势。中小企业在复杂多变的国际竞争环境下，通过关系网络获取资源，并对其有效整合和合理利用才能够促进企业国际化绩效的提升。这一结果也说明，当行业竞争者间拥有的网络资源没有极大差异的情况下，资源管理的作用就显得格外重要。

7.1.4 创业导向在资源管理过程作用于中小企业国际化绩效中起到部分调节作用

在竞争激烈的国际市场中，对中小企业来说，资源的获取和有效控制是赢得竞争优势的关键，而创业导向在其中也扮演着重要的角色，通过反映创新性、冒险性、先动性的实践行动对中小企业的国际化成长产生了积极影响，是中小企业实现国际化成长的重要推动力量。鉴于此，本研究通过构建交互项，采用多层回归的分析方法分别检验了创业导向对资源获取与中小企业国际化绩效间关系的影响，创业导向对资源整合与中小企业国际化绩效间关系的影响，创业导向对资源利用与中小企业国际化绩效间关系的影响。结果显示，创业导向在资源获取作用于中小企业国际化绩效中起到了显著的调节作用；而其在资源整合、资源利用与中小企业国际化绩效间的调节作用不显著。

针对后一结论，这可能是由于，一方面，资源整合与资源利用过程本身对国际化绩效的促进作用已相当显著，也就是说，如果中小企业能够有效地整合资源或高效地利用资源，那么其国际化绩效的提升是显而易见的，不需要创业导向的实施也能够取得较好的业绩，因为此时企业已经构建了自身整合或利用资源的能力，或者说，创业导向已经在无形中实施了，正是它的作用促成了有效的资源整合或高效的资源利用，创业导向发挥了间接的促进作用而不是调节作用；另一方面，如果中小企业的资源整合和资源利用情况不尽如人意，也就是说其整合和利用资源的能力较弱，那么此时，即使具有较高的创业导向，也无济于企业国际化绩效的提升，因为自身能力的不足严重影响了企业的发展进步。而对创业导向在资源获取与中小企业国际化绩效中的显著调节作用，这一结论表明，中小企业的创新性、冒险性和先动性的意愿或态度加强了资源获取对企业国际化绩效的正向影响。这与 Johan Wiklund（2003）的研究结论相一致，同时也对 Cockburn 等（2000）的"企业能够利用获得的资源正确识别机会并对外部环境做出快速反应，创业导向帮助解释了这一管理现象"的研究做出了重要的补充证明。

7.2 对实践的启迪和借鉴

目前，我国中小企业的发展面临诸多困难，在规模和实力上都处于劣势，加上 2007 年以来国际环境因素的影响，中小企业面临的挑战更加严峻。企业关系网络的嵌入能够影响企业资源管理的过程，而资源管理的各个阶段又对企业国际化绩效有着显著的影响。本研究的研究结论为中小企业更加有的放矢地开展国际化经营提供了一些可资借鉴的思路。

7.2.1 积极主动地构建国际关系网络，努力占据优势位置

国际关系网络对于中小企业的国际化经营至关重要，它们能够帮助企业获得生存和发展所需的各种资源，如信息、知识和技术等。除此之外，本研究还发现，关系网络还对中小企业的资源整合和利用过程产生显著的积极影响。因此，在复杂多变竞争激烈的国际市场环境下，中小企业必须通过各种方式和途径积极主动地构建国际关系网络。第一，可以利用海外

华商关系拓展海外市场。海外华商遍布世界各地，经过数年的打拼积累，在人才和资源方面已经拥有了相当的实力，也逐渐形成了自己独特的商业网络，对我国来说是一笔宝贵的财富。同种族、同文化的民族感情，有利于与之建立紧密的相互联系，对于中小企业拓展海外市场、开展出口贸易具有极大的好处。中小企业应积极主动地通过各种渠道与之建立联系，获取国际市场信息，把握海外市场动态，寻求机遇主动出击。第二，注重网络联合，发挥集群优势。中小企业在规模和实力上的天生弱势决定了靠其单打独斗很难在激烈的国际竞争中脱颖而出，集群发展不失为一个更好的选择，集群中的企业往往通过合同分包、战略联盟等形式紧密地联系在一起，形成了一个特定的网络。而集群间网络的联合，可以形成新的更发达的网络，甚至组成完整的产业链，从而能够带来一定的规模优势，促进各集群企业的国际化发展。第三，与大企业协作，发挥带动效应。一方面，寻求与大型跨国公司的合作，如结成战略联盟、进行贴牌生产等，这样的合作不仅有助于企业学习先进的管理经验和技术，同时也能够在共生的网络中寻求庇护，避免与更强的竞争对手交锋对峙。另一方面，寻求与国内大企业的协作发展，成为大企业生产中的分包商，为其生产配套产品或零部件，获得企业技术和资金支持，或者挂靠国际化的大企业，借助现成的海外销售渠道和技术支持发展国际市场（陈菲琼和冯显敏，2006）。

本研究的研究结果还表明，关系网络的各特征维度对中小企业国际化绩效产生间接的促进作用。这为中小企业构建什么样的关系网络提供了一些有益的指导。第一，中小企业在积极构建广泛的国际关系网络时，还要考虑到企业资源管理所处的阶段。一般而言，在企业的初创期和成长期，更多地依靠资源获取和资源整合来促进企业国际化绩效的提升，而在成熟期，资源利用阶段所发挥的作用则更为明显（朱秀梅、蔡莉等，2008）。因为本研究证实关系网络对中小企业的资源利用阶段作用效果不显著，所以，当企业处于成熟期时，不能一味地追求扩大网络规模，这不利于资源的利用和自身能力的提升，甚至会出现资源过度堆积，挑选和维持关系成本上升，有碍国际化绩效提升的情况。第二，中小企业在构建国际关系网络时，必须考虑自身在网络中的地位，努力占据中心或更多结构洞的位置。当然这个网络位置是企业早期网络活动的结果，因此，企业在管理关系网络时，必须给自己设定目标，考虑到将来的位置，因为这会影响到资源管理的每一个过程，获取、整合和利用资源的效果都会受到企业所处网络位置的影响，进而决定了企业的国际化成长。第三，中小企业与国际关系网络成员间建立什么样的联结关系，是强联系还是弱联系，也应考虑到企业资源管理所处的过程阶段。实证结果表明，强联系有利于资源的获取与整合，而对资源利用的影响则不显著。再结合朱秀梅、蔡莉等（2008）的研究结论，也就是在中小企业初创期和成长期应该与网络成员建立紧密的联结关系，而在成熟期可以适当地采用弱联系。第四，中小企业应该与合作伙伴建立长期导向型的网络伙伴关系，稳定持久的联系有利于资源的获取和利用，但同时必须考虑到它对资源整合的效果不是很显著，在获取的同时要强化与自身资源的匹配度。

7.2.2 重视培养创业导向，强化其与资源的协调作用

已有研究显示，创业导向是中小企业国际化成长的重要影响因素，规模和实力比较薄弱的中小企业能够走出国门进行国际创业，本身就体现出了敢闯、敢拼的冒险精神。但是只有冒险的胆识却是远远不够的，创业导向是一个综合的概念，创新性才是它的灵魂，先动性也是一个重要维度。中小企业在国际化的浪潮中能否成功抓住有价值的国际商机，关键就要看创业精神/创业导向的发挥程度。在竞争异常激烈的国际市场环境下，创新、冒险、先动精神是推动企业国际化成长的关键，尤其对于在国际网络关系的推动下成长起来的中小企业来讲，如何管理和利用好这些网络资源更需要创业导向的积极推动。世界著名的埃森哲管理咨询公司曾对26个国家和地区的几十万名企业家访谈，79%的企业领导人认为创业导向对于企业的成功至关重要。埃森哲公司还有一份调查显示，中国企业或企业家的创业导向最主要的障碍是：不愿意承担风险和失败，税务负担过重，缺乏资源，对变革和适应变革的准备不足。有94%的中国企业领导人认为政府没有采取有效的措施来鼓励企业发挥创业导向，中小企业，尤其是民营中小企业承受着巨大的物质和精神压力，创业精神的培育和发挥步履维艰。

新加坡经济发展局行政主席曾经说过："创业导向无论是在逆境中还是在顺境中进行培养，都需要一个支持它们成长的良好环境。政府的关键作用就是创建一个全国性的氛围，鼓励企业和企业家创业导向的发挥，从而推动企业和社会经济的发展。"只有营造出一个比较宽松的政策环境，才有利于企业家和企业创业导向的培养和发挥。同时，中小企业由于规模较小，企业家作为企业的领头羊在企业中的作用非常突出，那么创业导向的培养首先重在企业家自身，通过自我学习、多与国际企业交流、主动参与国际供应链等活动，增长和积累见识，培养胆识；而后通过组织学习、尝试创新等方式把这种创业的精神传递给企业的每一名员工，深入人心，打造一支创业导向较强、充满活力和朝气的组织团队。

同时，创业导向的发挥效果还取决于企业的资源基础，资源是企业获得竞争优势的最根本保证。对于开展国际化业务的中小企业来说，借助网络力量千方百计获得的资源是企业实现国际化发展的基础，而创业导向则是企业国际化成长的重要推动力量。本研究的研究结果也表明，只有资源和创业导向的共同协作才能更好地提升企业的国际化绩效。因此，在培养创业导向的同时，必须持续不断地从国际关系网络中获取各种资源，二者协同作用，发挥更好的效应。

7.2.3 注重资源的整合和利用，提高企业资源管理能力

研究结果表明，中小企业关系网络的优势作用不仅仅限于资源获取，它也对企业的资源整合和资源利用产生重要的积极影响，并通过获取机制、整合机制和利用机制对企业国际化绩效产生正向作用。我们可以看到，资源管理过程在其中起到重要的中介作用。虽然资源获取是企业创造竞争优势的源泉，但是没有对资源的有效管理，资源只不过是一纸空谈；国际化的成功往往只属于那些善于整合和利用资源的企业，而不是那些仅仅拥有丰富资源的企业；相对于资源本身，企业对这些资源的管理具有更加重要的战略意义（Mascarenhas，1997）。也就是说，真正给企业创造价值的是对资源进行有效整合和利用的行为及能力。开展这些行为和打造这些能力的企业，能够正确预测国际市场未来需求，调配和组合企业资源，

创新产品/服务或工艺，满足市场需求，并通过组织学习和消化吸收把资源转化为自身的核心能力，再吸引更多的人才和资源，使企业资源管理处于一个良性循环的状态，从而提升企业的整体实力。因此，国际化的中小企业在充分利用关系网络获取各种资源的同时，要高度重视对这些网络资源的整合和利用，采取相应的整合策略，积极开展组织学习，彻底地消化和吸收有价值的资源，提升资源管理能力，这样才能充分挖掘网络资源的内在价值，增强企业的国际竞争优势。

7.3 研究局限与未来研究展望

7.3.1 研究局限

中小企业的国际化问题一直是国际商务研究领域的一个重点，新兴的网络视角为其提供了一个更好的理论平台，从现有研究文献来看，国际国内对这方面的研究还处于初步探索阶段，本研究也只是在这一前沿框架下的初步尝试，更深层次的问题还有待在今后的研究中不断探索。由于研究的复杂性和笔者能力、精力与时间的限制，本研究还存在许多不足之处：

第一，样本选择的局限。由于笔者研究条件的限制，样本主要取自广东、江苏、浙江、北京、天津五个省市，因而所获得数据在地域选择上有一定局限性。另外，本研究的数据通过问卷调查取得，每份问卷仅仅由一个作答者回答，因此同源误差的问题不可避免。

第二，变量测量的局限。本研究采用主观指标测量国际化绩效，尽管这些指标在问卷调查研究中被证明是有效的和可以接受的，但如果能适当加入一些客观绩效指标将更有信服力。

第三，企业资源管理过程中三个过程之间并非是相互独立的，由于本文内容框架有限，本研究并没有对资源获取、资源整合与资源利用三个过程之间的关系进行探讨。

第四，本研究所收集的数据是截面数据，只能证明各变量在某个时点上的相互关系，未来研究更应该跟踪考察企业长期变化的趋势，或适当增加重要案例分析，将更有助于理解中小企业的国际化成长过程。

7.3.2　未来研究展望

上述研究的局限，也为未来的研究指明了方向。

第一，引入案例研究和现场研究等实证研究方法。结合问卷调查，对中小国际化企业进行深度个案分析，如条件允许，着重选择几个企业，进行纵向跟踪研究。

第二，拓展资源管理过程的影响因素。除了考虑企业关系网络以外，还要把环境、能力等因素考虑进去，进一步完善企业国际化成长的机制研究。

第三，企业资源管理过程中三个过程之间并非相互独立，下一步的实证研究可以进一步考虑资源获取、资源整合与资源利用之间的关系，构造更复杂的动态模型，进一步研究其与企业国际化绩效之间的动态关系。

参考文献

[1] Aaby N. , Slater S. F. . Management Influences on Export Performance: A Review of the Empirical Literature 1978 - 1988 [J] . International Marketing Review, 1989, 6 (4): 28 -37.

[2] Acquaah M. . Managerial Social Capital, Strategic Orientation, and Organizational Performance in an Emerging Economy [J] . Strate - gic Management Journal, 2007, 28 (12): 1235 -1255.

[3] Acedo F. J. & Jones M. V. . Speed of Internationalization and Entrepreneurial Cognition: Insights and Comparison between International New Ventures Exporters and Domestic Firms [J] . Journal of World Business, 2007, 42: 236 -252.

[4] Aldrich H. , Reese P. R. , Dubini P. . Women on the Verge of a Break Through: Networking Among Entrepreneurs in the United States and Italy [J] . Entrepreneurship and Regional Development, 1989, 1 (4): 339 -356.

[5] Aloulou W. , Fayolle A. . A Conceptual Approach of Enterpreneurial Orientation within Small Business Context [J] . Journal of Enterprising Culture, 2005, 13 (1): 21 -45.

[6] Andersson S. . The Internationalization of The Firm From an Entrepreneurial Perspective [J] . International Studies of Management and Organization, 2000, 30 (1): 63 -92.

[7] Anderson A. , Park J. , Jack S. . Entrepreneurial Social Capital: Conceptualizing Social Capital in New High - tech Firms [J] . International Small Business Journal (UK), 2007, 28 (1): 71 -88.

[8] Ang S. H. . Competitive Intensity and Collaboration: Impact on Firm Growth Across Technological Environments [J] . Strategic Management Jour-

nal, 2008, 29 (10): 1057 – 1075.

[9] Ari J.. Knowledge – processing Capabilities and Innovative Performance: An Empirical Study [J]. European Journal of Innovation Management, 2005, 22 (8): 336 – 349.

[10] Aragón – Correa J. A. and Sharma S.. A Contingent Resource – Based View of Proactive Corporate Environmental Strategy [J]. The Academy of Management Review, 2003, 28 (1): 71 – 88.

[11] Autio E., Sapienza H. J., Almeida J. G.. Effects of Age at Entry, Knowledge Intensity, and Imitability on International Growth [J]. Academy of Management Journal, 2000, 43 (5): 909 – 924.

[12] Baum J. A. C., Ingram P.. Inter Organizational Learning and Network Organization: Toward a Behavioral Theory of the Interfirm [J]. Working Papers – University of Toronto Rotman School of Management, 2000: 1 – 44.

[13] Barney J.. Fim Resources and Sustained Competitive Advantage [J]. Journal of Management, 1991, 17 (1): 99 – 120

[14] Barney J. B., Arikan A.. The Resource – based View: Origins and Implication [M]. Hand – book of Strategic Management, 2001.

[15] Batjargal B., Liu M. M.. Entrepreneurs' Access to Private Equity in China: The Role of Social Capital [J]. Organization Science, 2004, 15 (2): 159 – 172.

[16] Baum J. A. C., Calabrese T. & Silveman B. B.. Don't Go It Alone: Alliance Network Composition and Startups' Performance in Canadian Biotechnology [J]. Strategie Management Joumal, 2000 (21): 267 – 294.

[17] Beugelsdijk S., Koen C. I., Noorderhaven N. G.. Organizational Culture and Relationship Skills [J]. Organization Studies, 2006, 27 (6): 833 – 854.

[18] Bilkey W. & Tesar G.. The Export Behavior of Smaller – sized Wisconsin Manufacturing Firms [J]. Journal of International Bussiness Studies, 1977, 8 (3): 93 – 98.

[19] Bloodgood J. M., Sapienza H. J. & Almeida J. G.. The internationali-

zation of New High - potential U. S. Ventures: Antecedents and Outcomes [J]. Entrepreneurship: Theory and Practice, 1996, 20 (4): 61 -76.

[20] Buckley P. J. & Casson M.. The Future of the Multinational Enterprise [M]. The Macmillan Press Ltd., 1976.

[21] Brush C. G., Greene P. G., Hart M. M.. From Initial Idea to Unique Advantage: The Entrepreneurial Challenge of Constructing a Resource Base [J]. Academy of Management Executive, 2001, 15 (1): 64 -81.

[22] Baum J. A. C., Calabrese T. & Silverman. Don' t Go It Alone: Alliance Network Composition and Startups' Performance in Canadian Biotechnology [J]. Strategic Management Journal 2000a, 21 (3): 267 -294.

[23] Burt R.. Structure Holes: The Social Structure of Competition [M]. Harvard University Press: Cambridge, M A, 1992.

[24] Calof J. L.. The Relationship between Firm Size and Export Behavior Revisited [J]. Journal of International Business Studies, 1994, 25 (2): 367 -387.

[25] Capar N., Kotabe M.. The Relationship between International Diversification and Performance in Service Firms [J]. Journal of International Business Studies, 2003, 34 (4): 345 -355.

[26] Coleman J.. Soeial Capital in the Creation of Human Capital [J]. American Journal of Sociology, 1988, 94: 95 -120.

[27] Coleman J.. Foundation of Social Theory [M]. Cambridge: Harvard University Press, 1990.

[28] ColLin C. J., Clark K. D.. Strategic Human Resource Practices, Top Management Team Social Networks, and Firm Performance: The Role of Human Resource Practices in Creating Organizational Competitive Advantage [J]. Academy of Management Journal, 2003, 46 (6): 740 -751.

[29] Coviello N. E., Munro H. J.. Growing the Entrepreneurial Firm: Networking for International Market Development [J]. European Journal of Marketing, 1995, 29 (7): 49 -61.

[30] Coviello N. E., Munro H. J.. Network Relationships and the Interna-

tionalisation Process of Small Software Firms [J] . Int Bus Rev, 1997, 6 (4): 361 -386.

[31] Covin J. G. and Slevin D. P.. A Conceptual Model of Entrepreneurship as Firm Behavior [J] . Entrepreneurship Theory and Practice, 1991 (16): 7 -24.

[32] Chetty S., Eriksson K.. Mutual Commitment and Experiential Knowledge in Mature International Business Relationship [J] . International Business Review, 2002, 11 (3): 305 -324.

[33] Chow I. H.. The Relationship between Entrepreneurial Orientation and Firm Performance in China [J] . Advanced Management Journal, 2006, 71 (3): 11 -20.

[34] Cohen W. M., Levinthal D. A.. Absorptive Capacity: A New Perspective on Learning and Innovation Absorptive Capacity: A New Perspective on Learning and Innovation [J] . Administrative Science Quarterly, 1990, 35 (1): 128 -152.

[35] Coviello N. E., Mcauley A.. Internationalisation and the Smaller Firm: A Review of Contemporary Empirical Research [J] . Management International Review, 1999, 39 (3): 223 -256.

[36] Covin J. G. & Miles M. P.. Corporate Entrepreneurship and the Pursuit of Competitive Advantage [J] . Entrepreneurship: Theory and Practice, 1999, 23 (3): 47 -63.

[37] Churchill N. C., Lewis V.. The Five Stages of Small Business Growth [J] . Harvard Business Review, 1983, 61 (6): 30 -50.

[38] Chrisman J. J., Bauersehmidt A., Hofer C. H.. The Determinants of New Venture Performance: An Extended Model [J] . Entrepreneurship Theory & Praetice, 1998 (Fall): 5 -29.

[39] CHandler G. N. & Hanks S. H.. Measruing the Performance of Emerging Business: A Validation Study [J] . Journal of Business Venturing, 1993, 8 (5): 391 -408.

[40] CHandler G. , Hanks S. H. . An Examination of the Substitutability of Founders Human and Financial Capital in Emerging Business Ventures [J] . Journal of Business Venturing, 1998, 13 (5): 353 - 370.

[41] Connolly T. , Conlon E. & Deutseh S. J. . Organizational Effectiveness: A Multiple Constituency Approach [J] . Academy of Management Review, 1980 (5): 211 - 217.

[42] Cromie S. , Birley S. . Networking by Female Business Owners in Northern Ireland [J] . Journal of Business Venturing, 1992, 7 (3): 237 - 251.

[43] Cromer, Taylor C. . Knowledge Nets: The Role of Total Market Orientation on Firm Performance and Dynamic Capabilities in Network Environments [D] . University of Massachusetts Amherst, 2008.

[44] Dimitratos P. , Lioukas S. & Carter S. . The Relationship Between Entrepreneurship and International Performance: The Importance of Domestic Environment [J] . International Business Review, 2004, 13 (1): 19 - 41.

[45] Dimitratos P. , & Jones M. V. . Guest Editorial: Future Directions for International Entrepreneurship Research [J] . International Business Review, 2005, 14 (2): 119 - 128.

[46] Dana. . Entrepreneurship and Venture Creation [J] . Frontiers of Entrepreneurship Research, 1987, 30 (6): 145 - 159.

[47] Dyer J. H. , Singh H. . The Relational View: Cooperative Strategy and Sources of Inter Organizational Competitive Advantage [J] . Academy of Management Review, 1998, 23: 660 - 679.

[48] Dyer J. H. & Nobeoka K. . Creating and Managing a High - performance Knowledge - sharing Network: The Toyota Case [J] . Strategic Management Journal, 2000, 21 (3): 345 - 367.

[49] Dess G. G. & Robinson R. B. . Measuring Organizational Performance in the Absence of Adjective Measures: The Case of the Privately - held Firm and Conglomerate Business Unit [J] . Strategic Management Journal, 1984, 5

(3): 265 -273.

[50] Dodgson M.. Organizational Learning, a review of Some Literatures [J]. Management Review, 1993, 10 (4): 803 -813.

[51] Eisenhardt K. M., Martin J. A.. Dynamic Capabilities: What are They? [J]. Strategic Management Journal, Oct/Nov 2000, Vol. 21 Issue 10/11, 2 CHarts, 2000, 21 (10): 1105 -1122.

[52] Fernάndez - Pérez V., García - Morales V. J., Bustinza F.. The Effects of CEOs' Social Networks on Organizational Performance through Knowledge and Strategic Flexibility [J]. Personnel Review, 2012, 41 (6): 777 -812.

[53] Gabbay S. M. & Leenders R. Th. A. J. CSC. The Structure of Advantage and Disadvantage. In R. Th. A. J. Leenders & S. M. Gabbay (Eds.), Corporate Social Capital and Liability [M]. Boston: Kluwer. 1999: 1 -14.

[54] Gulati R., Higgins M. C.. Which Ties Matter When? The Contingent Effects of Inter Organizational Partnerships on IPO Success [J]. Strategic Management Journal, 2003, 24 (2): 127 -144.

[55] George G., Bock A. J.. The Business Model in Practice and Its Implications for Entrepreneurship Research [J]. Entrepreneurship Theory and Practice, 2011, 35 (1): 83 -111.

[56] Granovetter M.. The Strength of Weakties [J]. Ameriean Journal of soeiology, 1973: 78, 1360 -1380.

[57] Granovetter, Mark. Economic Action and Social Structure: The Problem of Embeddedness [J]. The American Journal of Sociology, 1985, 91 (3): 481 -510.

[58] Granovetter M.. Problems of Explanation in Economic Sociology, in Nohria, N., and Eccles, R. G. (Eds.), Networks and Organization: Structure, Form and Action [M]. Boston: Harvard Business School Press, 1992.

[59] Gulati R., Nohria N. & Zaheer A.. Strategic Networks [J]. Strate - gic Management Journal, 2000 (21): 203 -205.

[60] Gulati R. & Higgins M. C.. Which Ties Matter When? The Contingent Effects of Inter Organizational Partnerships on IPO Success [J]. Strategic Management Journal, 2003, 24 (2): 127 - 144.

[61] Gu F. F., Hung K., Tse D. K.. When Does Guanxi Matter? Issues of Capitalization and Its Dark Sides [J]. Journal of Marketing, 2008, 72 (4): 12 - 28.

[62] Falemo B.. The Firms External Persons: Entrepreneurs or Network Actors? [J]. Entrepreneurship and Regional Development, 1989 (1): 167 - 77.

[63] Finney R. Z., Campbell N. D., Powell C. M.. Strategies and Resources: Pathways to Success? [J]. 2005, 58 (12): 1721 - 1729.

[64] Grenier L. E.. Evolution and Revolution as Organizations Grow [J]. Harvard Business Review, 1972, 50 (4): 37 - 49.

[65] Hagg U., Taranger J.. The Relationship between Dental and Somatic Development During Puberty [J]. Swedish Dentai Journal, 1982, 6 (6): 264.

[66] Hargadon A., Sutton R. I.. Technology Brokering and Innovation in a Product Development Firm Technology Brokering and Innovation in a Product Development Firm [J]. Administrative Science Quarterly, 1997, 42 (4): 716 - 749.

[67] Hart S.. Integrative Framework for Strategy - Making Processes [J]. Academy of Management Review, 1992, 17 (2): 327 - 351.

[68] Hakansson H.. Industrial Technological Development: A Network Approach [M]. London: Croom Helm, 1987.

[69] Hansen E. L.. Entrepreneurial Networks and New Organization Growth [J]. Entrepreneurship Theory and Practice, 1995, 19 (4): 7 - 19.

[70] Holm, Desirée Blankenburg; Eriksson, Kent; Johanson, Jan. Creating Value through Mutual Commitment to Business Network Relationships [J]. Strategic Management Journal, 1999, 20 (5): 467 - 486.

[71] Humphrey J., and Schmitz H.. The Triple C Approach to Local Industrial Policy [J]. World Development, 1996, 24 (12): 1859 - 1877.

[72] Johanson J. , Mattsson L. . Marketing Investments and Market Investments in Industrial Networks [J] . International Journal of Research in Marketing, 1985, 2 (3): 185 -195.

[73] Johanson J. , Mattsson L. . Inter Organizational Relations in Industrial Systems: A Network Approach Compared with the Transaction - Cost Approach. [J] . International Studies of Management and Organization, 1987, 17 (1): 34 -48.

[74] Johanson J. & Vahlne J. E. . The MecHanism of Internationalization [J] . International Marketing Review, 1990, 7 (4): 11 -24.

[75] Johanson J. & Wiedersheim - Paul F. . The Internationalization of the Firm: From Swedish Cases [J] . Joumal of Management Studies, 1975 (12): 305 -322

[76] Johanson J. & Vahlne J. E. . The Internationalization Process of the Firm: A Model of Knowledge Development and Increasing Foreign Commitment [J] . Journal of International Business Studies, 1977, 8 (2): 23 -32.

[77] Johanson J. Jan - Erik Vahlne. Business Relationship Learning and Commitment in the Internationalization Process [J] . Journal of International Entrepreneurship, 2003 (1): 83 -96.

[78] Jenssen J. I. , Greve A. . Does the Degree of Redundancy in Social Networks Influence the Success of Business Start -ups? [J] . 2002, 8 (5): 254 -267.

[79] Keh H. T. , Nguyen Ng. H. P. . The Effects of Entrepreneurial Orientation and Marketing Information on the Performance of SMEs [J] . Journal of Business Venturing, 2007, 22 (4): 592 -611.

[80] Kapasuwans. Linking Organizational Learning and Network Characteristics: Effects On Firm Performance [M] . Doctor Thesis by Washington State University, 2004.

[81] Kirzner I. M. . Coordination as a Criterion for Economic' Goodness [J] . Constitutional Political Economy, 1998, 9 (4): 289 -301.

[82] Knight G. and Cavusgil S. T. . The Born Global Firm: A Challenge to

Traditional Internationalization Theory [J]. Advances international Marketing, 1996 (8): 11-26.

[83] Kogut B., Zander U.. Knowledge of the Firm, Combinative Capabilities, and the Replication of Technology [J]. Organization Science, 1992, 3 (3): 383-397.

[84] Koka B. R. & Prescott J. E.. Designing Alliance Networks: The Influence of Network Position, Environmental Change, and Strategy on Firm Performance [J]. Strategic Management Journal, 2008, 29 (6): 639-661.

[85] Krackhardt D.. The Strength of Stong Ties: The Importance of Philos in Networks and Organizations [A]. Nohria N. & Eeeles R. G.. Networks and Organization [C]. Cambridge: Harvard Business School Press, 1992.

[86] Larson A. L., Starr J. A.. A Network Model of Organization Formation [J]. Entrepreneurship: Theory and Practice, 1993, 17 (2): 5-15.

[87] Latip A. H.. Network Relationships for Business Performance: A Social Capital Perspective [D]. RMIT University, 2012.

[88] Ling Y., Jaw B. The Influence of International Human Capital on Global Initiatives and Financial Performance [J]. International Journal of Human Resource Management, 2006, 17 (3): 379-398.

[89] Lumpkin G. T. & Dess G. G.. Linking Two Dimensions of Entrepreneurial Orientation to Firm Performance: The Moderating Role of Environment and Industry Cycle [J]. Journal of Business Venturing, 2001, 16 (6): 429-451.

[90] Lee C., Lee K., Pennings J. M.. Internal Capabilities, External Networks, and Performance: A Study of Technology Bases Ventures [J]. Strategic Management Journal, 2001, 22: 615-640.

[91] Lumpkin G. T. & Dess G. G.. Clarifying the Entrepreneurial Orientation Construct and Linking It to Performance [J]. Academy of Management Review, 1996, 21 (1): 135-172.

[92] Li H. & Atuahene-Gima K. Product Innovation Strategy and the Per-

formance of New Technology Ventures in China [J]. Academy of Management Journal, 2001 (44): 1123-1134.

[93] Lin N.. Buildinga Network Theory of Social Capital in Social Capital Theory and Research [M]. NewYork: Aldinede Gruyter Press, 2001a.

[94] Lumpkin T. & Dess G.. Clarifying the Entrepreneurial Orientation Construct and Linking It to Performance [J]. Academy of Management Review, 1996, 21 (1): 135-172.

[95] Lyles M. A., Saxton T. & Watson K.. Venture Survival in a Transitional Economy [J]. Journal of Management, 2004, 30 (3): 351-375.

[96] Lee J. W.. The Development of Strategic Position in the Korean Industrial Turbines Market [D]. Uppsala Working Paper Series, 1993: 8.

[97] Lavie D.. Alliance Portfolios and Firm Performance: A Study of Value Creation and Appropriation in the U. S. Software Industry [J]. Strategic Management Journal, 2007, 28 (12): 1187-1212.

[98] Miller D.. A Preliminary Typology of Organizational Learning: Synthesizing the Literature [J]. Journal of Management, 1996, 22: 485-505.

[99] Mcevily B. and A. Zaheer Bridging Ties: A Source of Firm Heterogeneityin Competitive Capabilities [J]. Strategie Management Journal, 1999 (20): 1133-1156.

[100] Mtigwe B.. Theoretical Milestones in International Businesss: The Journey to International Entrepreneurship Theory [J]. Journal of International Entrepreneurship, 2006 (4): 5-25.

[101] Mintzberg H.. The Strategy-making in Three modes [J]. California Management Review, 1973, 16 (2): 44-53.

[102] Morgan R. M.. Relationship Marketing and Marketing Strategy: The Evolution of Relationship Strategy within the Organization [R]. In Sheth, J., Parvatiyar, A., editors. Handbook of Relationship Marketing. Thousand Oaks (CA) 7 SAGE Publications, 2000: 481-504.

[103] Murphy G. B., Trailer J. W. & Hill R. C.. Measruing Performance

in Entrepreneurship Research [J] . Journal of Business Researeh, 1996, 36 (1): 15 -23.

[104] Miller D. . The Correlates often Trepreneurship in Three Types of Firms [J] . Management Science, 1983, 29 (7): 770 -791.

[105] Mcdougall P. P. & Oviatt B. M. . International Entrepreneur - ship: The Intersection of Two Research Paths [J] . Academy of Management Journal, 2000, 43 (5): 902 -906.

[106] Nahapiet J. and Ghoshal S. . Social Capital, Intellectual Capital, and the Organizational Advantage [J] . Academy of Management Review, 1998: 242 -266.

[107] Ostgaard T. A. , Birley S. . New Venture Growth and Personal Networks [J] . Journal of Product Innovation Management, 1996, 13 (6): 557 -558.

[108] Oviatt B. M. & Mcdougall P. P. . Toward a Theory of International New Ventures [J] . Journal of International Business Studies, 1994, 25 (1): 45 -64.

[109] Oviatt B. M. & Mcdougall P. P. . A Framework for Understanding Acceleratedinternational Entrepreneurship [A] . In Rugman, A. M. & Wright, R. W. (Eds.) . Research in Global Strategic Management [M] . 1999, Stanford, CT: JAI Press.

[110] Oviatt B. M. , Mcdougall P. P. . Defining International Entrepreneurship and ModeLing the Speed of Internationalization [J] . Entrepreneurship Theory & Practice, 2005, 29 (5): 537 -553.

[111] Penrose E. T. . The Theory of the Growth of the Firm [M] . Oxford: Oxford University Press, 1959.

[112] Renzulli L. A. , Aldrich H. , Moody J. . Family Matters: Gender, Networks, and Entrepreneurial Outcomes [J] . Social Forces, 2000, 79 (2): 523 -546.

[113] Premaratne S. P. . Entrepreneurial Networks and Small Business Development: The Case of Small Enterprises in Sri Lanka [D] . Doctoral Disserta-

tion of Eindhoven University of Technology, 2002.

[114] Premaratne S. P.. Networks, Resources, and Small Business Growth: The Experience in Sri Lanka [J]. Journal of Small Business Management, 2001, 39 (4): 363-371.

[115] Peteraff M. A.. The Cornerstones of Competitive Advantage: A Resource-based View [J]. Strategic Management Journal, 1993, 14 (3): 179-192.

[116] Pfeffer J., Salancik G. R.. The External Control of Organizations: A Resource Dependence Perspective [J]. Harper & Row: New York, 1978.

[117] Rindfleisch A., Moorman C.. The Acquisition and Utilization of Information in New Product Alliances: A Strength-of-Ties Perspective. [J]. Journal of Marketing, 2001, 65 (2): 1-11.

[118] Rodan S., Galunic C.. More Than Network Structure: How Knowledge Heterogeneity Influences Managerial Performance and Innovativeness [J]. Strategic Management Journal, 2004, 25 (6): 541-562.

[119] Rothaermel F. T.. Complementary Assets, Strategic Alliances, and The Incumbent' s Advantage: An Empirical Study of Industry and Firm Effects in the Biopharmaceutical Industry [J]. Research Policy, 2001a, 30 (8): 1235-1251.

[120] Rowley T., Behrens D., Krackhardt D.. Redundant Governance Structures: An Analysis of Structural and Relational Embeddedness in the Steel and Semiconductor Industries [J]. Strategic Management Journal, 2000, 21 (3): 369-386.

[121] Ruzzier, Mitja; Antoncic, Bostjan; Hisrich, Robert D.. The Internationalization of SMEs: Developing and Testing a Multi-dimensional Measure on Slovenian Firms [J]. Entrepreneurship & Regional Development, 2007, 19 (2): 161-183.

[122] Salman N., Saives A.. Indirect Networks: An Intangible Resource for Biotechnology Innovation [J]. R&D Management, 2005, 35 (2):

203 - 215.

[123] Sambrook S., Stewart J.. No, I didn't Want to be Part of HR [J]. Human Resource Development International, 1998, 1 (2): 171 - 188.

[124] Sapienza H. J., Autio E., George G. et al. A Capabilities Perspective on the Effects of Early Internationalization on Firm Survival and Growth [J]. Academy of Management Review, 2006, 31 (4): 914 - 933.

[125] Scarborough N. M., Zimmerer T. W.. The Entrepreneur's Guide to ESOPs [J]. Compensation and Benefits Review, 1988, 20 (4): 62 - 68.

[126] Schumpeter J. A.. The Theory of Economic Development [M]. Oxford: Oxford University Press, 1934.

[127] Scott SHane, Daniel Cable. Network Ties, Reputation, and the Financing of New Venture [J]. Management Science, March 2002, 48 (3): 364 - 381.

[128] Seung Ho Park, Yadong Luo. Guanxi and Organizational Dynamics: Organizational Networking in Chinese Firms [J]. Strategic Management Journal, 2001, 22 (5): 455 - 478.

[129] Sirmon D. G., Hitt M. A.. Managing Resources: Linking Unique Resources, Management, and Wealth Creation in Family Firms [J]. Entrepreneurship Theory and Practice, 2003, 27 (4): 339 - 358.

[130] Sirmon D. G. Michael A. Hitt R. and Ireland D.. Managing Firm Resources in Dynamic Environments to Create Value: Looking inside the Black Box [J]. Academy of Management Review, 2007, 32 (1): 273 - 292.

[131] Simsek Z., Lubatkin M. H., Floyd S. W.. Inter - Firm Networks and Entrepreneurial Behavior: A Structural Embeddedness Perspective [J]. Journal of Management, 2003, 25 (3): 427 - 442.

[132] Spraggon M. and Bodolica V.. Knowledge Creation Processes in Small Innovative Hi - tech Firms Management Research News, 2008, 31 (11): 879 - 894.

[133] Smart D. & Conan J.. Entrepreneurial Orientation, Distinctive Mar-

keting Competencies and Organizational Performance [J] . Journal of Applied Business Research, 1994, 10 (3): 28 –38.

[134] Slater S. & Narver J. The Positive Effect of a Market Orientation on Business Profitability: A Balanced Replicate [J] . Journal of Business Research, 2000, 48 (1): 69 –73.

[135] SHane S. , Venkat Araman S. . The Promise of Entrepreneur – ship as a Field of Research [J] . Academy of Management Review, 2000, 25 (1): 217 –226.

[136] Starr J. A. , MacMillan I. C. . Resource Cooptation Via Social Contracting: Resource Acquisition Strategies for New Ventures [J] . Strategic Management Journal, 1990, 11: 779 –792.

[137] Steensma H. K. , Corley K. G. . On the Performance of Technology – Sourcing Partnerships : The Interaction between Partner Interdependence and Technology Attributes [J] . The Academy of Management Journal, 2000, 43 (6): 1045 –1067.

[138] Stuart T. E. , Hoang H. & Hybels R. . Inter Organizational Endorse – ments and the Performance of Entrepreneurial Ventures [J] . Administrative Science Quarterly, 1999, 44 (22): 315 –349.

[139] Slater S. F. & Narver J. C. . Market Orientation and the Learning Organization [J] . Journal of Marketing, 1995, 59 (7): 63 –74.

[140] Sharma D. D. , Blomstermo A. . The Internationalization Process of Born Globals: A Network View [J] . International Business Review, 2003, 12 (6) .

[141] Shenkar Li J. . Knowledge Search in International Cooperative Ventures [J] . Organization Science, 1999, 10 (2): 134 –143.

[142] Sullivan D. . Measuring the Degree of Internationalization of a Firm [J] . Joumal of International Business Studies, 1994, 25: 325 –342.

[143] Syrj P. , Soininen J. , Puumalainen K. , et al. The Impact of Global Economic Crisis on SMEs Does Entrepreneurial Orientation Matter? [J] . Manage-

ment Research Review, 2012, 35 (10): 927 -944.

[144] Teece D., Pisano D., Shuen A.. Dynamic Capabilities and Strategic Management [J]. Strategic Manage, 1997 (18): 509 -533.

[145] Tichy N. M., Tushman M. L., Fombrun C.. Social Network Analysis for Organizations [J]. Academy of Management Review, 1979, 4 (4): 507 -519.

[146] Tien L., Badrim S.. The Effects of Entrepreneurial Orientation and Knowledge Management Capability on Organizational Effectiveness in Taiwan: The Moderating Role of Social Capital [J]. International Journal of Management, 2007, 4 (3): 549 -572.

[147] Tin - Chang Chang, Chuang S.. Performance Implications of Knowledge Management Processes: Examining the Roles of Infrastructure Capability and Business Strategy [J]. Expert Systems with Applications, 2011 (38): 6170 -6178.

[148] Tolstoy, Daniel. Knowledge Combination and Knowledge Creation in a Foreign - Market Network [J]. Journal of Small Business Management, 2009, 47 (2): 202 -220.

[149] Tolstoy, Daniel. Network Development and Knowledge Creation within the Foreign Market: A Study of International Entrepreneurial Firms [J]. Entrepreneurship & Regional Development, 2010, 22 (5): 379 -402.

[150] Tolstoy D., Henrik Agndal. Network Resource Combinations in the International Venturing of Small Biotech Firms [J]. Technovation, 2010, 30: 24 -36.

[151] Tsai W. & Ghoshal S.. Social Capital and Value Creation: The Role of Intrafirm Networks [J]. Academy of Management Journal, 1998, 41 (2): 464 -476.

[152] Tsai W.. Knowledge Transfer in Intra Organizational Networks: Effects of Network Position and Absorptive Capacity on Business Unit Innovation and Performance [J]. Academy of Management Journal, 2001, 44 (5): 996 -

1004.

[153] Uzzi B.. Social Structure and Competition in Interfirm Networks: The Paradox of Embeddedness [J]. Administrative Science Quarterly, 1997, 42 (1): 35 -67.

[154] Venkatraman N. and Ramanujam V.. Measurement of Business Performance in Strategy Research: A Comparison of Approaches [J]. Academy of Management Review, 1986, 11: 801 -814.

[155] Venkat Araman S.. The Distinctive Domain of Entrepreneurship Research [A]. Advances in Entrepreneurship, Firm Emergence and Growth [M]. JAI Press: Greenwich, CT, 1997: 119 -138.

[156] Vora D., Vora J., Polley D.. Applying Entrepreneurial Orientation to a Medium Sized Firm [J]. International Journal of Entrepreneurial Behaviour and Research, 2012, 18 (3): 1355 -2554.

[157] Wall, Michie & Patterson. On the Validity of Subjective Measures of Company Performance [J]. Personnel Psychology, 2004, 57 (1): 95 -119.

[158] Watson J. ModeLing the Relationship between Networking and Firm Performance [J]. Journal of Business Venturing, 2007, 22: 852 -874.

[159] Wiklund J. F.. The Sustainability of the Entrepreneurial Orientation -Performance Relationship [J]. Entrepreneurship: Theory and Practiee, 1999, 24 (1): 37 -48.

[160] Wiklund J. E. & Shepherd D. A.. Knowledge - based Resources, Entrepreneurial Orientation, and the Performance of Small and Medium Sized Businesses [J]. Strategic Management Journal, 2003, 24 (11): 1307 -1314.

[161] Wiklund J., Shepherd D. A.. The Effectiveness of Alliances and Acquisitions: The Role of Resource Combination Activities [J]. Entrepreneurship: Theory and Practice. 2009, 33 (1): 193 -212.

[162] Walter A., Auer M., Ritter T.. The Impact of Network Capabilities and Entrepreneurial Orientation on University Spin - off Performance [J].

Journal of Business Venturing, 2006, 21 (4): 541 -567.

[163] Wernerfelt B.. A Resource Based View of Firm [J] . Strategic Management Journal, 1984, 5 (1): 171 -180.

[164] Westhead P., Wrightb M., Ucbasaranc D.. The Internationalization of New and Small Firms A resource - based view [J] . Journal of Business Venturing, 2001, 16 (4): 333 -358.

[165] Young S., Dimitratos P. & Dana L. P.. International Entrepre - neurship Researeh: What Scope for International Business Theories? [J] . Journal of International Entrepren - eurship, 2003, 1 (1): 31 -42.

[166] Yli - Renko H., Autio E. & Sapienza H. J.. Social Capital, Kowledge Acquisition, and Knowledge Exploitation in Young Technology - based Firms [J] . Strategic Management Journal, 2001 (22): 587 - 613.

[167] Yli - Renko H. K., Autio E., Tontti V.. Social Capital Knowledge Acquisition, and the International Growth of Technology - Based New Firms [J] . International Business Review, 2002 (11): 279 -304.

[168] Yung - Chang H., Chung - Jen C., Shao - Chi C.. Knowledge Management Capacity and Organizational Performance: The Social Interaction View [J] . International Journal of Manpower, 2011, 32 (6): 645 -660.

[169] Zott, Christoph. Dynamic Capabilities and the Emergence of Intraindustry Differential Firm Performance: Insights from a Simulation Study [J] . Strategic Management Journal, 2003, 24 (2): 97 -112.

[170] Zaheer A., Bell G. G.. Benefiting form Network Position: Firm Capabilities, Structural Holes, and Performance [J] . Strategic Management Journal, 2005, 26 (9): 809 -825.

[171] Zahra, Shaker A.. A Conceptual Model of Entrepreneurship as Firm Behavior: A Critique and Extension [J] . Entrepreneurship: Theory & Practice, 1993, 17 (4): 5 -21.

[172] Zahra S. A. & Garvis D. M.. International Corporate Entrepreneurship and Firm Performance: The Moderating Effect of International Environmen-

tal Hostility [J] . Journal of Business Venturing, 2000, 15 (5): 469 -492.

[173] Zallra S. A. & George G. . Absorptive Capacity: A Review, Reconceptualization and Extension [J] . Academy of Management Review, 2002, 27 (2): 213 -240.

[174] Zahra S. A. , Korri J. S. & Yu J. F. . Cognition and International Entrepreneurship: Implications for Research on International Opportunity Recognition and exploitation [J] . International Business Review, 2005, 14 (1): 129 -146.

[175] Zahra S. A. & Covin J. G. . Contextual Influences on the Corporate Entrepreneurship - performance Relationship: A Longitudinal Analysis [J] . Journal of Business Venturing, 1995, 10 (1): 43 -58.

[176] Zahra S. A. , Neubaum D. O. and Huse M. . Entrepreneurship in Medium -size Companies: Exploring the Effects of Ownership and Governance Systems [J] . Journal of Management, 2000, 26 (5): 947 -976.

[177] Zahra, Shaker A. & Bogner, William C. . Technology Strategy and Software New Ventures' Performance: Exploring the Moderating Effect [J] . Journal of Business Venturing, 2000, 15 (2): 135 -174.

[178] Zahra S. A. . A Conceptual Model of Entrepreneurship as Firm Behavior: A Critique and Extension [J] . Entrepreneurship Theory and Practice, 1993, 17 (4): 5 -21.

[179] Zhang X. , Ma X. , Wang Y. . Entrepreneurial Orientation, Social Capital, and the Internationalization of SMES: Evidence from China [J] . Thunderbird International Business Review, 2012, 54 (2): 195 -210.

[180] Zou S. & Stan S. . The Determinants of Export Performance: A Review of the Empirieal Literature between 1987 and 1997 [J] . International Markerting Review, 1998, 15 (5): 333 -356.

[181] 边燕杰，张磊．网络脱生：创业过程的社会学分析 [J] . 社会学研究，2006 (6): 74 -88.

[182] 陈菲琼，冯显敏，孙晓光．民营科技企业国际化成长模式分析

[J]．浙江大学学报（人文社会科学版），2006（2）：122－129.

[183] 陈劲，朱朝晖，王安全．公司企业家精神培育的系统理论假设模型及验证［J］．南开管理评论，2003（5）：36－41.

[184] 蔡莉，单标安，朱秀梅，等．创业研究回顾与资源视角下的研究框架构建：基于扎根思想的编码与提炼［J］．管理世界，2011（12）：160－169.

[185] 蔡莉，柳青．新创企业资源整合过程模型［J］．科学学与科学技术管理，2007（2）：95－102.

[186] 蔡莉，肖坚石，赵镝．基于资源开发过程的新创企业创业导向对资源利用的关系研究［J］．科学学与科学技术管理，2008（1）：98－102.

[187] 蔡莉，尹苗苗．新创企业资源构建与动态能力相互影响研究［J］．吉林大学社会科学学报，2008（6）：139－144.

[188] 蔡莉，尹苗苗，柳青．生存型和机会型新创企业初始资源充裕程度比较研究［J］．吉林工商学院学报，2008（1）：36－41.

[189] 蔡莉，柳青．科技型创业企业集群共享性资源与创新绩效关系的实证研究［J］．管理工程学报，2008（2）：19－23.

[190] 蔡莉，葛宝山，朱秀梅，费宇鹏，柳青．基于资源视角的创业研究框架构建［J］．中国工业经济，2007（11）：96－103.

[191] 蔡莉，单标安．创业网络对新企业绩效的影响：基于企业创建期、存活期及成长期的实证分析［J］．中山大学学报（社会科学版），2010（4）：189－197.

[192] 蔡莉，尹苗苗．新创企业学习能力、资源整合方式对企业绩效的影响研究［J］．管理世界，2009，（10）：1－10.

[193] 蔡莉，单标安，刘钊，郭洪庆．创业网络对新企业绩效的影响研究：组织学习的中介作用［J］．科学学研究，2010（10）：1592－1600.

[194] 蔡莉，单标安，周立媛．新创企业市场导向对绩效的影响——资源整合的中介作用［J］．中国工业经济，2010（11）：77－86.

[195] 蔡莉，朱秀梅，刘预．创业导向对新企业资源获取的影响研究［J］．科学学研究，2011（4）：601－609.

[196] 蔡莉，单标安，汤淑琴，高祥．创业学习研究回顾与整合框架构建［J］．外国经济与管理，2012（5）：1－8.

[197] 惠青，邹艳．产学研合作创新网络、知识整合和技术创新的关系研究［J］．软科学，2010（3）：4－9.

[198] 胡荣．社会经济地位与网络资源［J］．社会学研究，2003（05）：58－69.

[199] 侯杰泰，温忠麟，成子娟．结构方程模型及其应用［M］．北京：教育科学出版社，2004.

[200] 姜彦福，张健，等．公司创业战略的跨文化研究［J］．科学学研究，2005，（03）：357－361.

[201]［英］理查德·罗宾逊．企业国际化导论［M］．马春光，等，译．北京：对外贸易教育出版社，1989.

[202] 刘松柏．全球化与企业国际化经营管理［M］．北京：中国经济出版社，2003.

[203] 鲁桐．企业的国际化：兼评中国企业的海外经营［J］．世界经济与政治，1998（11）：46－51.

[204] 柳青，蔡莉．新企业资源开发过程研究回顾与框架构建［J］．外国经济与管理，2010（2）：9－15.

[205] 林枫．基于企业家社会资本视角的企业创业导向及其作用机制研究［D］．浙江大学，2011.

[206] 李作战．企业社会资本、创业导向和创业绩效关系研究［D］．暨南大学，2010.

[207] 李雪灵，马文杰，白晓晓，任海波．转型经济背景下的新创企业关系网络研究前沿探析与未来展望［J］．外国经济与管理，2011（5）：9－16.

[208] 马鸿佳．创业环境、资源整合能力与过程对新创企业绩效的影响研究［D］．吉林大学，2008.

[209] 孟晓斌．国际创业背景下中小企业组织动态能力及其绩效机制研究［D］．浙江大学，2008.

[210] 彭新敏．企业网络对技术创新绩效的作用机制研究：利用性—

探索性学习的中介效应［D］．浙江大学，2009.

［211］饶扬德．企业技术能力成长过程与机理研究：资源整合视角［J］．科学管理研究，2007（5）：59－62.

［212］［美］斯蒂芬·杨．国际市场进入与发展［M］．马春光，等，译．北京：对外贸易教育出版社，1989.

［213］单标安，蔡莉，王倩．基于扎根理论的创业网络研究多视角分析与整合框架构建［J］．外国经济与管理，2011（2）：1－9.

［214］单标安．创业网络对新企业绩效的影响研究［D］．吉林大学，2010.

［215］司岩．中国企业征战海外：企业国际化理论与实践［M］．北京：中国发展出版社，2006.

［216］盛意．我国中小企业国际化关系网络研究［D］．中南大学，2010.

［217］王凤彬，江鸿，吴隆增．社会资本与核心能力关系研究：以知识创造为中介变量［J］．科学学研究，2008（3）：612－618.

［218］王国顺，郑准．企业国际化研究的基本问题：理论演进视角［J］．中南大学学报（社会科学版），2008（1）：1－4.

［219］吴明隆．结构方程模型：AMOS 的操作与应用［M］．重庆：重庆大学出版社，2009.

［220］谢振东．产业集群背景下社会网络对创业绩效的关系研究［D］．浙江大学，2007.

［221］小林规威．日本企业的海外经营之道［M］．陈多友译．广州：花城出版社，1998.

［222］薛求知，朱吉庆．国际创业研究述评［J］．外国经济与管理，2006（7）：8－15.

［223］赵优珍．中小企业国际化：理论探讨与经营实践［M］．上海：复旦大学出版社，2005.

［224］姚小涛，席酉民．社会网络理论及其在企业研究中的应用［J］．西安交通大学学报（社会科学版），2003（3）：22－27.

［225］周小虎．企业理论的社会资本逻辑［J］．中国工业经济，2005

(3)：84－91.

［226］张玉利，李乾文．公司创业导向与组织绩效：基于探索能力与开发能力的中介效应研究［J］．创业管理研究，2006，L（1）：133－153.

［227］张方华，陈劲．基于能力的国际化战略［J］．科学管理研究，2003（1）：73－76.

［228］张文宏．中国的社会资本研究：概念、操作化测量和经验研究［J］．江苏社会科学，2007（3）：142－149.

［229］朱秀梅，张妍，李明芳．国际创业研究演进探析及未来展望［J］．外国经济管理，2011，33（11）：21－28.

［230］朱秀梅，蔡莉，等．新创企业与成熟企业的资源管理过程比较研究［J］．技术经济，2008（4）：22－28.

［231］朱秀梅，费宇鹏．关系特征、资源获取与初创企业绩效关系实证研究［J］．南开管理评论，2010（3）：125－135.

［232］朱秀梅．资源获取、创业导向与新创企业绩效关系研究［J］．科学学研究，2008（3）：589－595.

［233］朱秀梅，张妍，陈雪莹．组织学习与新企业竞争优势关系：以知识管理为路径的实证研究［J］．科学学研究，2011（5）：745－755.

［234］朱吉庆．国际新创企业成长机理研究［D］．复旦大学，2008.

［235］张映红．公司创业战略［M］．北京：清华大学出版社，2005.

［236］张慧．关系嵌入对跨国子公司创业导向的影响机制研究［D］．浙江大学，2007.

［237］郑准．关系网络、资源获取与企业国际化关系研究［D］．中南大学，2010.

［238］温伟祥．网络视角下集群企业创业导向及其与绩效的关系研究［D］．浙江大学，2008.

［239］王晓娟．知识网络与企业竞争优势：浙江产业集群的经验研究［D］．浙江大学，2007.

附录一　调查问卷

调查问卷

尊敬的先生/女士：

您好！感谢您抽出宝贵时间参与本问卷调研！

本人来自中央财经大学商学院，目前正在撰写有关中小企业国际化问题的博士学位论文。在此希望能耽搁您几分钟的时间，请教您一些问题，所有问题没有对错和好坏之分，只要把您的真实看法告诉我们即可。本问卷纯属学术研究目的，内容不会涉及贵企业的商业机密问题，所获信息不会用于任何商业目的，我们保证对您填写的内容严格保密，请您放心！同时本次调研的结果将与参与企业共享，争取使参与企业受益。我们对您的真诚合作致以衷心感谢！

敬祝您身体健康，工作顺利！

2012 年 9 月

第一部分：企业基本资料

1. 贵企业名称：
2. 贵企业地址（省）：
3. 贵企业主导业务所在行业领域是：
4. 成立时间（年）：

□3 年以下　□3 ~ 5 年　□5 ~ 10 年　□10 年以上

5. 贵企业 2011 年底员工总人数约为：

□50 人以下　□51 ~ 200 人　□201 ~ 500 人　□501 ~ 1000 人　□1000 人以上

6. 您在贵企业中的职位：

□董事长　□总经理　□高层管理人员　□中层管理人员

□其他人员

7. 贵企业是否有外资参股：□有　□无　□外资控股

8. 贵企业开展国际业务时间（年）：

□3 年以下　□3 ~ 5 年　□5 ~ 10 年　□10 年以上

9. 贵企业开展国际业务原因：（可多选）

□获取较高利润　□降低成本　□分散经营风险

□获取海外资源　□获取先进技术　□国内市场竞争压力

□开拓海外市场　□国外客户主动联系　□其他

第二部分：研究问卷

请您判断以下陈述与贵企业实际情况的符合程度，从“1”到“5”分别代表：

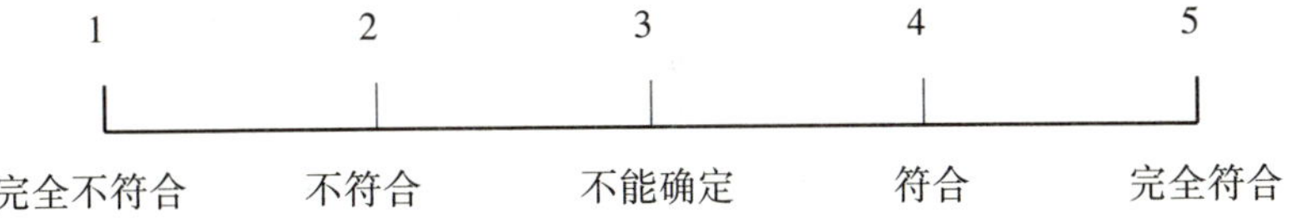

请您在合适的数字上涂上颜色或打“√”。

1. 关系网络		完全不符合				完全符合
网络规模	创业者有很多可以交往的亲戚和朋友	1	2	3	4	5
	贵企业有很多可以交往的政府官员	1	2	3	4	5
	贵企业有很多可以交往的金融机构	1	2	3	4	5
	贵企业有很多可以交往的顾客和供应商	1	2	3	4	5
	贵企业有很多可以交往的大学、科研机构	1	2	3	4	5
	贵企业有很多可以交往的中介机构（会计师事务所、信息技术服务、专利代理等）	1	2	3	4	5

续表

1. 关系网络		完全不符合				完全符合
网络位置	贵企业经常占据合作关系中心位置	1	2	3	4	5
	贵企业经常成为其他合作伙伴的沟通桥梁	1	2	3	4	5
	贵企业能够很顺利地与合作伙伴沟通，而不需要通过其他人	1	2	3	4	5
	相对于同行，贵企业的竞争力更强	1	2	3	4	5
	贵企业所在的行业处于产业链上游	1	2	3	4	5
	贵企业的战略对合作伙伴有很大的影响	1	2	3	4	5
	贵企业网络中流动的知识更加丰富（比其他合作伙伴）	1	2	3	4	5
关系强度	创业者经常和亲戚朋友交流	1	2	3	4	5
	贵企业经常与政府机构交流	1	2	3	4	5
	贵企业经常与金融机构交流	1	2	3	4	5
	贵企业经常与顾客及供应商交流	1	2	3	4	5
	贵企业经常与大学、科研机构交流	1	2	3	4	5
	贵企业经常与中介机构交流（会计师事务所、信息技术服务、专利代理等）	1	2	3	4	5
关系久度	贵企业对合作伙伴比较满意	1	2	3	4	5
	贵企业会考虑到合作伙伴的利益	1	2	3	4	5
	贵企业和合作伙伴之间发展的是长期导向的关系	1	2	3	4	5
	贵企业与合作伙伴会进一步地合作	1	2	3	4	5
	贵企业与合作伙伴是互惠的、相互依赖的	1	2	3	4	5
	贵企业关注合作伙伴的需要和满意度	1	2	3	4	5
2. 资源管理过程		完全不符合				完全符合
资源获取	贵企业能够从外部商业伙伴处获取资金支持	1	2	3	4	5
	贵企业能够从外部商业伙伴处获取重要信息	1	2	3	4	5
	贵企业能够从外部商业伙伴处获取人员支持	1	2	3	4	5
	贵企业能够从外部商业伙伴处获取知识资源	1	2	3	4	5
	贵企业能够从外部商业伙伴处获取物质资源	1	2	3	4	5
资源整合	贵公司能够用有创意的新方法对现有资源进行组合	1	2	3	4	5
	贵企业将新的资源（技术、资金、员工等）组合到一起	1	2	3	4	5
	贵企业独创性地将新的资源与现有资源加以组合	1	2	3	4	5
	贵企业将更好的资源加入不断变化的资源组合中	1	2	3	4	5

续表

2. 资源管理过程		完全不符合				完全符合
资源利用	贵企业能很快把外界获取的资源进行新产品开发	1	2	3	4	5
	贵企业能很快把从外界获取的资源引入生产过程	1	2	3	4	5
	贵企业能很快把从外界获取的资源进行新业务开拓	1	2	3	4	5
	贵企业能充分运用外界获取的资源	1	2	3	4	5
	贵企业能够在已有和新引入资源的基础上再创新	1	2	3	4	5
	贵企业有一套使得员工能够学习其他组织成功经验的机制	1	2	3	4	5
3. 创业导向		完全不符合				完全符合
创新性	企业激励员工为海外市场提出新的产品创意	1	2	3	4	5
	企业对开发海外市场机会经常征询员工的建议	1	2	3	4	5
	企业相信海外市场机会大于国内市场机会	1	2	3	4	5
	企业努力积极寻求新的出口市场	1	2	3	4	5
	企业愿意考虑国外新的供应商或客户	1	2	3	4	5
冒险性	对海外市场机会的关注程度甚于海外风险	1	2	3	4	5
	当面临出口或其他国际经营方式决策的时候，我们总是能承受潜在的风险	1	2	3	4	5
	对海外市场风险有清楚的认识	1	2	3	4	5
	非常重视海外市场机会	1	2	3	4	5
先动性	企业经常参加国内外贸易博览会	1	2	3	4	5
	企业领导经常出国或派员工出国	1	2	3	4	5
	企业积极寻求与海外供应商/客户建立关系	1	2	3	4	5
	企业经常了解出口市场动态	1	2	3	4	5
4. 国际化绩效		远低于				远高于
财务绩效	贵企业近3年的国际业务销售额，与同行业平均水平相比	1	2	3	4	5
	贵企业近3年的国际业务利润率，与同行业平均水平相比	1	2	3	4	5
	贵企业近3年的国际市场占有率，与同行业平均水平相比	1	2	3	4	5
	贵企业近3年的国际竞争能力，与同行业平均水平相比	1	2	3	4	5

续表

		完全不符合				完全符合
非财务绩效	贵企业在提升国际客户满意度方面的措施是成功的	1	2	3	4	5
	贵企业在塑造良好的国际声誉方面的努力是成功的	1	2	3	4	5
	贵企业吸引了大量国际经营人才加盟	1	2	3	4	5
	贵企业致力开发的主打产品或技术，可以满足未来若干年内的国际市场需求	1	2	3	4	5

问卷到此结束，感谢您的参与！祝愿贵企业基业长青！

如果您对我们的课题研究感兴趣，您可以留下自己的意见和联系方式：

____

____

____

附录二　攻读博士学位期间的主要科研成果

1. 学术论文

［1］物流基础设施对吸引物流业 FDI 影响的实证研究．财经论丛，CSSCI，2012－01－10，第一作者．

［2］基于资源管理过程的关系网络与中小企业国际化绩效关系研究．工业技术经济，CSSCI 扩展版，2013－03－25，独作．

［3］中国物流业吸引 FDI 影响因素的实证分析．科学与管理，2012－02－15，第一作者．

［4］基于 4R 理论的联邦快递在华营销策略．WBM2011 会议，2011－09－24，第一作者．

［5］联邦快递在华营销策略分析及启示．经济论坛，2011－06－15，第一作者．

2. 课题研究

［1］西部地区农民专业合作组织营销渠道力研究．国家自然科学，国家级 2012—2015，子课题负责人．

重要术语索引表

C

创业导向 2

F

非正式网络 27

G

关系网络 2

国际化绩效 3

关系久度 14

关系强度 14

个体网络 19

关系性嵌入 28

公司创业 43

关系网络位置 63

关系性维度 64

J

绩效 3

节点 8

结构方程模型 10

结构性嵌入 28

静态资源基础理论 40

结构性维度 63

Q

嵌入 1

企业国际化 3

企业关系网络 4

企业绩效 13

嵌入悖论 60

R

“弱关系”优势理 19

S

社会网络理论 8

“社会嵌入”理论 19

社会关系网络 20

社会资本 31

社会负债 32

V

Vrio 模型 57

W

网络位置 14

X

效度 10

信度 12

Z

资源管理过程 3

资源基础理论 3

资源整合 5

资源获取 13

组织网络 27

组织绩效 40

后　记

三年的博士生活短暂却充实，它装载了美好的回忆和沉甸甸的收获，丰富了我的人生经历。至今还清晰记得自己被录取时的喜悦和骄傲，考试结束时的轻松和自在，开题通过后的困顿和肩负，而在此过程中对学术研究更深的认识和理解才是最大的收获，让我成长和进步。同时，这三年又是漫长的，因为它是在工作、学习、照顾家庭的多重压力下度过的，从基础学习到中期考核，从开题报告到论文写作，从盲审到答辩，无不充斥着压力、担心和茫然，也正是在这种约束之下，所取得的成绩和收获才倍感可贵和珍惜。在这艰辛而又美好的博士学习生活即将结束之时，除了内心波涛汹涌的兴奋之外，更重要的是要感谢陪伴我走过这段人生历程的老师、同事、朋友和家人们，是他们的付出和帮助给了我力量、信心和灵感，使我圆满完成学业，登上至高的学业殿堂。

首先，诚挚地感谢我的导师孙国辉教授，博二时孙老师给我们讲授的专业课，让我茅塞顿开，使我看到并且懂得可以站在更高的平台上进行学术探索，为我点亮了前行的灯光，为我指引了方向，让我受益匪浅。对待学术研究孙老师总是能一针见血地指出问题所在，这让我尤为钦佩。他渊博的学识、严谨的治学态度、平易近人的处事风格深深地感染了我，也影响了我。感谢恩师的指点和引导！

其次，我要感谢我的领导侯淑霞老师和娜仁图雅老师，是她们的关心、理解、鼓励和支持，才有了我入职以来的进步和成长，三年的博士学习更是在她们的照顾和帮助下才使我有时间、有精力专研学业。感谢我的同事、学友和好朋友们，他们的帮助和友情是我博士生涯的重要组成部分，本书恐难承载如此众多的情谊，但每个名字后面都包含了一份珍贵的回忆和感激，他们是：张宏伟、王雪瑞、梁滢、张欣欣、李宇环、杨一翁、刘超、王晓丽……

最后，衷心感谢我的家人。感谢我的父亲姜玉忠先生和母亲于淑琴女士，他们一直是我生命历程中坚定的守护者，他们的期望、鼓励和支持，以及他们无私的爱，是我人生道路上不断前行的永恒动力，是我的坚实后盾，对于父母的感激无以言表，希望自己在将来能够做得更好，成为他们的骄傲和自豪。感谢我的胞妹姜明明，像姐姐一样在生活上帮助我，和母亲一起帮我悉心照顾儿子、疼爱儿子，让儿子感觉到胜过妈妈的温暖和亲昵，也感谢妹婿林德森的理解和支持。感谢我的公公柳致忠先生和婆婆蒋桂霞女士，他们千里迢迢从老家赶来帮我带孩子、照顾家，才让我安心投入学习，感谢公公婆婆的支持和付出。感谢我的儿子柳和圻，两岁多时就被放到姥姥家，哭闹时没有妈妈哄，生病时没有妈妈陪，多少次送妈妈去车站，眼泪在黑黑的眼睛里打转，强忍着不哭出来，聪明懂事、健康活泼的你给了妈妈无穷的力量和信心。感谢我的丈夫柳峰，一直以来与我相濡以沫、携手并进，你的鼓励、支持和智慧，让我感觉到踏实和温暖，拥有你是我最大的幸福。

衷心地感谢所有支持与帮助过我的人！

姜海燕

2015 年 6 月